U0797628

中华人民共和国

最高人民法院案例选

第八辑

中国应用法学研究所 主编

法律出版社
LAW PRESS·CHINA
北京

图书在版编目(CIP)数据

中华人民共和国最高人民法院案例选. 第八辑 / 中国应用法学研究所主编. -- 北京 : 法律出版社, 2024
ISBN 978-7-5197-8944-2

Ⅰ. ①中… Ⅱ. ①中… Ⅲ. ①案例－汇编－中国 Ⅳ. ①D920.5

中国国家版本馆 CIP 数据核字(2024)第 054386 号

中华人民共和国最高人民法院案例选 **(第八辑)** **ZHONGHUA RENMIN GONGHEGUO ZUIGAO** **RENMIN FAYUAN ANLI XUAN(DI-BA JI)**	中国应用法学研究所 主编	策划编辑 朱 峰 责任编辑 韩泓宇 马秋婧 装帧设计 臧晓飞

出版发行 法律出版社
编辑统筹 辞书·融出版编辑部
责任校对 李慧艳
责任印制 吕亚莉
经　　销 新华书店

开本 710 毫米×1000 毫米 1/16
印张 20.75 **字数** 316 千
版本 2024 年 6 月第 1 版
印次 2024 年 6 月第 1 次印刷
印刷 天津嘉恒印务有限公司

地址:北京市丰台区莲花池西里 7 号(100073)
网址:www.lawpress.com.cn
投稿邮箱:info@lawpress.com.cn
举报盗版邮箱:jbwq@lawpress.com.cn

销售电话:010-83938349
客服电话:010-83938350
咨询电话:010-63939796
版权所有·侵权必究

书号:ISBN 978-7-5197-8944-2
定价:129.00 元
凡购买本社图书,如有印装错误,我社负责退换。电话:010-83938349

中华人民共和国
最高人民法院案例选
（第八辑）

编审委员会

主任：杨万明

委员（以姓氏笔画为序）：

于小羽　于厚森　马　岩　王　斌　王振宇　王锦亚
付向波　刘　峥　刘　敏　刘树德　安　翱　孙志华
孙福辉　李成玉　李睿懿　杨永清　连丹波　吴兆祥
何　莉　辛秋玲　沈红雨　张一丽　陆宏利　陈本宇
陈志远　陈宜芳　陈鸿翔　林广海　林文学　罗智勇
郃中林　周加海　赵晋山　胡仕浩　胡立新　耿宝建
钱晓晨　高晓力　黄文俊　廖向阳　滕　伟

中华人民共和国
最高人民法院案例选
（第八辑）

编辑委员会

主　　编　陈志远
副 主 编　刘　敏　刘树德　张雪纯
编辑部主任　丁文严
编辑部副主任　杨百明
编　　辑　李　明　杨　奕（民商事与执行）
丁文严　姚俊萍（知识产权）
韩德强（行政与国家赔偿）
编　　务　王惠诗涵

序　　言

中华人民共和国最高人民法院作为国家最高审判机关，每年审结大量重大、疑难案件，对中国法治进程产生重大影响，为世界贡献了中国司法智慧。为充分发挥最高人民法院案例的法律价值和社会功能，实现以案例“服务司法审判实践、服务经济社会发展、服务法学教育研究、服务中外法学交流、服务法治中国建设”的目标，经最高人民法院批准，自2018年开始，由中国应用法学研究所编译出版《中华人民共和国最高人民法院案例选》（以下简称《最高人民法院案例选》）中英文版，面向海内外发行。

《最高人民法院案例选》所收录案例，均由最高人民法院各审判执行部门严格筛选。这些案例在揭示或阐明法律适用规则、确立新的裁判方法、填补法律漏洞或空白等某一方面或某些方面具有典型意义。案例撰写者均为案件的主审法官，是最高人民法院各审判业务领域的专家，具有精深的法律素养和丰富的裁判经验，熟悉案件事实、审理思路、裁判方法和法律适用，能够最直观、最清晰、最准确地向读者传达案件裁判的司法理念、方法和过程。

《最高人民法院案例选》分为三大板块：（1）“大法官案例”栏目，选取由最高人民法院院领导（大法官）担任审判长审理的、在全国乃至世界具有重大影响的案件。（2）“人民法院案例库案例”栏目，选取最高人民法院审理的、已经编选进入人民法院案例库的案例（包括但不限于指导性案例），反映影响中国司法进程的热点、前沿、疑难案件，以发挥案例对统一法律适用及对相关法律问题的预判预警作用。（3）“典型案例”栏目，选取刑事、民商事与执行、知识产权、海事海商、行政等典型案例，集中体现最高人民法院当年在各个审判领域的最新探索和裁判成果。

编辑者通过考察国内外司法案例的体例设计，兼顾不同法系读者的阅读习惯，用副标题准确点明案例的核心法律问题和焦点所在，并用“裁判摘要”的通用表达方式，准确阐明案例贡献的裁判规则。每篇案例体例包括：“标题”“副标题”“裁判摘要”“案件基本信息”“简要案情”“案件焦点”“裁判结果”“裁判摘要评析”等八大要素，格式规范，要素齐全，便于阅读与检索。

我们希望通过《最高人民法院案例选》中英文版的出版，实现以下目的：一是传播习近平法治思想和中华司法文化，促进国际司法文化交流。丛书坚持以习近平法治思想为指导，面向全世界发行中英文版，用中国声音讲述中国司法故事，生动直观地展示中国特色社会主义法治的成就和经验，推进中外司法案例比较研究，促进国际司法文化交流。特别是在全面深化改革、推进高水平对外开放和构建人类命运共同体的关键时期，丛书对于中国法治文化“走出去”、推进“一带一路”法治合作和建设，向国际社会展示中国特色社会主义司法制度的优越性，为全球治理贡献中国司法智慧和司法经验，传播中华司法文明，具有深远影响。二是传播中国特色社会主义司法理念，促进法治中国建设。丛书通过以案说法的方式，向人民群众传达最高人民法院对当下经济、文化、科技和社会生活中出现的新型、疑难、复杂案件的裁判理念和裁判方法，希望通过典型案例弘扬法治、彰显正义、惩恶扬善，引领社会良好风尚。三是推进人民法院案例库建设，丰富和完善中国特色案例制度。丛书系统编辑出版最高人民法院每年审结的经典案例，希望能够指导各级人民法院不断加强和改进审判执行工作，形成更多优秀案例进入人民法院案例库，进一步统一法律适用标准，树立人民法院的司法权威和司法公信。

是为序。

编辑委员会

2024 年 6 月

法律、法规、司法解释及其他规范性文件简称表

序号	全　　称	简　　称
1	《中华人民共和国民事诉讼法》	《民事诉讼法》
2	《中华人民共和国民法典》	《民法典》
3	《中华人民共和国企业破产法》	《企业破产法》
4	《中华人民共和国宪法》	《宪法》
5	《中华人民共和国合同法》	《合同法》
6	《中华人民共和国仲裁法》	《仲裁法》
7	《中华人民共和国保险法》	《保险法》
8	《中华人民共和国物权法》	《物权法》
9	《中华人民共和国立法法》	《立法法》
10	《中华人民共和国反不正当竞争法》	《反不正当竞争法》
11	《中华人民共和国专利法》	《专利法》
12	《中华人民共和国反垄断法》	《反垄断法》
13	《中华人民共和国种子法》	《种子法》
14	《中华人民共和国商标法》	《商标法》
15	《中华人民共和国侵权责任法》	《侵权责任法》
16	《中华人民共和国电子商务法》	《电子商务法》
17	《中华人民共和国行政诉讼法》	《行政诉讼法》
18	《中华人民共和国行政复议法》	《行政复议法》
19	《中华人民共和国建筑法》	《建筑法》
20	《中华人民共和国城市房地产管理法》	《城市房地产管理法》
21	《中华人民共和国民事强制执行法（草案）》	《民事强制执行法（草案）》

续表

序号	全　　称	简　　称
22	《中华人民共和国国家赔偿法》	《国家赔偿法》
23	《中华人民共和国行政强制法》	《行政强制法》
24	《中华人民共和国土地管理法》	《土地管理法》
25	《中华人民共和国行政处罚法》	《行政处罚法》
26	《中华人民共和国植物新品种保护条例》	《植物新品种保护条例》
27	《中华人民共和国行政复议法实施条例》	《行政复议法实施条例》
28	《最高人民法院关于适用〈中华人民共和国民事诉讼法〉的解释》	《民事诉讼法司法解释》
29	《最高人民法院关于印发〈全国法院民商事审判工作的若干意见〉的通知》	《全国法院民商事审判工作会议纪要》
30	《最高人民法院关于调整高级人民法院和中级人民法院管辖第一审民事案件标准的通知》	《关于调整高级人民法院和中级人民法院管辖第一审民事案件标准的通知》
31	《最高人民法院关于调整高级人民法院和中级人民法院管辖第一审民商事案件标准的通知》	《关于调整高级人民法院和中级人民法院管辖第一审民商事案件标准的通知》
32	《最高人民法院关于调整中级人民法院管辖第一审民事案件标准的通知》	《关于调整中级人民法院管辖第一审民事案件标准的通知》
33	《最高人民法院关于适用〈中华人民共和国民法典〉有关担保制度的解释》	《民法典担保制度司法解释》
34	《最高人民法院关于人民法院办理执行异议和复议案件若干问题的规定》	《关于人民法院办理执行异议和复议案件若干问题规定》
35	《最高人民法院关于审理商品房买卖合同纠纷案件适用法律若干问题的解释》	《商品房买卖合同纠纷案件司法解释》
36	《最高人民法院关于适用〈中华人民共和国仲裁法〉若干问题的解释》	《仲裁法司法解释》
37	《最高人民法院关于审理独立保函纠纷案件若干问题的规定》	《关于审理独立保函纠纷案件若干问题的规定》
38	《最高人民法院关于人民法院民事执行中查封、扣押、冻结财产的规定》	《查封、扣押、冻结规定》
39	《最高人民法院关于人民法院民事执行中拍卖、变卖财产的规定》	《拍卖、变卖规定》

续表

序号	全　　称	简　　称
40	《最高人民法院关于人民法院网络司法拍卖若干问题的规定》	《网络司法拍卖规定》
41	《最高人民法院关于适用〈中华人民共和国保险法〉若干问题的解释（三）》	《保险法司法解释（三）》
42	《最高人民法院关于适用〈中华人民共和国民事诉讼法〉执行程序若干问题的解释》	《〈民事诉讼法〉执行程序司法解释》
43	《最高人民法院关于限制被执行人高消费及有关消费的若干规定》	《关于限制被执行人高消费及有关消费的规定》
44	《最高人民法院关于在执行工作中进一步强化善意文明执行理念的意见》	《关于在执行工作中进一步强化善意文明执行理念的意见》
45	《最高人民法院关于建设工程价款优先受偿权问题的批复》	《关于建设工程价款优先受偿权问题的批复》
46	《最高人民法院关于人民法院执行工作若干问题的规定（试行）》	《执行工作规定》
47	《最高人民法院关于人民法院立案、审判与执行工作协调运行的意见》	《关于人民法院立案、审判与执行工作协调运行的意见》
48	《最高人民法院关于执行和解若干问题的规定》	《关于执行和解规定》
49	《最高人民法院关于审理侵犯商业秘密民事案件适用法律若干问题的规定》	《关于审理侵犯商业秘密民事案件规定》
50	《最高人民法院关于审理因垄断行为引发的民事纠纷案件应用法律若干问题的规定》	《关于审理因垄断行为引发的民事纠纷案件的规定》
51	《最高人民法院关于适用〈中华人民共和国合同法〉若干问题的解释（二）》	《合同法解释（二）》
52	《最高人民法院关于审理侵犯专利权纠纷案件应用法律若干问题的解释（二）》	《关于审理侵犯专利权纠纷案件司法解释（二）》
53	《最高人民法院关于审理专利纠纷案件适用法律问题的若干规定》	《关于审理专利纠纷案件规定》
54	《最高人民法院关于审理侵害植物新品种权纠纷案件具体应用法律问题的若干规定》	《审理侵害植物新品种权纠纷案件的规定》
55	《最高人民法院关于知识产权民事诉讼证据的若干规定》	《知识产权民事诉讼证据规定》

续表

序号	全　　称	简　　称
56	《最高人民法院关于知识产权侵权诉讼中被告以原告滥用权利为由请求赔偿合理开支问题的批复》	《关于知识产权侵权诉讼中被告以原告滥用权利为由请求赔偿合理开支问题的批复》
57	《最高人民法院关于审理商标民事纠纷案件适用法律若干问题的解释》	《关于审理商标民事纠纷案件司法解释》
58	《最高人民法院关于审理商标授权确权行政案件若干问题的规定》	《审理商标授权确权行政案件规定》
59	《最高人民法院关于适用〈中华人民共和国行政诉讼法〉的解释》	《行政诉讼法司法解释》
60	《最高人民法院关于审理涉及计算机网络著作权纠纷案件适用法律若干问题的解释》	《关于审理涉及计算机网络著作权纠纷案件司法解释》
61	《最高人民法院关于审理行政协议案件若干问题的规定》	《关于审理行政协议案件的规定》
62	《最高人民法院关于执行〈中华人民共和国行政诉讼法〉若干问题的解释》	《关于执行〈行政诉讼法〉司法解释》
63	《最高人民法院关于审理涉执行司法赔偿案件适用法律若干问题的解释》	《关于审理涉执行司法赔偿案件司法解释》
64	《最高人民法院关于审理行政赔偿案件若干问题的规定》	《关于审理行政赔偿案件的规定》
65	《最高人民法院关于人民法院强制执行股权若干问题的规定》	《关于人民法院强制执行股权若干问题的规定》
66	《最高人民法院关于办理行政申请再审案件若干问题的规定》	《关于办理行政申请再审案件若干问题的规定》
67	《最高人民法院关于民事、行政诉讼中司法赔偿若干问题的解释》	《关于民事、行政诉讼中司法赔偿若干问题的解释》
68	《最高人民法院关于进一步保护和规范当事人依法行使行政诉权的若干意见》	《关于进一步保护和规范当事人依法行使行政诉权的若干意见》
69	《最高人民法院关于加强和改进行政审判工作的意见》	《关于加强和改进行政审判工作的意见》
70	《最高人民法院关于执行权合理配置和科学运行的若干意见》	《执行权配置意见》
71	《最高人民法院关于进一步完善执行权制约机制加强执行监督的意见》	《执行权制约机制意见》

目　录

民商事与执行

民商事与执行

太仓市森某汽车城开发有限公司
与
江阴森某汽车城开发有限公司、
上海跃某汽车饰件有限公司等
损害公司利益责任纠纷案

——股东提起代表诉讼是否受公司与第三人之间仲裁条款的约束

【裁判摘要】

股东提起代表诉讼，请求确认公司与第三人签订的协议无效。相关侵犯公司权益的当事人承担赔偿责任时，不应受公司与第三人所签协议中仲裁条款的约束，应根据《民事诉讼法》一般管辖原则确定管辖法院。

【案件基本信息】

1. 诉讼当事人

再审申请人（一审原告、二审被上诉人）：太仓市森某汽车城开发有限公司（以下简称太仓森某公司）

被申请人（一审被告、二审上诉人）：江阴森某汽车城开发有限公司（以下简称江阴森某公司）

被申请人（一审被告、二审上诉人）：上海跃某汽车饰件有限公司（以

* 本书的“有章”二维码为裁判文书原文。——编者注

下简称上海跃某汽车饰件公司）

被申请人（一审被告、二审上诉人）：上海智某实业有限公司（以下简称上海智某实业公司）

被申请人（一审被告、二审上诉人）：桐乡森某汽车城开发有限公司（以下简称桐乡森某公司）

一审被告：太仓市大某木业有限公司（以下简称大某木业公司）

一审被告：上海盛某交通车辆设备有限公司（以下简称上海盛某交通车辆设备公司）

一审被告：陈某

一审被告：杨某

2. 案件索引与裁判日期

一审：江苏省苏州市中级人民法院（2020）苏 05 民初 456 号裁定（2020 年 7 月 14 日）

二审：江苏省高级人民法院（2020）苏民辖终 100 号裁定（2020 年 12 月 16 日）

再审审查：最高人民法院（2021）最高法民申 4827 号裁定（2021 年 9 月 7 日）

再审：最高人民法院（2021）最高法民再 293 号裁定（2021 年 11 月 3 日）

3. 案由

损害公司利益责任纠纷

【简要案情】

太仓森某公司持有江阴森某公司 50%的股权，江阴森某公司持有桐乡森某公司 100%的股权。江阴森某公司与上海跃某汽车饰件公司签订股权转让协议，将江阴森某公司所持有的桐乡森某公司 100%的股权转让给上海跃某汽车饰件公司，并约定了仲裁条款。太仓森某公司主张股权转让协议系恶意串通所签，损害了公司利益，故提起股东代表诉讼，请求确认股权转让协议无效、返还股权等，如不能返还股权，则由江阴森某公司、上海跃某汽车饰件公司、陈某等向江阴森某公司赔偿损失。江阴森某公司等提出管辖权异议，认为本案应提交仲裁。

江苏省苏州市中级人民法院认为，《民事诉讼法》（2017 年修正）第 21 条规定："对公民提起的民事诉讼，由被告住所地人民法院管辖；被告住所地与经常居住地不一致的，由经常居住地人民法院管辖。对法人或者其他组织提起的民事诉讼，由被告住所地人民法院管辖。"本案大某木业公司、陈某、杨某的住所地均属于一审法院管辖范围，一审法院对本案依法具有管辖权。江阴森某公司和上海跃某汽车饰件公司签订的股权转让协议、上海跃某汽车饰件公司和上海智某实业公司签订的股权转让协议中虽然约定了仲裁条款，但太仓森某公司不是合同当事人，故该约定对太仓森某公司不具有约束力。江阴森某公司、上海跃某汽车饰件公司和桐乡森某公司主张本案应由江阴森某公司起诉，太仓森某公司不可直接起诉，该情况属于实体审理的范围，作为管辖权异议的理由不能成立。故江阴森某公司、上海跃某汽车饰件公司、上海智某实业公司和桐乡森某公司提出的管辖权异议均不能成立，不予支持。一审法院依照《民事诉讼法》（2017 年修正）第 21 条第 1 款、第 2 款，第 154 条第 1 款第 2 项的规定，裁定驳回江阴森某公司、上海跃某汽车饰件公司、上海智某实业公司和桐乡森某公司对本案管辖权提出的异议。

江苏省高级人民法院认为，太仓森某公司是江阴森某公司的股东之一，其为了江阴森某公司利益而以股东名义直接提起诉讼，胜诉后的法律后果归于江阴森某公司。可见，本案诉讼具有股东代表诉讼性质，而股东代表公司针对第三人提起的诉讼应受公司和第三人之间合同争议解决条款的约束。本案中，江阴森某公司与上海跃某汽车饰件公司签订股权转让协议，约定发生争议后如协商不能解决，任何一方应提交上海仲裁委员会按照该会仲裁规则进行仲裁。对于本案中出现的江阴森某公司与上海跃某汽车饰件公司 2015 年 8 月 10 日签订的股权转让协议，江阴森某公司、上海跃某汽车饰件公司均称该协议仅为办理工商登记使用，双方实际按 2015 年 8 月 5 日签订的股权转让协议履行，故太仓森某公司提起的本案诉讼应受 2015 年 8 月 5 日的股权转让协议中约定的仲裁条款约束。即使太仓森某公司称其系以侵权为由提起诉讼，本案相关合同亦是其诉讼主张的主要依据，也应当受合同中有效仲裁条款的约束。本案纠纷应当通过仲裁解决，不应由人民法院主管，江阴森某公司、上海跃某汽车饰件公司、上海智某实业公司、桐乡森某公司认为一审法院无管辖权的上诉理由成立。一审裁定适用法律不当，依法予以纠正。故二审法院依照《民事诉讼法》（2017 年修正）第 170 条第 1 款第 2 项，裁定：（一）撤销江苏省苏州市中级人民法院（2020）苏 05 民初 456 号裁定；（二）驳回太仓森某公司的起诉。

太仓森某公司不服二审判决，向最高人民法院申请再审称：管辖权异议阶段不应处理实体审理的内容。江阴森某公司与上海跃某汽车饰件公司在管辖权异议阶段主张 2015 年 8 月 10 日签订的股权转让协议仅为办理工商登记使用，二审裁定据此认定应依据 2015 年 8 月 5 日签订的股权转让协议判断法律关系，实质上是对 2015 年 8 月 10 日签订的股权转让协议的效力进行了实质审查。太仓森某公司未与本案任何当事人达成过仲裁协议，本案应由人民法院管辖。太仓森某公司并非仲裁条款的签约方，也非仲裁条款中明确约定受到约束的当事人，二审裁定认为股东代表诉讼应受公司与第三人之间签订的合同约定的争议解决条款约束错误。即使 2015 年 8 月 5 日签订的股权转让协议的仲裁条款仍有效，仲裁条款对太仓森某公司也没有约束力。且提起股东代表诉讼属于股东的法定诉权，只能通过诉讼的方式进行。2015 年 8 月 5 日签订的股权转让协议约定的仲裁范围是“因执行本协议所发生的一切争议”，太仓森某公司提起本案诉讼是请求确认 2015 年 8 月 5 日签订的股权转让协议无效，即便太仓森某公司受仲裁条款约束，本案也并非“因执行本协议所发生的争议”，不属于仲裁范围。二审裁定认为太仓森某公司提起的本案诉讼应受 2015 年 8 月 5 日签订的股权转让协议约定的仲裁条款约束错误。

【案件焦点】

1. 人民法院对本案是否具有管辖权；

2. 如人民法院有管辖权，具体管辖法院如何确定。

【裁判结果】

最高人民法院再审审理认为：

（一）关于人民法院对本案是否具有管辖权问题

江阴森某公司和上海跃某汽车饰件公司签订的落款时间为 2015 年 8 月 5 日的股权转让协议虽然约定了仲裁条款，但本案一审原告太仓森某公司与一审被告上海智某实业公司、桐乡森某公司、大某木业公司、陈某、杨某等均非该协议当事人，且太仓森某公司在本案中的诉讼请求为确认股权转让协议无效；上海跃某汽车饰件公司、上海智某实业公司将所持有的桐乡森某公司 100%的股权全部返还给江阴森某公司，如不能返还，则由上海跃某汽车饰件公司、上海智某实业公司、大某木业公司、上海盛某交通车辆设备公司、陈某、杨某、桐乡森某公司赔偿损失，故太仓森某公司提起本案诉讼不应受股权转让协议约定的仲裁条款约束。江阴森某公司、上海跃某汽车饰件公司、上海智某实业公司和桐乡森某公司以案涉股权转让协议约定了仲裁条款为由，提出本案应由上海仲裁委员会仲裁的主张，于法无据，不应支持。本案应由人民法院管辖，二审裁定认定人民法院对本案不具有管辖权错误，予以纠正。

（二）关于本案具体管辖法院如何确定问题

《民事诉讼法》（2017 年修正）第 21 条规定："对公民提起的民事诉讼，由被告住所地人民法院管辖；被告住所地与经常居住地不一致的，由经常居住地人民法院管辖。对法人或者其他组织提起的民事诉讼，由被告住所地人民法院管辖。"本案大某木业公司、陈某、杨某的住所地均位于江苏省太仓市，属于一审法院地域管辖范围。《关于调整高级人民法院和中级人民法院管辖第一审民事案件标准的通知》（法发〔2019〕14 号）第 1 条规定，中级人民法院管辖第一审民事案件的诉讼标的额上限原则上为 50 亿元（人民币），诉讼标的额下限继续按照《关于调整高级人民法院和中级人民法院管辖第一审民商事案件标准的通知》（法发〔2015〕7 号）等文件执行。《关于调整高级人民法院和中级人民法院管辖第一审民商事案件标准的通知》（法发〔2015〕7 号）第 2 条关于当事人一方住所地不在受理法院所处省级行政辖区的第一审民商事案件中规定，江苏省高级人民法院管辖诉讼标的额 3 亿元以上第一审民商事案件，所辖中级人民法院管辖诉讼标的额 5000 万元以上第一审民商事案件。本案上海跃某汽车饰件公司、上海智某实业公司、上海盛某交通车辆设备公司住所地位于上海市，属当事人一方住所地不在受理法院所处省级行政辖区的第一审民商事案件，且诉讼标的额超过5000万元，太仓森某公司向江苏省苏州市中级人民法院提起本案诉讼符合级别管辖的相关规定。据此，一审法院认定其对本案具有管辖权，有事实和法律依据，并无不当。本案太仓森某公司于2020年4月向一审法院提起诉讼，《关于调整中级人民法院管辖第一审民事案件标准的通知》（法发〔2021〕27号）自2021年10月1日起实施，上海跃某汽车饰件公司、上海智某实业公司和桐乡森某公司关于本案应当适用该通知规定、由基层人民法院管辖的主张，显然不能成立。

综上所述，江阴森某公司、上海跃某汽车饰件公司、上海智某实业公司和桐乡森某公司提出的管辖权异议不能成立，不予支持。

【裁判摘要评析】

股东代表诉讼是指当公司怠于追究侵害公司利益之人的民事责任时，具备法定资格的公司股东为了保护公司利益，依据一定程序以自己的名义对责任人提起的诉讼。股东代表诉讼又被称为派生诉讼或衍生诉讼。[1] 关于第三人与公司之间存在仲裁条款的，股东提起代表诉讼是否受该仲裁条款的约束，实务中存在不同的观点。

一、我国股东代表诉讼的适用范围

股东代表诉讼制度起源于英国，之后各国的司法实践极大地促进了这一制度的发展。公司人格独立是公司法的基本理念，当公司的利益受到侵害时，公司而非股东有权决定是否寻求救济；但当公司受到董事、监事、高级管理人员等内部管理人员的侵害，而公司又受制于这些管理者时，公司往往无法启动救济程序。此时，股东为维护公司的利益得以代表公司提起诉讼追究董事等管理者的责任。[2]

我国《公司法》2005年修正时正式引入了股东代表诉讼制度。现行《公司法》第149条规定："董事、监事、高级管理人员执行公司职务时违

---

〔1〕 范健、王建文：《公司法》（第5版），法律出版社2018年版，第283页。

〔2〕 钱玉林：《〈公司法〉第151条的漏洞及其填补》，载《现代法学》2015年第3期。

反法律、行政法规或者公司章程的规定，给公司造成损失的，应当承担赔偿责任。”第151条第3款规定：“他人侵犯公司合法权益，给公司造成损失的，本条第一款规定的股东可以依照前两款的规定向人民法院提起诉讼。”由此可见，在我国《公司法》的框架下，股东提起代表诉讼的情形并不局限于董事、监事、高级管理人员的职务行为违反法律、行政法规或公司章程，使公司受到损失，还包括第三人侵犯公司合法权益致使公司利益受损。总体而言，根据我国的相关法律规定，董事、监事、高级管理人员或者第三人侵害公司合法权益，给公司造成损失的，应当对公司承担赔偿责任。公司拒绝或怠于提起诉讼的，具备法定资格的股东为了公司的利益，可以依照法定程序代表公司以自己的名义提起诉讼，胜诉利益归属于公司，公司应当承担股东因参加诉讼而支出的合理费用。

二、股东不受第三人与公司间仲裁条款约束的情形

当公司的董事等管理者代表公司与第三人签订合同，却恶意不履行合同义务而使公司利益受损时，股东仅能依据法定条件代表公司对董事等管理者提起诉讼，而不能对第三人直接提起诉讼。只有在股东能够证明公司董事等管理者与第三人恶意串通，共同损害公司利益时，才能将第三人作为共同被告。此时，股东对公司董事等管理者和第三人提起代表诉讼，不应受公司董事等管理者代表公司与第三人签订的仲裁协议的拘束，人民法院对股东提起的代表诉讼有管辖权。〔1〕

仲裁条款的效力不受主合同变更、解除、终止或者无效的影响，仲裁条款独立性原则获得了广泛的国际认可，被大多数国家的法律以及一些国际公约所确立。我国《仲裁法》第19条规定了仲裁条款独立存在。仲裁条款独立性原则的理论基础在于当事人的意思自治。〔2〕合同主体对于自己的实体权利义务拥有处分权，对于如何解决合同的实体争议，也应赋予合同主体自由选择的权利，合同主体在订立合同时可对未来可能出现的争议的

---

〔1〕 北京市第二中级人民法院民事裁定书，（2009）二中民初字第04906号；北京市海淀区人民法院民事裁定书，（2021）京0108民初22509号。在北京市海淀区人民法院（2021）京0108民初22509号民事裁定书中，股东与公司、董事签订的增资合同书中约定了仲裁条款，公司董事侵害公司权益，法院认为本案是侵权损害赔偿责任纠纷，股东提起代表诉讼不受仲裁协议的约束。

〔2〕 赵秀文：《论仲裁条款独立原则》，载《法学研究》1997年第4期。

解决方式进行约定，这一约定构成了独立于主合同的意思表示。《民法典》第148条规定，在一方当事人实施欺诈行为使合同得以订立的情形下，另一方当事人可以请求人民法院和仲裁机构予以撤销。尽管一方当事人在订立合同时实施了欺诈行为，但合同双方当事人在达成通过仲裁解决合同项下争议的约定时，应是双方共同的意思表示，仲裁条款不是欺诈行为的产物，其效力不受主合同欺诈的影响。

合谋欺诈下合同仲裁条款的效力存在“绝对论”和“相对论”两种立场。合谋欺诈的对象是合同之外的第三人，表现为“恶意串通”“以合法形式掩盖非法目的”等情形。合谋欺诈属于“对世欺诈”，受到我国法律的否定性评价。对于合谋欺诈下仲裁条款是否有效，“绝对论”认为仲裁条款属于合同当事人独立于主合同的意思自治，不因合同无效而排除仲裁，在主合同当事人合谋欺诈时，仲裁条款仍然有效。“相对论”认为司法机关应当主动审查仲裁条款是否服务于存在恶意串通的主合同，仲裁条款独立性原则上是为了解决主合同纠纷，但在管辖权发生纠纷时，应先行解决仲裁条款的效力问题，仲裁条款独立性与先行解决管辖权纠纷并不存在矛盾。[1]

“相对论”能更为妥当地处理合谋欺诈下仲裁条款的独立性问题。仲裁机构并非司法机关，无权对恶意串通等行为予以制裁，在合同存在恶意串通损害他人利益时，如认定仲裁条款有效，由仲裁庭受理该类案件，相当于鼓励了当事人恶意串通谋取利益并通过仲裁实现其利益的行为。仲裁贯彻不公开审理的原则，在缺乏外部监督以及第三人参与仲裁的机制下，仲裁庭对当事人恶意串通损害他人利益往往无从得知。而我国《仲裁法司法解释》第8条、第9条仅规定了在三种情形下，签订仲裁协议以外的第三人得以成为仲裁当事人，即当事人订立仲裁协议后合并、分立的，仲裁协议对其权利义务的继受人有效；当事人订立仲裁协议后死亡的，仲裁协议对承继其仲裁事项中的权利义务的继承人有效；债权债务全部或部分转让的，仲裁协议对受让人有效。本案中，太仓森某公司作为江阴森某公司的

---

〔1〕 王克玉：《合谋欺诈视角下的合同仲裁条款独立性问题研究》，载《法商研究》2014年第3期。

股东之一，主张江阴森某公司的董事陈某与上海跃某汽车饰件公司合谋，将江阴森某公司持有的桐乡森某公司股权低价转让给上海跃某汽车饰件公司，损害了太仓森某公司的利益，太仓森某公司代表江阴森某公司提起诉讼，请求确认江阴森某公司与上海跃某汽车饰件公司之间的股权转让协议无效。虽然该股权转让协议约定了仲裁条款，但当主合同存在合谋欺诈的可能性时，司法机关不得仅凭当事人仲裁上的真实合意而认定人民法院没有管辖权。

本案原告还增加了非仲裁条款的主体作为共同被告，此时，案件仍应由法院管辖。首先，仲裁的自愿性原则要求仲裁协议不能约束仲裁协议主体外的第三人。其次，我国的《仲裁法》并没有规定仲裁第三人制度，非仲裁协议当事人参加仲裁的条件、情形及程序等均未明确，并非所有当事人都可以成为仲裁的当事人，为了保护仲裁协议之外其他当事人的利益，应由法院作出公平、合理的裁判。〔1〕换言之，仲裁无法全面解决此类争议。

三、股东应受第三人与公司间仲裁协议约束的情形

公司作为法律主体参与经济社会生活，独立享有权利和承担义务，股东作为投资者一般不能代表公司直接对与公司存在合同关系的第三人提起诉讼。但是，当公司因他人的违约行为而受到损害，而董事等公司的管理者基于经营判断未请求第三人承担相应的违约责任，股东代表公司提起诉讼请求他人承担继续履行合同等违约责任时，股东应受合同中仲裁条款的约束。此时，仲裁条款的效力并不存在瑕疵，尽管股东不是合同的当事人，但股东代表公司主张相关权益的权利来源于公司与他人之间的合同，股东的诉权应受限于公司的诉权，该事项应提交仲裁裁决，不属于人民法院的主管范围。

在最高人民法院《关于对中外合资经营企业对外发生经济合同纠纷，控制合营企业的外方与卖方有利害关系，合营企业的中方应以谁的名

---

〔1〕郭玉军、肖芳：《论合同侵权竞合案件仲裁与诉讼之争的解决》，载《法学评论》2007年第2期。

义向人民法院起诉问题的复函》〔法经（1994）269 号〕中，最高人民法院认为中外合资经营企业对外发生经济合同纠纷，控制合营企业的外方与卖方有利害关系，合营企业的中方可在合营企业董事会不起诉的情况下行使诉权，但由于合资经营合同与对外购买设备的合同中都订有仲裁条款，该纠纷应提交仲裁裁决。此时，公司与第三人之间发生合同纠纷，股东按照法定条件提起代表诉讼是否应受公司与第三人间仲裁协议的约束尚未完全明确。2015 年，广东省深圳市中级人民法院发布了《关于审理股东代表诉讼案件的裁判指引》。该裁判指引第 3 条规定："公司与他人有书面仲裁协议，股东就仲裁协议约定的仲裁事项对他人提起股东代表诉讼的，人民法院应不予受理。"该裁判指引的说明中指出："在因他人不履行对公司的合同义务，股东欲提起代表诉讼的情况下，要注意审查公司与他人是否签有仲裁协议或仲裁条款。如有仲裁协议，即使原告股东符合提起代表诉讼的条件，法院仍应不予受理。"2021 年 7 月 30 日，司法部就《仲裁法（修订）》（征求意见稿）向社会公开征求意见，该征求意见稿第 25 条规定："公司股东、合伙企业的有限合伙人依照法律规定，以自己的名义，代表公司、合伙企业向对方当事人主张权利的，该公司、合伙企业与对方当事人签订的仲裁协议对其有效。"该征求意见稿的说明中提道："基于有利于纠纷解决的目标，对主从合同纠纷、公司企业代表诉讼等特殊情形下，仲裁协议效力的认定予以明确规定。"从上述规定的内容来看，股东或有限合伙人提起代表诉讼是为了主张公司与第三人签订的合同项下的权益，其权利源于基础合同时，基础合同中的仲裁条款对股东或有限合伙人有效。

司法实践对于上述观点也予以认可。在广东省高级人民法院（2016）粤民终 468 号裁定书中，公司与第三人签订了合同，该份合同中约定了仲裁条款。公司一直按照约定履行合同义务，第三人单方面提出终止合同，给公司造成了重大损失，股东依据法定条件提起股东代表诉讼，要求第三人继续履行合同。法院认为股东代表公司依据合同提起股东代表诉讼主张合同权益，只是在形式上代位行使公司享有的请求权，股东代位诉讼获得的诉讼利益将直接归属于公司，因此应受公司与第三人签订合同中的有效仲裁条款的约束。在深圳市中级人民法院（2015）深中法商终字第 2106 号裁定中，法院认为公司与第三人签订的借款合同中约定的仲裁条款对合同双方有拘束力，双方当事人享有排除法院管辖的程序利益，股东虽然非借款合同的当事人，其提起代表诉讼要求第三人履行与公司之间的借款合同，仍应受合同中仲裁条款的约束。[1]

我国《仲裁法》尚未确立仲裁第三人制度。股东代表公司向第三方提起仲裁时，如何确定当事人的仲裁地位，尚未有统一标准。第一种方式是将股东和公司共同列为申请人，第二种方式是将公司列为第一申请人，股东列为第二申请人，第三种方式是将公司列为申请人，股东列为代表人。采用何种方式确定各方的身份地位有待进一步探讨和明确。

四、股东代表诉讼的管辖

关于股东代表诉讼是否适用《民事诉讼法》(2021 年修正) 第 27 条的规定由公司住所地人民法院管辖，实践中存在不同的观点。有观点认为，股东依据《公司法》第 151 条第 1 款、第 2 款提起股东代表诉讼的，由公司住所地人民法院管辖；股东依据《公司法》第 151 条第 3 款提起股东代表诉讼的，应根据公司与他人之间纠纷的性质按照《民事诉讼法》中地域管辖的有关规定确定管辖法院。[2] 有法院认为，董事等管理者与他人合谋签订合同损害公司利益，股东代表诉讼实质上构成侵权纠纷的，应按照《民事诉讼法》中关于侵权纠纷的管辖原则确定管辖法院，即由被告住所地或侵权行为地法院管辖。[3]

《民事诉讼法》(2021 年修正) 第 27 条规定："因公司设立、确认股东资格、分配利润、解散等纠纷提起的诉讼，由公司住所地人民法院管辖。"《民事诉讼法司法解释》(2022 年修正) 第 22 条对《民事诉讼法》第 27 条予以了具体化，因股东名册记载、请求变更公司登记、股东知情权、公司决议、公司合并、公司分立、公司减资、公司增资等纠纷提起的诉讼，由公司住所地人民法院管辖。因上述纠纷提起的诉讼考虑到公司或者其他股

---

〔1〕 广东省东莞市中级人民法院（2021）粤 19 民终 5102 号民事裁定书也持此种观点。

〔2〕 参见广东省深圳市中级人民法院《关于审理股东代表诉讼案件的裁判指引》第 1 条、第 2 条。

〔3〕 北京市第二中级人民法院民事裁定书，（2009）二中民初字第 04906 号。

东可能参与，在案件的审理过程中，通常需要查阅公司的注册登记资料、股东之间的协议、公司的财务会计资料等，基于《民事诉讼法》的“两便”原则，由公司住所地人民法院管辖。在股东代表诉讼中，应根据案件的具体情况确定管辖法院。当股东对董事、监事、高级管理人员等公司内部人员提起代表诉讼时，为了便利当事人参加诉讼、法院查明案件事实，应由公司住所地人民法院管辖。当股东代表诉讼的被告涉及第三人时，如果均由公司住所地人民法院管辖，可能会出现公司为了恶意规避管辖，授意股东提起代表诉讼的情形。为了避免公司操纵管辖权情况的出现，此类股东代表诉讼应当根据《民事诉讼法》的一般管辖原则确定管辖法院。

最高人民法院再审合议庭成员：汪军　李绍华　黄鹏

（编写人：汪军*　魏佳钦**　王海馨***　审稿人：杨奕）

---

* 汪军，法律硕士，中华人民共和国最高人民法院民事审判第一庭，二级高级法官。

** 魏佳钦，法学硕士，浙江省绍兴市中级人民法院，法官助理。

*** 王海馨，上海财经大学法学院硕士研究生。

温州嘉某房地产开发有限公司、某银行股份有限公司温州滨江支行与陈某破产债权确认纠纷案

——拆迁安置补偿款债权在破产程序中应优先于有特定财产担保的债权受偿

【裁判摘要】

拆迁安置补偿款债权不同于普通的金钱债权。拆迁安置补偿款是被拆迁房屋的替代物，表面上是合同权利，实际上是原房屋所有权的延伸，故拆迁安置补偿款债权在性质上应被视为一种特种债权，在破产分配中应优先保护，优先于有特定财产担保的债权受偿。

【案件基本信息】

1. 诉讼当事人

再审申请人（一审被告、二审上诉人）：温州嘉某房地产开发有限公司（以下简称嘉某房地产公司）

再审申请人（一审第三人、二审上诉人）：某银行股份有限公司温州滨江支行（以下简称某银行滨江支行）

被申请人（一审原告、二审被上诉人）：陈某

2. 案件索引与裁判日期

一审：浙江省温州市中级人民法院（2020）浙03民初34号判决（2020年8月19日）

二审：浙江省高级人民法院（2020）浙民终996号判决（2021年5月26日）

再审审查：最高人民法院（2021）最高法民申6582号裁定（2021年10月19日）

3. 案由

破产债权确认纠纷

【简要案情】

被拆迁人陈某与拆迁人嘉某房地产公司就原坐落于浙江省温州市蒲州山下后巷××弄××号房屋拆迁补偿安置事宜产生争议，生效的温房发〔2014〕53号裁决载明：浙江省温州市龙湾蒲州松某花园的合法产权房屋建筑面积950.5平方米，应当以住宅形式按400元/平方米的购买价格，由嘉某房地产公司在嘉某花园范围内予以产权调换安置；无法在嘉某花园范围内产权调换安置的，则应按照嘉某花园住宅用房的市场价值对申请人予以经济补偿，以确保申请人的利益能够得到保障。

2017年3月8日，浙江省温州市中级人民法院作出（2016）浙03破申9号裁定书，裁定受理某银行股份有限公司温州分行对嘉某房地产公司的破产清算申请。

破产程序中，嘉某房地产公司管理人核查后根据温房发〔2014〕53号裁决内容认定陈某的破产债权为普通债权，金额为24,515,628.70元。陈某对嘉某房地产公司管理人的核查答复有异议，向一审法院提起本案诉讼。一审法院审理期间，陈某将诉讼请求变更为确认陈某对嘉某房地产公司享有的拆迁安置补偿款23,856,828.70元为优先债权，优先顺位为优先于所有债权。

温州市中级人民法院一审认为，陈某主张的拆迁安置补偿款23,856,828.70元中，超过过渡期限的临时安置补助费的加倍计算部分，不具有优先性，应为普通债权，其余部分优先于所有债权（包括有特定财产担保债权等在内）清偿。据此，一审判决：确认陈某对被告嘉某房地产公司享有的破产债权中22,807,973.50元债权作为第一顺位优先于其他债权（包括有特定财产担保债权等在内）受偿。

嘉某房地产公司与某银行滨江支行不服一审判决，向浙江省高级人民法院提起上诉。二审法院认为嘉某房地产公司、某银行滨江支行主张案涉债权系普通债权等上诉理由不足，判决：驳回上诉，维持原判。二审判决生效后，嘉某房地产公司与某银行滨江支行向最高人民法院申请再审。

【案件焦点】

陈某对嘉某房地产公司享有的拆迁安置补偿款债权在破产程序中是否具有优先性。

【裁判结果】

最高人民法院经审查认为，陈某对嘉某房地产公司享有23,856,828.70元拆迁安置补偿款债权。其中超过过渡期限的临时安置补助费的加倍计算部分1,048,855.20元，各方均认可为普通债权，在嘉某房地产公司破产清算过程中不具有优先性。对其余22,807,973.50元拆迁安置补偿款债权的清偿顺位问题，各方未达成一致意见。原浙江省温州市房产管理局《关于对温州市龙湾蒲州松庭花园房屋拆迁补偿安置的裁决》（温房发〔2014〕53号）载明，由嘉某房地产公司对案涉被拆迁房屋在嘉某花园范围内予以产权调换安置；无法在嘉某花园范围内提供住宅房源进行产权调换安置的，则应按照嘉某花园住宅用房的市场价值予以经济补偿。原审判决据此认定案涉拆迁安置补偿款是在嘉某房地产公司无法提供房屋进行产权调换安置的情况下的替代选择，陈某主张的拆迁安置补偿款债权实为产权调换房屋的替代物，受偿权来源于其被拆迁的房屋，并无不当。原审法院综合考虑本案实际情况，结合相关法律规定，认定陈某对嘉某房地产公司享有的22,807,973.50元拆迁安置补偿款债权在破产程序中优先于有特定财产担保的债权受偿，并无不妥。因此，驳回嘉某房地产公司与某银行滨江支行的再审申请。

【裁判摘要评析】

本案裁判认定陈某对嘉某房地产公司享有的破产债权中22,807,973.50元债权作为第一顺位优先于其他债权（包括有特定财产担保债权等在内）清偿，实质上确认了拆迁安置补偿款在破产程序中的优先受偿性，具有一定的法律适用指导意义。

在2011年1月21日起施行的国务院《国有土地上房屋征收和补偿条例》将国有土地上房屋征收和补偿的主体限定为市、县级人民政府之前，取得房屋拆迁许可证的房地产开发公司可以以拆迁人身份与被拆迁人签订房屋拆迁安置补偿协议。实务中，由于拆迁安置补偿的落实与房屋拆迁存在时间差，被拆迁人债权的实现往往需要一定的时间。当拆迁义务人是政府时，其债权实现尚有政府提供保障；但当拆迁义务人为房地产开发企业时，一旦企业进入破产程序，被拆迁人的拆迁安置补偿债权的清偿顺位将决定该债权能否得到实现，这直接关系到被拆迁人的切身利益。这一问题目前并无相关法律明确规定，在司法实践中也存在认识上的分歧。

一、拆迁安置补偿款债权优先受偿的法理依据

关于拆迁安置补偿款债权是否具有优先受偿性，存在不同的观点：一种观点认为，《企业破产法》第113条已经明确规定了破产债权清偿顺序，并未规定拆迁安置款具有优先受偿性，该债权只能作为普通债权受偿。另一种观点认为，法律并未明确规定拆迁安置补偿款债权在破产程序中的权利顺位，存在法律漏洞，应认定其具有优先受偿性。

拆迁安置补偿款债权应在破产程序中优先受偿，理由如下：

第一，生存权具有优先性。我国《宪法》第13条规定："公民的合法的私有财产不受侵犯。国家依照法律规定保护公民的私有财产权和继承权。国家为了公共利益的需要，可以依照法律规定对公民的私有财产实行征收或者征用并给予补偿。"《民法典》第243条第1款规定："为了公共利益的需要，依照法律规定的权限和程序可以征收集体所有的土地和组织、个人的房屋以及其他不动产。"第243条第3款规定："征收组织、个人的房屋以及其他不动产，应当依法给予征收补偿，维护被征收人的合法权益；征收个人住宅的，还应当保障被征收人的居住条件。"房屋拆迁涉及被拆迁人的基本生存权，被拆迁人的权利涉及居住权和民生保障，拆迁房屋是被拆迁人赖以生存和生产的基本物质条件，被拆迁人在房屋拆迁过程中实际上是将自身生存利益让渡于公共利益，其享有的拆迁安置补偿款债权是对其基本生存权的保障，不应与普通的金钱债权同等对待。在房地产开发企业破产时，如果被拆迁人的房屋拆迁补偿款以及过渡期间的安置费用等仅作为普通债权参与受偿，被拆迁人很有可能在失去唯一住房的同时，还无法得到相应的金钱补偿，陷入房钱两空的困境，这对其合法权益造成损害，将产生恶劣的社会影响。

第二，拆迁安置补偿债权作为特殊债权，应被赋予物权的优先效力。拆迁补偿的方式既可以实行货币补偿，也可以实行房屋产权调换，无论被拆迁人选择何种补偿方式，其享有的拆迁安置补偿债权均是以牺牲原房屋居住权作为代价的，应赋予该种特殊债权以物权的优先效力。[1] 这种债权表面上是合同权利，实际上是原房屋所有权的延伸，在性质上应视为特种债权，被赋予类似于物权的优先效力。因此，被拆迁人享有的拆迁安置补偿款受偿权源于其被拆迁的房屋，其被赋予的优先效力应具有绝对的优先性，在破产程序中应优先于有特定财产担保债权受偿。

第三，被拆迁人不应被迫承受相对人的破产风险。房屋拆迁涉及行政征收，有别于房屋正常买卖，并非房屋所有权人意思自治的结果。在房屋正常买卖中，房屋所有权人会通过谨慎选择交易相对人，或者要求相对人提供担保等方式规避相对人的破产风险。但在房屋拆迁中，由于拆迁的行政征收性质，被拆迁人对房屋是否拆迁并无决定权，也无法自由选择拆迁补偿协议的相对方，其意思自治仅体现在对拆迁补偿方式的选择上，但无论其作何选择，都将承受相对人的破产风险。本案中，某银行滨江支行提出陈某被拆迁的房屋性质并非住宅，不涉及居住权和民生保障，且其名下另有居住房产。对此，笔者认为，就意思自治的角度而言，拆迁安置补偿款债权在破产程序中的优先受偿，并不仅是基于民生保障和基本生存权的考量，还是对征收环节剥夺被拆迁人意思自治的必要弥补。

二、拆迁安置补偿款债权优先受偿的法律依据

从原《关于建设工程价款优先受偿权问题的批复》（法释〔2002〕16号）第1条关于人民法院在审理房地产纠纷案件和办理执行案件中，应当

---

〔1〕 李少平主编：《最高人民法院第五巡回法庭法官会议纪要》，人民法院出版社2021年版，第216-230页。

依照《合同法》第286条[1]的规定，认定建筑工程的承包人的优先受偿权优于抵押权和其他债权的规定和第2条关于消费者交付购买商品房的全部或者大部分款项后，承包人就该商品房享有的工程价款优先受偿权不得对抗买受人的规定可知，建设工程价款优先受偿权优先于抵押权，而建设工程价款优先受偿权不能对抗已经支付全部或大部分购房款的消费者要求取得房屋的权利。由此可得出，在已经支付全部或大部分购房款的购房消费者的权利与抵押权产生冲突时，应优先保护购房消费者的权利。虽然2021年1月1日起施行的最高人民法院《关于废止部分司法解释及相关规范性文件的决定》（法释〔2020〕16号）废止了《关于建设工程价款优先受偿权问题的批复》，但其确立的上述权利保护顺位已被相关法律吸收，并且在审判实践中已成为通行做法。《关于人民法院办理执行异议和复议案件若干问题规定》第27条规定，"申请执行人对执行标的依法享有对抗案外人的担保物权等优先受偿权，人民法院对案外人提出的排除执行异议不予支持，但法律、司法解释另有规定的除外。"第29条规定，"金钱债权执行中，买受人对登记在被执行的房地产开发企业名下的商品房提出异议，符合下列情形且其权利能够排除执行的，人民法院应予支持：（一）在人民法院查封之前已签订合法有效的书面买卖合同；（二）所购商品房系用于居住且买受人名下无其他用于居住的房屋；（三）已支付的价款超过合同约定总价款的百分之五十。"据此，在已经支付全部或大部分购房款的购房消费者的权利与抵押权产生冲突时，仍然应优先保护购房消费者的权利。

2003年版《商品房买卖合同纠纷案件司法解释》第7条规定："拆迁人与被拆迁人按照所有权调换形式订立拆迁补偿安置协议，明确约定拆迁人以位置、用途特定的房屋对被拆迁人予以补偿安置，如果拆迁人将该补偿安置房屋另行出卖给第三人，被拆迁人请求优先取得补偿安置房屋的，应予支持。"从该条规定可以看出，通过产权调换方式取得安置房屋的被拆迁人，其权利优先于购房消费者的权利。据此，并结合原《关于建设工程价

---

〔1〕 本条现为《民法典》第807条："发包人未按照约定支付价款的，承包人可以催告发包人在合理期限内支付价款。发包人逾期不支付的，除根据建设工程的性质不宜折价、拍卖外，承包人可以与发包人协议将该工程折价，也可以请求人民法院将该工程依法拍卖。建设工程的价款就该工程折价或者拍卖的价款优先受偿。"

款优先受偿权问题的批复》第1条、第2条，《关于人民法院办理执行异议和复议案件若干问题规定》第27条、第29条关于已经支付全部或大部分购房款的购房消费者的权利与抵押权产生冲突时，应优先保护购房消费者的权利的相关规定，可以得出，通过产权调换方式取得安置房屋的被拆迁人的权利与抵押权产生冲突时，应当优先保护被拆迁人的权利。2011年国务院颁布的《国有土地上房屋征收与补偿条例》第21条第1款规定："被征收人可以选择货币补偿，也可以选择房屋产权调换。"货币补偿与房屋产权调换同为被征收房屋价值的补偿形式，本质上是相同的，区别仅在于前者是以金钱补偿因征收而丧失房屋所有权的被拆迁人，而后者是以新建房屋所有权补偿因征收而丧失房屋所有权的被拆迁人。被拆迁人的法律地位不应仅因其选择补偿形式不同而有所区别。故对于拆迁安置补偿款债权，应参照上述权利顺位原则，认定其在破产程序中优先于有特定财产担保债权受偿。

虽然2003年版《商品房买卖合同纠纷案件司法解释》第7条已被删除，被拆迁人与购房消费者的权利顺位问题已无明确法律依据，但被拆迁人无论是选择货币补偿还是房屋产权调换，实质上均是以被拆迁房屋作为对价进行交换。由于房屋已被拆迁，可以认为其地位至少不应弱于已经支付全部或大部分购房款的购房消费者的权利。当拆迁安置补偿款债权与其他有特定财产担保的债权产生冲突时，仍然应该坚持被拆迁人权利的优先保护地位。

房屋拆迁涉及被拆迁人的基本生存权，具有行政征收的特殊性质，拆迁安置补偿款本质上是被拆迁房屋所有权的延伸，该债权具有优先受偿的正当性。

最高人民法院再审审查合议庭成员：汪军　李绍华　黄鹏

（编写人：汪军*　邵辉**　审稿人：李明）

---

* 汪军，法律硕士，中华人民共和国最高人民法院民事审判第一庭，二级高级法官。

** 邵辉，华东政法大学民商法硕士研究生。

某银行股份有限公司怀化市分行
与
中国华某资产管理股份有限公司湖南省分公司
及第三人怀化英某建设投资有限公司、
东某建设工程集团有限公司等
案外人执行异议之诉案

——非消费者购房人与抵押权人之间的权利比较

【裁判摘要】

非消费者购房人能否排除抵押权人的申请执行，可基于双方权利的性质、取得权利时间的先后、权利取得有无过错以及如何降低或者预防风险再次发生等因素，并结合具体案情，对双方享有的权利进行实体审查后作出相应判断。

【案件基本信息】

1. 诉讼当事人

上诉人（原审原告）：某银行股份有限公司怀化市分行（以下简称某银行怀化分行）

被上诉人（原审被告）：中国华某资产管理股份有限公司湖南省分公司（以下简称华某资产公司湖南分公司）

原审第三人：怀化英某建设投资有限公司（以下简称英某建设投资公司）

原审第三人：东某建设工程集团有限公司（以下简称东某建设工程公司）

原审第三人：湖南辰某水泥有限公司（以下简称辰某水泥公司）

原审第三人：谢某某

原审第三人：陈某某

2. 案件索引与裁判日期

一审：湖南省高级人民法院（2020）湘民初1号判决（2020年9月29日）

二审：最高人民法院（2022）最高法民终34号判决（2022年6月29日）

3. 案由

案外人执行异议之诉

【简要案情】

2013年1月31日，英某建设投资公司与某银行怀化分行签订商品房买卖合同，其中约定：英某建设投资公司将其开发的英某国际商城裙楼××号门面出售给某银行怀化分行，总计售价17,013,800元，相关税费1,055,891元；英某建设投资公司应在2013年3月29日前，将该门面交付某银行怀化分行，并在交付之后30日内，将办理权属登记的资料报送产权登记机关备案；合同生效之日起30日内，由出卖人向当地房产管理局申请商品房预告登记。某银行怀化分行分别于2009年12月31日、2013年3月28日、2013年11月27日向英某建设投资公司指定账户汇入订金及购房款1,000,000元、15,163,110.64元、500,000元，并交纳了相应的购房契税。2013年11月18日，某银行怀化分行与怀化英某商城管理有限公司（以下简称英某商城管理公司）签订了英某国际物业管理合同；2013年12月2日，某银行怀化分行缴纳23,679元物业管理费。英某建设投资公司二审提供的英某国际交房流程表显示2013年11月29日办理交房手续，某银行怀化分行对该证据的真实性并无异议。

2013年5月23日，华某资产公司湖南分公司与英某建设投资公司签订抵押协议，约定英某建设投资公司以其"英某国际"项目二期未售商业地产在建工程及其分摊的土地（含某银行怀化分行所购房产）为其所欠华某资产公司湖南分公司债务提供抵押担保。2013年5月27日，华某资产公司湖南分公司与英某建设投资公司办理了在建工程抵押登记。

2014年9月19日，一审法院受理华某资产公司湖南分公司诉英某建设投资公司、东某建设工程公司、辰某水泥公司、谢某某、陈某某合同纠纷一案。2014年9月29日，一审法院作出（2014）湘高法民二初字第32-1号裁定，查封了英某建设投资公司名下的案涉房产。2014年12月12日，一审法院作出（2014）湘高法民二初字第32号判决，解除华某资产公司湖南分公司与英某建设投资公司签订的债务重组协议，由英某建设投资公司向华某资产公司湖南分公司偿还债务9800万元及重组收益、违约金等，东某建设工程公司、辰某水泥公司、谢某某、陈某某承担连带清偿责任；若未按期履行清偿义务，华某资产公司湖南分公司有权以英某建设投资公司已办理抵押登记的房产及相应土地使用权折价或者以拍卖、变卖所得价款优先受偿。双方均未上诉，该判决生效。

因英某建设投资公司未按期履行（2014）湘高法民二初字第32号判决所确定的清偿义务，华某资产公司湖南分公司向一审法院申请强制执行。一审法院执行立案后，于2017年8月21日作出（2015）湘高法执字第22号拍卖公告，拟拍卖（2014）湘高法民二初字第32号判决所确定的包括案涉房产在内英某国际名下的多项房产。某银行怀化分行不服，向一审法院提出执行异议。一审法院于2017年12月12日作出（2017）湘执异75号裁定，驳回了某银行怀化分行的异议请求。某银行怀化分行遂提起本案执行异议之诉。

一审法院经审理认为某银行怀化分行的异议不能成立，判决驳回其诉讼请求。某银行怀化分行不服一审判决，向最高人民法院提起上诉。

【案件焦点】

某银行怀化分行对案涉房产是否享有足以排除强制执行的民事权益。

【裁判结果】

最高人民法院经审理认为，华某资产公司湖南分公司对案涉房产享有抵押权、某银行怀化分行对案涉房产享有物权期待权，均优先于一般债权；某银行怀化分行的签约行为在先，但其取得案涉房产物权期待权的时间晚于华某资产公司湖南分公司取得抵押权的时间；现有证据不能证明华某资产公司湖南分公司在设定抵押权过程中存在过错，而某银行怀化分行对于英某建设投资公司的违约行为未积极采取相应措施，对于案涉权利冲突和纠纷诉讼的发生，负有一定的过失；本案中，由某银行怀化分行承担不利后果有利于降低或者防范此类纠纷的再次发生。由此，华某资产公司湖南分公司对案涉房产享有的抵押权在本案中应优先于某银行怀化分行享有的物权期待权，一审判决未支持某银行怀化分行的异议，驳回某银行怀化分行的诉讼请求，并无不当。综上所述，某银行怀化分行的上诉请求不能成立，应予驳回；一审判决认定事实基本清楚，适用法律虽有瑕疵，但结果正确，应予维持。依照《民事诉讼法》第 177 条第 1 款第 1 项、《民事诉讼法司法解释》第 332 条规定，判决：驳回上诉，维持原判。

【裁判摘要评析】

执行异议之诉，作为源于但又不同于案外人执行异议的诉讼案件，能否适用《关于人民法院办理执行异议和复议案件若干问题规定》等执行程序中的司法解释，司法实践中一直存在争议。

本案裁判从执行异议之诉和案外人执行异议的关系入手，对于执行异议之诉法律适用问题进行了较为详细的分析论证，强化了参照适用的一般规则，确立了不参照适用情形下实体权利审查的综合判断标准。

本案裁判确立了物权期待权的法律特征以及应优先于一般债权保护的基本判断，并借鉴法律经济学“成本、收益及经济效率”的分析方法，判断由何者承担不利后果、负担相应风险，更有利于降低或者预防风险的再次发生。

本案裁判通过对案外人某银行怀化分行与抵押权人华某资产公司湖南分公司实体权利的综合分析比较，最后确定了应优先保护华某资产公司湖南分公司抵押权的基本结论。现具体评析如下。

一、执行异议之诉案件可参照适用《关于人民法院办理执行异议和复议案件若干问题规定》，但并非绝对

执行异议之诉源于案外人执行异议，系案外人对执行标的提出异议后被执行法院裁定驳回或者支持，案外人或者申请执行人不服该裁定而启动的权利救济诉讼程序。由此，执行异议与执行异议之诉具有一定的关联性和共通性，但二者分属于不同的诉讼程序，其功能定位并不相同，对案外人民事权益的审查原则和审查标准也不尽一致。

执行异议作为执行程序的一部分，更侧重于对执行标的上的权利进行形式审查，其制度功能在于快速、不间断地实现生效裁判文书确定的债权，其价值取向更注重程序效率性，同时兼顾实体公平性。而执行异议之诉作为与执行异议衔接的后续诉讼程序，是一个独立于执行异议的完整的实体审理程序，其价值取向是公平优先、兼顾效率，通过实质审查的方式对执行标的权属进行认定，进而作出案外人享有的民事权益是否足以排除强制执行的判断，以实现对案外人或者申请执行人民事权益的实体性权利救济。

《关于人民法院办理执行异议和复议案件若干问题规定》作为执行程序中规范执行异议和复议案件的司法解释，原则上应仅适用于执行程序，但基于执行异议之诉与执行程序之间的关联性和共通性，在针对执行异议之诉具体审查标准的法律或者司法解释出台前，执行异议之诉案件可参照适用《关于人民法院办理执行异议和复议案件若干问题规定》的相关规定，对案外人享有的民事权益是否足以排除强制执行进行审查认定。

但是，在《关于人民法院办理执行异议和复议案件若干问题规定》相关条款能否适用案涉纠纷在理论和实务中存在较大争议，当事人对此问题的认识亦存在较大分歧并各有理据的情况下，则不宜再参照适用该司法解释的相关规定处理案涉纠纷，而应回归执行异议之诉的本质，基于案件具体情况对案外人是否享有足以排除强制执行的民事权益进行实质审查，并依据《民事诉讼法司法解释》第 310 条第 1 款关于“对案外人提起的执行异议之诉，人民法院经审理，按照下列情形分别处理：（一）案外人就执行标的享有足以排除强制执行的民事权益的，判决不得执行该执行标的；（二）案外人就执行标的不享有足以排除强制执行的民事权益的，判决驳回诉讼请求”的规定作出是否支持案外人异议请求的判断。

就本案而言，某银行怀化分行作为案外人对华某资产公司湖南分公司作为抵押权人的申请执行提出执行异议，可参照《关于人民法院办理执行异议和复议案件若干问题规定》第 27 条关于“申请执行人对执行标的依法享有对抗案外人的担保物权等优先受偿权，人民法院对案外人提出的排除执行异议不予支持，但法律、司法解释另有规定的除外”的规定，对购房人与抵押权人的权利冲突进行比较处理，抵押权应给予优先保护是一般原则，除非法律、司法解释另有规定。

一般理解，原《关于建设工程价款优先受偿权问题的批复》规定的商品房消费者在交付全部或者大部分款项后，对所购商品房享有的权益可以对抗建设工程价款优先受偿权和抵押权，以保护消费者的生存权，属于《关于人民法院办理执行异议和复议案件若干问题规定》第 27 条规定的“但书”条款的规制范围。但是，由于某银行怀化分行并非“商品房消费者”，所购房产系用于经营，故其不享有商品房消费者基于生存权而具有的特殊保护权益。某银行怀化分行主张《关于人民法院办理执行异议和复议案件若干问题规定》第 27 条“但书”包括该司法解释第 28 条关于一般不动产买受人（非消费者）物权期待权可排除执行的规定，本案应适用该条规定进行审查。

而华某资产公司湖南分公司则坚持认为《关于人民法院办理执行异议和复议案件若干问题规定》第 27 条“但书”不包括第 28 条，本案没有适用该条规定的余地，双方并就各自主张提交了相应的依据和最高人民法院的类案裁判。为此，在法律、司法解释对此问题尚无明确规定的情形下，双方当事人的主张均有一定的道理，一审判决认为本案不宜直接适用包括该司法解释第 28 条在内的其他条款的规定，有一定的理据。

但一审判决未结合执行异议之诉的自身特点，对案外异议人和申请执行人所享有的民事权益进行实体比较并依法作出相应的判断，仅依据原《关于建设工程价款优先受偿权问题的批复》的相关规定，认定某银行怀化分行不属于商品房消费者，即驳回其异议请求，适用法律存在一定瑕疵，应予以纠正。

二、非消费者购房人与抵押权人实体权利审查的综合判断标准

鉴于本案不宜参照适用《关于人民法院办理执行异议和复议案件若干问题规定》，针对某银行怀化分行对案涉房产享有的民事权益是否足以排除华某资产公司湖南分公司申请的强制执行，二审判决确立了可基于双方权

利的性质、取得权利时间的先后、权利取得有无过错以及如何降低或者预防风险再次发生等因素，并结合具体案情，对双方享有的权利进行实体审查的综合判断标准，以比较何者占优，何者应优先保护，进而作出相应的判断。

（一）从权利的性质看，某银行怀化分行对案涉房产享有物权期待权，而华某资产公司湖南分公司享有抵押权，均优先于一般债权

物权期待权，作为一种从债权过渡而来、处于物权取得预备阶段的权利状态，以实际占有为表征，具有与一般债权相区别、与物权相类似的效力特征。

本案中，某银行怀化分行基于其与英某建设投资公司签订的商品房买卖合同，有权请求英某建设投资公司依约交付所购商品房，该请求权作为一般合同债权没有优先保护的权利基础。但某银行怀化分行在依约支付了绝大多数购房款并实际占有所购房产的情况下，其基于合同享有的一般债权就转化为对该房产的物权期待权。尽管该物权期待权仍属于债权的范畴，但已不同于一般债权。

英某建设投资公司作为出卖人向买受人某银行怀化分行让渡了其对所售房产享有的占有、使用、收益及部分处分的物权权能，某银行怀化分行也因实际占有该房产获得了一定的对外公示效力，尽管该效力尚不能与不动产物权登记的法定效力相等同。据此，某银行怀化分行对案涉房产所享有的权利虽尚不属于《民法典》意义上的物权（所有权），但已具备了物权的实质性要素，某银行怀化分行可以合理预期通过办理不动产登记将该物权期待权转化为《民法典》意义上的物权（所有权）。而且该基于占有产生的权利亦应受《民法典》有关占有制度的保护，故该物权期待权具有优先于一般债权保护的权利基础。

而抵押权属于《民法典》明确规定的一类担保物权，在债务人不履行到期债务或者发生当事人约定的实现抵押权的情形下，抵押权人有权就抵押财产优先受偿。

本案中，华某资产公司湖南分公司与英某建设投资公司签订抵押协议，英某建设投资公司以包括案涉房产在内的英某国际项目二期未售商业

地产在建工程及其分摊的土地为其所欠华某资产公司湖南分公司债务提供抵押担保，并办理了在建工程抵押登记，华某资产公司湖南分公司对案涉抵押物享有的抵押权依法设立；湖南省高级人民法院（2014）湘高法民二初字第32号判决对华某资产公司湖南分公司就前述抵押物依法享有的优先受偿权也予以确认。由此，华某资产公司湖南分公司享有的抵押权具有优先于一般债权受偿的法律依据。

（二）从权利取得时间的先后看，华某资产公司湖南分公司的抵押权在先、某银行怀化分行的物权期待权在后

就某银行怀化分行对案涉房产享有的权利而言，基于已经查明的事实，2013年1月31日，英某建设投资公司与某银行怀化分行签订商品房买卖合同，约定英某建设投资公司将其开发的案涉房产出售给某银行怀化分行，总售价17,013,800元，税费1,055,891元；合同签订前后，某银行怀化分行分别于2009年12月31日、2013年3月28日、2013年11月27日向英某建设投资公司指定账户汇入1,000,000元、15,163,110元、500,000元。2013年11月18日，某银行怀化分行与英某商城管理公司签订英某国际物业管理合同。2013年12月2日，某银行怀化分行缴纳23,679元物业管理费。虽然某银行怀化分行主张依据商品房买卖合同，交房时间为2013年3月29日之前，其于2013年3月28日支付了大部分房款，并于当日实际收房，但某银行怀化分行并未提交此时实际收房的任何证据。而英某建设投资公司提供的英某国际交房流程表显示2013年11月29日办理的交房手续，某银行怀化分行对该证据的真实性并无异议，只是庭审时主张交房流程表记录的时间与实际交房时间不一致，与金融机构营业场所安全设施建设工程验收审批表上记录的时间也有矛盾，庭审后提交质证意见进一步认为该流程表存在瑕疵，不是正式交房手续证据。

实际上，即便依据某银行怀化分行提供的金融机构营业场所安全防护设施建设工程验收审批表以及金融机构营业场所安全设施建设工程验收审批表所载，工程开工日期为2013年8月28日，怀化市公安机关验收时间为2013年12月6日，但仅依据该审批表尚不足以推定某银行怀化分行在该工程开工之日即实际占有该房产，更难以得出某银行怀化分行于2013年3月

28 日已经实际占有该房产的结论。至于英某建设投资公司二审中提交的某银行怀化分行于 2013 年 5 月 10 日向英某建设投资公司出具的关于申请安装三相电到户的函，即便真实存在，因其内容仅系某银行怀化分行向英某建设投资公司申请安装交流三相电到户以及承诺负担因此产生的分摊费用，故难以据此认定此时或之前案涉房产已经实际交付给某银行怀化分行。

而且，英某建设投资公司在二审庭审中陈述基于英某国际交房流程表，其售楼部签字交房时间为 2013 年 11 月 29 日，而对是否存在提前向某银行怀化分行交付案涉房产的事实，英某建设投资公司在庭后也提交书面说明，明确表示无法核实。综合案涉英某国际交房流程表、英某国际物业管理合同等证据材料及相关事实，英某建设投资公司向某银行怀化分行交付案涉房产，某银行怀化分行实际占有案涉房产、对该房产享有物权期待权的时间应为 2013 年 11 月，如此认定符合本案实际情况。

而就华某资产公司湖南分公司的抵押权而言，基于已经查明的事实，2013 年 5 月 23 日，华某资产公司湖南分公司与英某建设投资公司签订抵押协议，约定英某建设投资公司以包括案涉房产在内的英某国际项目二期未售商业地产在建工程及其分摊的土地为其所欠华某资产公司湖南分公司债务提供抵押担保。2013 年 5 月 27 日，华某资产公司湖南分公司与英某建设投资公司对上述抵押物在怀化市房产管理局办理了在建工程抵押登记，华某资产公司湖南分公司对上述抵押物享有的抵押权依法设立。

由此，尽管某银行怀化分行签约时间早于华某资产公司湖南分公司，但其对案涉房产享有的物权期待权明显晚于华某资产公司湖南分公司依法设立的抵押权。

（三）从权利取得有无过错的角度看，现有证据不能证明华某资产公司湖南分公司在办理抵押过程中存在过错，而某银行怀化分行在购房过程中未尽应有的审慎注意义务，存在一定过失

二审中，华某资产公司湖南分公司提交了湖南融城律师事务所于 2013 年 5 月 17 日出具的《商业化收购并重组业务法律尽职调查报告》，结合其一审提交的怀化市房管局网上签约信息系统查阅结果证明，拟证明其在办理包括案涉抵押时已经尽了审慎核查义务，其委托的中介机构对案涉房产

进行了现场查看且到房产登记部门查询了不动产登记状况，并未发现某银行怀化分行已经签约购买、实际占有案涉房产以及案涉房产被抵押、预告登记等事实。

某银行怀化分行不认可前述《商业化收购并重组业务法律尽职调查报告》的真实性、合法性及关联性，并提交（2021）最高法民终534号判决作为二审新证据，以该案认定华某资产公司湖南分公司在董某容所购房产上设定抵押权时未尽应有的审慎注意义务为由，主张华某资产公司湖南分公司在本案中亦存在重大过错。

经查，在（2021）最高法民终534号案中，董某容作为购房人签约、占有所购房产均发生在华某资产公司湖南分公司设定抵押之前，与本案中某银行怀化分行占有所购房产在华某资产公司湖南分公司设定抵押之后的事实明显不同。在（2021）最高法民终534号案中，董某容提供了英某国际交房流程表、英某国际物业管理合同、《业主公约》、《英某国际消防安全责任书》等证据证明英某建设投资公司于2013年5月9日将所购房产交付给董某容；而本案中，英某国际交房流程表、英某国际物业管理合同等证据显示英某建设投资公司将案涉房产交付给某银行怀化分行的时间为2013年11月。在开发商英某建设投资公司恶意进行“先卖后抵（押）”，某银行怀化分行对所购房产未依规依约办理网签备案、预告登记，亦没有实际占有所购房产的情况下，华某资产公司湖南分公司设定抵押权时未能发现案涉房产已被出售的事实，并不违反惯常情理。由此，现有证据不能证明华某资产公司湖南分公司在办理案涉抵押过程中未尽审慎注意义务，某银行怀化分行主张华某资产公司湖南分公司在本案中存在重大过错，依据不足，不能成立。

而某银行怀化分行作为专业金融机构，往往具有更完备的合同管理措施，更严格的款项支付流程，更高的内控风险防范能力，在购买案涉房产过程中应尽到比其他一般购房人更高的审慎注意义务。

本案中，英某建设投资公司（出卖人）与某银行怀化分行（买受人）于2013年1月31日签订的商品房买卖合同第24条约定，“本合同自双方签订之日起生效”；第25条约定，“商品房预售的，自本合同生效之日起30

天内，由出卖人向当地房产管理局申请商品房预告登记”。尽管合同约定办理预告登记系出卖人英某建设投资公司的责任，但由于预告登记直接涉及买受人对所购房产的实体权利，某银行怀化分行作为买受人在英某建设投资公司未在合同生效后30日内办理预告登记的情况下本应积极作为，采取催告或者暂停支付购房款等措施督促英某建设投资公司依约办理预告登记。原《物权法》第20条第1款规定：“当事人签订买卖房屋或者其他不动产物权的协议，为保障将来实现物权，按照约定可以向登记机构申请预告登记。预告登记后，未经预告登记的权利人同意，处分该不动产的，不发生物权效力。”〔1〕由此，案涉房产若办理了预告登记，就能受到物权法的保护，就会产生向不特定多数人公示该房产已被某银行怀化分行所购买的法律效果，也就可以避免英某建设投资公司恶意进行“一房二卖”“先卖后抵（押）”等违规操作，某银行怀化分行作为购房人的权益亦能得以有效保障。

但实际上，现有证据显示在英某建设投资公司未依约（自2013年1月31日起30日内）办理预告登记的情况下，某银行怀化分行不仅未催告英某建设投资公司依约履行预告登记义务，反而又通过建行湖南省分行于2013年3月28日向英某建设投资公司支付了大部分购房款（15,163,110元），明显系对自己权利的漠视，表明某银行怀化分行对其所购房产可能的权属变化、权利负担增加等未给予充分重视，为英某建设投资公司恶意采取“先卖后抵（押）”违规操作提供了可乘之机，进而导致其作为在先购房人与华某资产公司湖南分公司作为在后抵押权人之间的权利冲突，对此某银行怀化分行存在一定的过失。某银行怀化分行辩称其对案涉房产未过户或未办理预告登记没有任何过错，不能成立，不予支持。

（四）从降低或者预防风险再次发生的角度看，应公平分配前后交易相对人的风险责任承担

实践中，缺乏诚信的开发商往往利用信息不对称，卖方市场的优势地

〔1〕本条现为《民法典》第221条第1款：“当事人签订买卖房屋的协议或者签订其他不动产物权的协议，为保障将来实现物权，按照约定可以向登记机构申请预告登记。预告登记后，未经预告登记的权利人同意，处分该不动产的，不发生物权效力。”

位，采取“一房二卖”“先卖后抵（押）”等违规操作，损害在先购房人的合法利益，欺诈在后购房人或抵押权人，导致大量权利冲突及相应的纠纷诉讼，不仅耗费司法资源、增加当事人诉累，而且腐蚀社会诚信、影响社会稳定。为尽可能降低或者预防此类权利冲突、矛盾纠纷发生的风险，除依法依规由严重违背诚信的开发商承担相应的责任外，金融机构在接受抵押过程中也应严格依法依规进行审查，审慎、全面并善意地调查抵押物现状，降低或者防范开发商不诚信、恶意损害在先购房人权益的风险，亦避免自身卷入不必要的纠纷诉讼，确保信贷资金或者相关债权的安全，进而维护社会主义市场经济秩序的健康稳定发展。

若抵押权人未依法依规进行审查，未尽必要的审慎注意义务，在知道或者应当知道债务人用于抵押的房产已经出售给他人情况下依然接受抵押，进而导致与在先购房人之间产生权利冲突及相应的纠纷诉讼，则可能就要承担相应的不利后果，负担相应的风险。

而购房人，尤其如某银行怀化分行这样的专业金融机构，在购房时亦应在条件允许的情况下认真考察开发商的资质、资信及信誉，并在签约付款过程中尽快通过网签备案、预告登记、催告过户、暂停付款等合法手段积极维护自己的权利，避免所购房产因未公示、未登记导致权属一直处于未定状态，为不诚信开发商“一房二卖”“先卖后抵（押）”等违规操作提供可乘之机，让自身财产权面临被其他权利人执行以及房产无法过户登记的巨大风险；若购房人未依约履行法定或约定义务，抑或漠视自己的权利，在完全能够采取必要措施且无须明显增加履约成本，即可以避免与他人权利产生冲突、造成自身损失的情况下，却怠于采取相关措施，则可能就要承担相应的不利后果，负担相应的风险。

本案中，诚如前述，某银行怀化分行作为在先购房人，在英某建设投资公司未依约就案涉房产办理预告登记的情况下，漠视自己权利，怠于采取相关措施，对案涉权利冲突和纠纷诉讼的发生负有一定过失。由某银行怀化分行在本案中承担不利后果、负担相应的风险，有利于降低或者预防案涉此类风险的再次发生，减少相关行为人不必要的诉累，亦符合公平原则和本案实际。某银行怀化分行在未来的商业运营过程中应增强契约意识、权利意识、风险意识，强化合同签订、款项支付等内控管理，尽可能避免与他人产生不必要的权利冲突，进而造成自身损失。

基于上述分析，本案二审判决某银行怀化分行对案涉房产享有的权益不能对抗华某资产公司湖南分公司享有的抵押权，一审判决未支持某银行怀化分行的异议，驳回某银行怀化分行的诉讼请求，并无不当，应予以维持。

最高人民法院二审合议庭成员：贾清林　于明　孙祥壮

（编写人：贾清林*　审稿人：李明）

---

* 贾清林，法学博士，中华人民共和国最高人民法院第一巡回法庭，二级高级法官。

黄某
与
陈某玲、陈某峰等
债务抵销异议之诉案

——债务人受让执行债权的抵销审查

【裁判摘要】

当债权人同时为多起执行案件的被执行人且资产状况陷入困难时，债务人以受让某一申请执行人对债权人享有的执行债权而主张抵销的，人民法院应采取审慎的态度审查抵销主张是否成立。在实质审查过程中，既要保护善意抵销权，也要确保债权的公平受偿，防止主动债权变相获得优先受偿，损害其他债权人的合法权益。

【案件基本信息】

1. 诉讼当事人

上诉人（一审被告）：陈某玲

上诉人（一审被告）：陈某峰

上诉人（一审被告）：福建省丰某环保集团有限公司（以下简称丰某环保公司）

被上诉人（一审原告）：黄某

2. 案件索引与裁判日期

一审：福建省高级人民法院（2016）闽民初106号判决（2018年11月2日）

二审：最高人民法院（2019）最高法民终218号判决（2020年6月30日）

3. 案由

债务抵销异议之诉

【简要案情】

2013 年 6 月 23 日，借款人陈某玲与黄某结算确认，截至 2013 年 6 月 23 日累计结欠黄某借款 3500 万元，月利率 3.5%，利息每月 22 日前支付。担保人丰某环保公司、陈某峰自愿为借款人的上述借款提供连带责任担保。因陈某玲、陈某峰、丰某环保公司均未履行还款义务，黄某遂起诉请求陈某玲归还本金 3500 万元及利息，并支付为实现债权而支出的代理费 15 万元；陈某峰、丰某环保公司承担连带偿还责任。

案外人吴某忠与黄某夫妻的民间借贷纠纷案的生效判决确认黄某夫妻应返还吴某忠借款 4100 万元及相应利息。2016 年 10 月 11 日，吴某忠就上述案件申请执行，但由于黄某夫妻无实际可执行之财产，执行法院予以终结执行。除上述黄某夫妻与吴某忠执行案件外，黄某为其所牵涉的其他多起执行案件中的被执行人，且因黄某无可供执行财产，已被法院纳入失信被执行人名单。

2018 年 5 月 22 日，吴某忠与陈某玲签订债权转让确认书，约定吴某忠将其对黄某享有的 4100 万元债权本金及利息转让给陈某玲，黄某夫妻于 2018 年 5 月 25 日收到吴某忠发送的债权转让通知书。陈某玲于 2018 年 8 月 21 日（一审诉讼程序中）主张以其从案外人吴某忠处受让的执行债权抵销其对黄某的债务。

一审法院于 2018 年 11 月 2 日作出判决，认为陈某玲抵销抗辩主张不成立，陈某玲应于判决生效之日起 10 日内向黄某偿还借款本金及利息。陈某玲、陈某峰、丰某环保公司不服一审判决，向最高人民法院提出上诉，主张案涉债权已抵销，请求驳回黄某的诉讼请求。

【案件焦点】

1. 法院是否应对债权抵销权的行使进行实质性审查；

2. 诉讼程序中抵销权与执行程序中公平分配原则产生冲突时应当如何处理。

【裁判结果】

最高人民法院经审理认为，首先，陈某玲在一审中提出的债务抵销主张属于以行使抵销权的方式对黄某的债权请求权进行抗辩，也即诉讼抵销抗辩。人民法院应当予以审查处理，确定这一抗辩是否成立。其次，抵销权的行使不得损害第三人的合法权益。由于黄某已是多起执行案件的被执行人，这些案件中的债权均因黄某缺乏可供执行财产而未得到清偿，若在本案中径行准予陈某玲以受让的债权抵销债务，将导致黄某可供执行财产的直接减损，损害其他债权人的合法权益。再次，诉讼审理程序中抵销权的行使不应与执行程序中公平分配原则相冲突。在诉讼审理程序中抵销权行使与执行程序参与分配相关联的情形下，抵销权的行使应受到一定限制。最后，陈某玲在明知黄某作为多起案件被执行人缺乏可供执行财产的情形下，在本案一审庭审之后受让债权并主张抵销的行为，违反了诚实信用原则，且未能证明其诉讼抵销抗辩不会在结果上损害黄某的其他债权人合法权益。综上所述，陈某玲受让吴某忠对黄某享有的应通过参与分配程序实现的债权不能直接抵销。二审法院判决驳回上诉，维持原判。

【裁判摘要评析】

本案裁判结论实质上是在诉讼程序中抵销权行使与执行程序中公平分配原则相冲突时，对抵销权进行限制。本案的核心争议是诉讼程序中债权受让后进行债权抵销，可能对其他债权人的合法权益造成损害时，应否对使用受让债权抵销债务的行为进行限制。以下从法院对抵销权进行审查、债权价值平等方面对裁判理由作进一步说明。抵销作为重要的债权债务消灭制度，具有担保及简化债务清偿等功能，但由于诉讼抵销程序与执行参与分配程序存在相互衔接的情形，实务中对执行债权转让情形下的抵销制度存在争议。《关于人民法院办理执行异议和复议案件若干问题规定》第19条对执行抵销作出了明确规定，[1] 但本案情形与之有所差异，并非被执行

〔1〕《关于人民法院办理执行异议和复议案件若干问题规定》第19条规定："当事人互负到期债务，被执行人请求抵销，请求抵销的债务符合下列情形的，除依照法律规定或者按照债务性质不得抵销的以外，人民法院应予支持：（一）已经生效的法律文书确定或者经申请执行人认可；（二）与被执行人所负债务的标的物种类、品质相同。"

人提出抵销主张，而是被执行人黄某的债务人陈某玲在受让执行债权后，向被执行人提出抵销主张。因此，对于陈某玲是否有权在诉讼中提出抵销抗辩，本案执行程序中涉及的抵销主张是否成立，宜从实体基础要件、程序衔接、制度目的、行为正当性等方面综合考量。

一、对当事人的诉讼抵销主张应予审查

从理论上讲，诉讼中的抵销具有法律行为和诉讼行为的双重性质，不仅有诉讼法上的后果，而且也产生私法上的后果。目前程序法对此尚无明确规定，实践中对诉讼抵销的处理主要有三种观点。第一种观点认为抗辩是针对请求权提出的一种防御方法，是指当事人通过主张与对方主张事实所不同的事实或法律关系，以排斥对方所主张的事实的行为。〔1〕因此诉讼中的抵销主张是一种抗辩而非单独的诉。第二种观点认为诉讼中的抵销权应以反诉形式行使，被告的抵销主张具备独立的诉的要素，即抵销原告债权的诉讼请求、因抵销发生的实体法律关系的诉讼标的、主动债权与被动债权相互抵销的诉讼理由。第三种观点认为被告对主张抵销的事实应另案起诉。反诉与另行起诉的观点均认可抵销主张是独立的诉，二者的区别主要在于对原告或被告诉讼程序利益保护的侧重点不同。尽管存在上述对诉讼抵销的不同理解，但“与程序结果有利害关系或者可能因为该结果而蒙受不利影响的人，都有权参加该程序并得到有利于自己的主张和证据以及反驳对方提出之主张和证据的机会。这就是‘正当程序’原则最基本的内容或要求，也是满足程序正义的最重要条件”。〔2〕允许诉讼抵销主张，正是保障当事人程序参与权与支配权的体现。从现有规范来看，2019 年《全国法院民商事审判工作会议纪要》第 43 条进一步明确了抵销权的行使方式：“抵销权既可以通知的方式行使，也可以提出抗辩或者提起反诉的方式行使。”即权利人既可以在诉讼程序外以单方意思表示的方式行使抵销权，也可以通过提起诉讼或申请仲裁（包括提出抵销抗辩）的方式行使抵

---

〔1〕 杨立新：《民事裁判方法》，法律出版社 2008 年版，第 183 页。

〔2〕［日］谷口安平：《程序的正义与诉讼》（增补本），王亚新、刘荣军译，中国政法大学出版社 2002 年版，第 11 页。

销权。[1] 就诉讼效益角度而言，人民法院对诉讼中的抵销一并审查，可免除个案中当事人另行起诉的诉累，从而降低诉讼成本，提高诉讼产出，亦有利于实现诉讼经济目标。

二、诉讼中对受让执行债权的抵销主张应进行实质审查

基于抵销制度的非孤立性与法律追求公平正义的最终目标，对债务人陈某玲在诉讼中以受让执行债权的方式主张抵销的情形，判断该抵销主张是否成立，不仅需要审查抵销权的行使是否符合现有法律规定的基本要件，而且需综合考量诉讼程序与执行程序的衔接及抵销目的等相关因素。

（一）对抵销权行使基本要件的审查

原《合同法》第 99 条、第 100 条和《民法典》第 568 条、第 569 条，将抵销分为法定抵销、约定抵销两种类型。法定抵销权行使的积极要件包括：存在合法债权债务，双方债权具有相互性，抵销标的物的种类、品质相同，双方债权已届清偿期；消极要件包括：依合同性质不得抵销、依当事人特别约定或法律规定不得抵销。约定抵销主要适用于债务标的物种类、品质不相同的情形。另外，与原《合同法》规定相比，《民法典》进一步完善了抵销要件，将法定抵销中双方债权届期调整为主动债权届期，并明确增加了当事人对抵销的约定排除。[2] 除此之外，关于执行抵销，是指在执行程序中，申请执行人与被执行人互负债务，被执行人以执行债务请求抵销申请执行人对其所负债务，对此，理论界一直存在禁止说、允许说、限制说三种争议观点，[3] 《关于人民法院办理执行异议和复议案件若干问题规定》采取了限制说，即除实体法规定的抵销基本要件外，请求抵销的债务还应满足已经生效法律文书确定或者经申请执行人认可，且债务的标的物种类、品质相同。尽管本案中主张抵销债务的陈某玲并非被

---

〔1〕 最高人民法院民事审判第二庭编著：《〈全国法院民商事审判工作会议纪要〉理解与适用》，人民法院出版社 2019 年版，第 297 页。

〔2〕 原《合同法解释（二）》第 23 条规定："对于依照合同法第九十九条的规定可以抵销的到期债权，当事人约定不得抵销的，人民法院可以认定该约定有效。"《民法典》第 568 条吸收了该规定。

〔3〕 禁止说认为执行程序应完全禁止抵销权的行使，避免阻却执行。允许说认为应全面允许当事人以法定抵销权产生执行上的抵销效果。限制说认为除满足法定抵销实体要件外，还须满足特定程序要件。

执行人，与上述规定第19条规定的抵销情形有所差异，但从本质上均属于执行程序中法定抵销权的行使问题，因此在审查债务人陈某玲的主张是否成立时，亦应对上述基础要件进行审查。

（二）对抵销担保清偿机能的厘定

抵销作为债务清偿的主要方式之一，在双方互负债务情形下，允许任何一方债务人以自己的债务与对方到期债务进行抵销，[1] 从而使抵销主动债权在对方到期债务范围内得以清偿，具有了事实上优先受偿的担保机能和效果，与担保物权有非常相似的地方。正是抵销的这种担保机能属性，使得抵销在债务清偿方面具有天然优势，债务人在面对债权人追索债权时行使抵销抗辩，可更为便捷地起到对等保护的作用。同时，又不能简单地将抵销等同于债的担保，债的担保有其明确的规格和构成，故抵销并不适用抵押权、质权、保证、定金等债的担保的法律规定。[2] 因此，抵销的担保清偿机能，核心在于当事人之间清偿的公平，而非对抗其他债权人。即，抵销担保清偿目的的实现，应以确保债权平等、不损害其他平等主体合法利益为限。就本案而言，即使债务人陈某玲的主张符合抵销基础要件，若超出了抵销担保功能的合理期待，导致相应利益缺乏正当性，则不得主张抵销。

（三）对债权平等的价值判断

债权平等原则体现了民法上的平等原则与债的相对性原理，通说认为债的平等原则主要体现在：同一标的物上可并存两个以上内容相同的债权、数个债权人之间的效力平等、数个债权人对债务人的责任财产享有平等受偿权等方面。因此当多个普通债务无法获得全部清偿时，基于债权平等原则，任一债权人无凌驾于其他债权人之上的优先受偿权，各债权通常应按比例获得清偿。抵销的实现亦应遵守债权平等原则，不能减损责任财产剥夺其他债权人平等受偿的权利。

---

〔1〕《民法典》第568条修改了“双方互负到期债务”要求，只要求对方债务到期。即允许主张抵销一方放弃期限利益。

〔2〕崔建远：《“担保”辨——基于担保泛化弊端严重的思考》，载《政治与法律》2015年第12期。

（四）对诉讼程序与执行程序衔接的考量

本案涉及的一个重要事实为债务人陈某玲主张用以抵销的债权系受让所得。债权作为财产权，除因债的性质、约定或法定不得转让外，可以自由转让，但正如西方法谚所言“任何人不能从其违法行为中获益”，主张抵销的行为期待应当具有正当性，如恶意受让债权用以抵销，损害其他合法债权人利益，明显缺乏正当性，无对抵销权加以保护的必要。对于债权转让情形下债务人以受让取得的债权主张抵销的，且取得的债权系在执行程序中无法实现的，法院应对该抵销抗辩予以审慎的实质审查，即应根据诚实信用原则审查用于抵销的主动债权的取得情况，以保护善意抵销权的同时不损害第三人的合法权益。

以破产法的相关规范为参考，《企业破产法》第 40 条第 1 项规定：“债权人在破产申请受理前对债务人负有债务的，可以向管理人主张抵销。但是，有下列情形之一的，不得抵销：（一）债务人的债务人在破产申请受理后取得他人对债务人的债权的”。〔1〕即主动债权系破产申请受理后经受让取得的，在破产程序中禁止抵销。该条立法理由为：一是破产主体的债务人对破产主体所负债务的履行利益应当归入其责任财产，即对破产主体具有增信效果。而破产主体债务人如果在破产案件受理后通过受让取得他人的对其债权，并主张抵销，则会产生消极后果：一方面是抵销债权等额内消灭自己所负债务，直接减少破产主体责任财产；另一方面是导致转让债权逃逸比例清偿程序，变相获得优先清偿，造成对其他债权人不公平。二是存在道德风险，诱发破产债权人与破产主体的债务人之间恶意转（受）让债权，影响全体破产债权人的公平受偿，损害其他债权人的利益。

目前司法实践中也大多遵循此裁判思路。如在兰某标与刘某财执行案〔2〕中，法院认为“出现个人债务人不能清偿到期债务的情况时，为防止损害第三人特别是个人债务人的其他债权人的合法权益，抵销权的行使亦应受到一定限制。执行程序中，人民法院在对债权抵销进行审查时，除要求符合《关于人民法院办理执行异议和复议案件若干问题规定》第 19 条之

〔1〕作为地方立法先行先试，深圳市人大常委会于 2020 年 8 月 26 日通过的《深圳经济特区个人破产条例》第 56 条第 1 项亦作了相同规定。

〔2〕最高人民法院执行裁定书，（2018）最高法执监 125 号。

规定，还应审查用于抵销的主动债权取得情况，是否损害第三人利益”。在陈某龙与刘某信执行审查案[1]中，法院进一步明确，“如果债务人通过受让取得了对债权人的债权，但该债权人作为被执行人，有其他多个债权人向其主张权利，那么债务人受让的债权在执行程序中能否实现以及能够实现多少，要按照相关法律规定在执行程序中确定，不能直接将其债务抵销”。青岛市某贸易中心与青岛某投资公司执行审查裁定[2]中，最高人民法院认为“抵销权是原《合同法》规定的当事人的实体权利，被执行人在执行程序中可以行使。执行法院应当依照原《合同法》的相关规定，对抵销权行使的条件是否具备等进行合法性审查。对于被执行人受让债权后主张抵销的，执行法院还应当审查被执行人受让债权的合法性，防止损害对方当事人、第三人的合法权益或者社会公共利益”。

本案中，债务人陈某玲在明知债权人黄某作为多起案件被执行人缺乏可供执行财产的情形下，在一审庭审之后受让债权并主张抵销的行为，明显违反了诚实信用原则，且黄某不存在其他可供执行的财产清偿其全部执行债务，债务人陈某玲并非善意的债权受让人，其受让债权进行抵销的行为，因损害黄某的其他债权人利益，不具有行为期待的正当性，其抵销主张不能成立。至于其受让的执行债权，可通过执行程序参与分配制度，向人民法院申请参与分配。

综上所述，当债权人同时为多个执行案件的被执行人且无实际财产可供清偿他人债务时，债务人以受让申请执行人对债权人享有的执行债权，主张抵销的，人民法院除应审查是否符合法定抵销与执行抵销要件外，还应审查抵销目的实现是否具有正当性，防止恶意抵销损害第三人合法利益，以维护债权公平受偿的私法秩序。

最高人民法院二审合议庭成员：何君　张爱珍　肖峰

（编写人：何君*　审稿人：杨奕）

---

〔1〕 最高人民法院执行裁定书，（2016）最高法执监155号。

〔2〕 最高人民法院执行裁定书，（2017）最高法执监3号。

* 何君，法学博士，中华人民共和国最高人民法院赔偿委员会办公室，二级高级法官。

张某方
与
谢某珉、深圳澳某投资有限公司等
合同纠纷案

——让与担保合同与有回购条款的财产转让合同的识别

【裁判摘要】

1. 让与担保系一种担保措施，让与担保合同属于从合同范畴，只有在主合同存在的情况下，才可能存在让与担保合同，因此是否存在一个主合同并以此为基础设定让与担保，是判断相关交易安排是否属于让与担保的重要前提和标准。

2. 一般财产转让合同中有关转让方可以在一定期限内回购所转让财产的约定，是当事人达成的一种商事安排，区别在于让与担保合同中常见的转让方于债务履行期限届满后回购所转让财产的约定。

3. 在判断有关股权的交易安排是让与担保还是股权转让时，应结合受让方的股东权利是否受到限制、是否已享有并行使股东权利等因素综合考虑。

【案件基本信息】

1. 诉讼当事人

原告：张某方

被告：谢某珉

被告：深圳澳某投资有限公司（以下简称澳某投资公司）

被告：刘某超

被告：陈某

2. 案件索引与裁判日期

最高人民法院（2020）最高法商初5号判决（2022年7月27日）

3. 案由

合同纠纷

【简要案情】

深圳市美某投资发展有限公司（以下简称美某投资公司）最初由鞍山市达某科技有限公司（原名深圳市达某科技企业有限公司，以下简称达某科技公司）和澳某投资公司分别持股56.14%和43.86%。澳某投资公司股东最初为深圳裕某投资有限公司（以下简称裕某投资公司）、张某臣、张某。根据达某科技公司、美某投资公司签署的一系列协议记载，张某方系达某科技公司和美某投资公司的原实际控制人，同时亦系澳某投资公司的原实际控制人。

根据2013年至2014年达某科技公司、美某投资公司、澳某投资公司等参与签署的一系列协议显示，达某科技公司及其关联公司以澳某投资公司100%的股权和美某投资公司100%的股权作为对债权人的风险保障措施进行融资。2013年5月30日，澳某投资公司90%的股权和10%的股权分别变更登记至谢某珉和深圳光某产业控股集团有限公司（以下简称光某公司）名下，2015年1月13日，澳某投资公司100%股权全部变更登记至谢某珉名下。2013年11月14日，美某投资公司100%股权变更登记至深圳市创某兴地投资企业（有限合伙）（以下简称创某企业）名下。

根据光某公司、陈某、谢某珉、达某科技公司、澳某投资公司、张某方等于2015年2月3日签署的补充协议，各方于2014年12月12日签署协议书，约定将各债权人对达某科技公司债权54,896万元不可撤销地转让给谢某珉，达某科技公司今后偿债款项均支付给谢某珉。

2014年12月22日，张某方、达某科技公司作为甲方，澳某投资公司作为乙方，谢某珉作为丙方，裕某投资公司、张某臣、张某作为丁方，东莞市亿某贸易有限公司（以下简称亿某贸易公司）作为戊方共同签订股权回购协议。该协议“鉴于”部分记载，张某方系达某科技公司和美某投资公司的实际控制人；美某投资公司为向创某企业融资，将美某投资公司100%股权作为还款保障措施登记在创某企业名下，目前创某企业要求提前清偿债务；截至 2014 年 12 月，张某方、达某科技公司尚欠谢某珉历史债务 54, 896 万元，根据原协议，分别登记在谢某珉和光某公司名下的澳某投资公司 90%和 10%股权系张某方、达某科技公司对谢某珉前述欠款的担保；在美某投资公司股权过户至创某企业之前，达某科技公司和澳某投资公司分别持有美某投资公司 56. 14%和 43. 86%的股权。该协议第 1 条（澳某投资公司股权属性问题）约定，澳某投资公司股权不再作为对谢某珉历史债务的担保方式，其 90%股权和 10%股权正式由谢某珉和光某公司实际持有；裕某投资公司、张某臣、张某可向谢某珉和光某公司回购澳某投资公司股权，具体条件另行约定。第 2 条（股权回购条款）约定，澳某投资公司筹资不高于 7 亿元用于回购美某投资公司 99%股权；创某企业释放美某投资公司股权时，99%股权由澳某投资公司持有，1%股权由达某科技公司持有；从回购美某投资公司股权起一年内（或澳某投资公司同意的展期期间），澳某投资公司保证美某投资公司不开展其他无关经营工作，美某投资公司对外合作事宜由甲乙双方协商确定；澳某投资公司、美某投资公司相关印信由双方共管。第 3 条（筹资）约定，澳某投资公司须于某日前将首期款项 65, 356. 93 万元委托亿某贸易公司支付至创某企业账户。第 5 条（股权购买权）约定，张某方、达某科技公司有权在澳某投资公司回购美某投资公司股权后 12 个月内向澳某投资公司购买美某投资公司 99%股权；如在 6 个月内购买的，购买美某投资公司股权价款为 10. 3 亿元，如在超过 6 个月至 12 个月期间购买的，购买价款为 11 亿元；同时还约定了在满足一定条件的情况下，张某方、达某科技公司的购买股权期限可展期 3 个月，展期 3 个月的股权购买溢价另行商定；第 6 条（各方保证）约定，澳某投资公司保证筹足资金回购美某投资公司股权，并在一年内或同意的展期期限内不会提前要求张某方、达某科技公司购买，如有，张某方、达某科技公司有权拒绝……

案涉股权回购协议签订后，美某投资公司向创某企业付款 1744. 5 万元，东莞市粤某贸易有限公司和亿某贸易公司分别代澳某投资公司向创某企业付款2898.57万元和65,356.93万元，以上款项共计7亿元。2015年10月23日，创某企业与澳某投资公司签订股权转让协议书，约定创某企业将美某投资公司99%股权以6.82555亿元转让给澳某投资公司。根据广东省深圳市市场监督管理局登记信息，2015年10月27日，美某投资公司股权构成由创某企业占100%股权变更为澳某投资公司占99%股权、达某科技公司占1%股权。

2015年9月5日，澳某投资公司、谢某珉向张某方、达某科技公司出具承诺函，载明在张某方和达某科技公司满足承诺函所列条件的情况下，澳某投资公司、谢某珉同意张某方、达某科技公司赎回美某投资公司99%股权的期限展期至2016年3月21日，在展期内赎回的价款为12.57亿元。张某方、达某科技公司分别在该承诺函上签名、盖章。2016年12月6日，张某方、达某科技公司、澳某投资公司、谢某珉、裕某投资公司、张某臣、张某共同签署和解协议，约定就案涉股权回购协议和承诺函的履行达成和解，和解总金额为22.68亿元，并约定了以案外公司股权冲抵或者通过向中国信某资产管理股份有限公司深圳分公司融资以支付和解金额，以及该协议仅用于和解，不得用于其他目的等。张某方未提交证据证明其已在股权回购协议约定的期限内向澳某投资公司提示回购美某投资公司股权，既没有证据证明其符合承诺函约定的可以展期回购的情形并按照承诺函约定在展期内回购美某投资公司股权，也没有证据证明和解协议已经实际履行。

张某方提起本案诉讼，其主要诉讼请求为：确认登记在澳某投资公司名下的美某投资公司99%股权系张某方、达某科技公司向谢某珉提供的股权让与担保措施；确认登记在澳某投资公司名下的美某投资公司43.86%股权归张某方所有。

【案件焦点】

股权回购协议有关美某投资公司99%股权的交易安排是股权让与担保还是股权转让。

【裁判结果】

最高人民法院经审理认为，区分股权让与担保和股权转让主要应从两者的合同目的以及合同是否具有主从特征来判断。案涉股权回购协议没有有关张某方、达某科技公司向澳某投资公司借款的约定，也没有就以美某投资公司99%股权向澳某投资公司提供让与担保进行约定，案涉协议没有体现让与担保从属性的特征。股权回购协议第5条有关张某方、达某科技公司可以在约定的期限内向澳某投资公司回购美某投资公司99%的约定系基于自身利益考量达成的一种商业安排，亦不能表明案涉股权交易是让与担保。虽然根据股权回购协议，澳某投资公司在回购期不得处置美某投资公司股权，其经营权也受到一定限制，但是股权回购协议没有约定对回购期满后澳某投资公司的股东权利进行任何限制，澳某投资公司已享有与其所持股权相应的股东权利。此外，即便张某方原为美某投资公司的实际控制人，但未曾直接持有美某投资公司股权，张某方现主张美某投资公司股权归其所有欠缺请求权基础。综上所述，最高人民法院于2022年7月27日作出（2020）最高法商初5号判决，驳回张某方的全部诉讼请求。

【裁判摘要评析】

让与担保作为一种非典型担保，长期以来在商事交易中被广泛采用，也逐渐被司法和立法实践所认可。《民法典》第388条为让与担保这一非典型担保提供了法律依据，《全国法院民商事审判工作会议纪要》第71条和《民法典担保制度司法解释》第68条对让与担保的基本特征和权利实现程序等进行了规定。

实践中，让与担保常常采用将财产所有权转移至债权人名下，并约定一定期限后再由债务人或者第三人溢价回购的方式设立。[1] 在一般的财产转让合同中，双方有时也会协商达成有关转让人可以回购标的物的约定。这两种类型的回购约定乍看上去十分相似，然而其在性质上存在重要区别，将这种回购条款认定为让与担保权利的实现方式还是财产转让中的特别约定，进而将相关合同认定为让与担保合同还是财产转让合同，会对当事人的权利义务产生重大影响。

---

〔1〕 最高人民法院民事审判第二庭：《最高人民法院民法典担保制度司法解释理解与适用》，人民法院出版社2021年版，第567页。

本案裁判从让与担保合同的从属性特征、让与担保合同与财产转让合同的合同目的的区别、作为让与担保权利实现方式的回购条款与财产转让中特别约定的回购条款在表述及目的上的不同以及以股权为标的物的让与担保的特殊性入手，确立了识别让与担保合同与有回购条款的财产转让合同的几个判断标准。

一、让与担保的基本特征

让与担保作为在实践中发展起来的一种“非典型担保”，长期以来缺乏权威明确的定义，《全国法院民商事审判工作会议纪要》和《民法典担保制度司法解释》对让与担保的基本特征作了比较清晰的规定。根据《全国法院民商事审判工作会议纪要》第71条和《民法典担保制度司法解释》第68条规定，让与担保是指债务人或者第三人与债权人约定将财产形式上转移至债权人名下，债务人到期清偿债务，债权人将财产返还给债务人或者第三人，债务人没有清偿到期债务，债权人可以对财产拍卖、变卖、折价以偿还债务。根据这个定义，让与担保和让与担保合同应具有以下特征：

（1）让与担保系一种担保，让与担保合同系主债权债务合同的从合同，这是让与担保及让与担保合同的最基本特征。当事人订立让与担保合同系为债权人的债权实现提供财产担保，作为一种担保，那么就应该在担保的法律框架内对让与担保及让与担保合同进行认识。[1]

首先，让与担保合同系主债权债务合同的从合同，这是让与担保作为一种担保的当然之义。只有在存在一个主债权债务合同的时候，才可能存在一个让与担保合同。在主债权债务合同无效的情况下，让与担保合同亦归于无效。

其次，让与担保合同的目的不是为了转移合同标的物的所有权，尽管让与担保通过形式上转移财产所有权的方式来设立担保，但是让与担保合同的目的是为主债权债务提供担保，而非直接转移财产所有权。

再次，作为一种担保，让与担保权利应通过法律规定的方式行使。当事人事先达成的有关如果债务人不履行到期债务则担保财产归债权人所有

---

〔1〕 徐佳咏：《股权让与担保法律研究》，人民法院出版社2020年版，第11页。

的约定无效，债权人可以在债务人不履行到期债务时通过对财产折价或者拍卖、变卖该财产的方式行使权利。[1]

最后，虽然《全国法院民商事审判工作会议纪要》和《民法典担保制度司法解释》的条文表述均为债权人可以拍卖、变卖担保财产所得价款偿还债务，而并未像抵押权等其他担保物权一样表述为“优先受偿”，[2] 但是由于让与担保中担保财产已经在债权人名下，要拍卖、变卖担保财产必经债权人同意，所以债权人在事实上可以享有对拍卖、变卖担保财产所得价款优先受偿的权利，因此，让与担保具有作为一种担保权利而应享有的优先性。

（2）让与担保系以在形式上转移财产所有权的方式提供的担保，这是让与担保区别于其他担保方式的重要特征。让与担保是担保人通过将财产所有权在形式上转移至担保权人名下，使担保权人在名义上取得财产所有权的方式设立的担保，这就是让与担保区别于抵押、质押等并不转移财产所有权的担保方式的重要特征，这种在形式上转移财产所有权的方式也是让与担保作为一种担保的独特特征。这种财产所有权在形式上的转移使得担保权人对担保物的控制力大为增强，即使作为形式上所有权人的担保权人并不实际享有对担保物的占有、使用、收益的权利，但是在形式上拥有担保物的所有权，使担保人无法恣意使用和处分担保物，有利于防止担保物价值减损和其他人对担保物主张权利，从而使让与担保这一非典型担保相比于其他担保方式具有独特优势。

（3）让与担保合同通常表现为买卖式合同和让与式合同，相应地称为买卖式担保和让与式担保，[3] 这是让与担保合同最常见的表现形式。在买卖式担保中，当事人通过达成一个买卖合同，实现转移财产所有权，为债权人设立担保的目的。在通过买卖合同达成的让与担保中，当事人通常约定在一定期限后出卖人可以一个固定价款回购合同标的物。此种约定中的

---

〔1〕参见《全国法院民商事审判工作会议纪要》第 71 条、《民法典担保制度司法解释》第 68 条。

〔2〕参见《民法典》第 410 条。

〔3〕最高人民法院民事审判第二庭：《最高人民法院民法典担保制度司法解释理解与适用》，人民法院出版社 2021 年版，第 566 页。

期限即为债务履行期限，固定价款即为债务本金和利息。在让与式担保中，当事人直接约定为担保之目的，将财产所有权转移给债权人，通常还会约定在债务人不能清偿债务时由债权人取得财产所有权，或者由当事人对财产进行折价或者以拍卖、变卖财产所得价款清偿债务。不管当事人通过何种合同种类设立让与担保，当事人转移财产所有权的目的都是为主债权债务提供担保，因此在转移财产所有权时通常不约定对价或者仅约定象征性对价（如1元人民币），或者约定的对价为主债权债务的金额，但实际上该金额是在主债权债务关系项下支付的，而非在让与担保合同项下支付的款项，即虽然让与担保中有财产所有权在形式上的转移，但是受让人取得该财产所有权并不为此支付对价。[1]

二、让与担保合同与有回购条款的财产转让合同的识别

由于让与担保合同中经常出现有关出卖人在一定期限后回购合同标的物的约定，而在一般的财产转让合同中，当事人经协商也可能会达成一种带有回购条款的买卖合同。这两种性质的合同中存在的回购条款极易混淆，进而可能导致是将带有回购条款的合同认定为让与担保合同还是财产转让合同这一问题也产生一定困难。然而，无论是两种性质的合同还是其中的回购条款均存在重要区别，为准确认定相关合同及回购条款的性质提供了判断的依据。具体分析如下。

（一）合同目的上的差别

前已述及，设立让与担保的合同，其合同目的是为主债权债务提供担保。担保是一种从权利，担保合同是一种从合同，因此必须存在一个产生主债权债务关系的主合同，如果当事人之间不存在主债权债务关系，那么就不可能存在一个让与担保合同关系。如果当事人之间还存在一个产生主债权债务关系的合同，而当事人转移财产所有权是为主债权债务提供担保，那么这个转移财产所有权的合同就是一个让与担保合同。这是判断一

---

〔1〕 贺小荣主编：《最高人民法院民事审判第二庭法官会议纪要——追寻裁判背后的法理》，人民法院出版社2018年版，第20页。

个合同是否是让与担保合同的重要标准。[1] 与之相对，财产转让合同的目的于出卖人而言是取得出卖标的物的价款，于买受人而言是取得标的物的所有权，其合同目的完全不同于让与担保合同，也不需要依赖另一个合同关系才能存在。

（二）两种类型的回购约定的差别

让与担保合同中经常出现有关债务人于一定期限后可以一定价款回购合同标的物的约定，这种约定于债权人而言是实现让与担保权利的手段，于债务人而言是其清偿债务取回担保物的方式。此种约定中的期限即为主债权债务的期限，回购的金额即为主债权债务的金额。该回购条款的履行使得债权人通过收取回购款实现其债权，债务人通过支付回购款清偿其债务，同时债权人向债务人转移担保财产的所有权。因此，这种回购条款是当事人约定的一种清偿债务和实现让与担保权利的方式。

在一般的财产转让合同中，当事人也可能协商达成出卖人在一定期限内可以一定价格回购合同标的物的约定，但是比较少见当事人约定出卖人可以在一定期限后回购合同标的物的约定。财产转让合同中的此种回购约定是当事人协商达成的一种合意，通过此种约定赋予出卖人在一定期限内向买受人回购合同标的物的权利。出卖人可以行使也可以不行使这种权利，对此，出卖人享有完全的自由，在出卖人不回购时买受人不得要求其回购，在出卖人要求回购时买受人也不得拒绝其回购。而在让与担保合同中约定的回购条款，对同时也是财产出卖人的债务人而言是一种权利还是一种义务，从不同的角度考虑可能会得出不同的结论。

如果从债务人负有清偿债务的义务看，在回购期（债务履行期）满后及时回购标的物是其义务，从债务人有通过清偿债务取回担保物的权利看，这又是债务人的一种权利。[2] 但从应然的角度，债务人应当到期清偿债务，那么回购作为当事人约定的清偿债务的方式，债务人即应当在债务到期后及时回购标的物，债权人也有权要求其回购标的物。而在财产转让

[1] 最高人民法院民事审判第二庭：《最高人民法院民法典担保制度司法解释理解与适用》，人民法院出版社 2021 年版，第 576 页。

[2] 徐佳咏：《股权让与担保法律研究》，人民法院出版社 2020 年版，第 150-157 页。

合同中的回购约定，于出卖人而言完全是一种权利，买受人无权要求其行使也无权拒绝其行使。这是两种合同中的回购条款的重要区别。

（三）股权让与担保中的特殊问题

在以股权为标的物的让与担保中，由于其标的物的特殊性，还存在一些特殊问题。不同于动产、不动产等其他标的物，股权兼具财产权与成员权的双重属性，因此在以股权为标的物的让与担保中还存在一些公司法上的问题，这也为区分相关合同是股权让与担保合同还是股权转让合同提供了依据。[1] 如前所述，让与担保合同的目的是为主债权债务设立担保，并不是转移财产所有权，虽然让与担保是通过在形式上转移财产所有权的形式设立，但是受让人并不享有对担保财产占有、使用、收益的权利。因此，在以股权为标的物的让与担保中，虽然债权人通过变更公司的工商登记信息或者记载于公司的股东名册等方式在名义上取得公司股权和公司股东地位，但是由于债权人的目的在于以股权为担保物取得担保权利，而非取得股权的所有权，所以其并不参与公司经营管理，不以股东身份参与公司事务，也不享有参与公司利润分配的权利，而且当事人在让与担保合同中也通常会对受让公司股权的债权人的股东权利作出限制性约定。因此，受让人是否以公司股东身份行使股东权利也是判断相关合同是以股权为标的物的让与担保合同还是股权转让合同的重要依据。[2]

最高人民法院合议庭成员：王淑梅　奚向阳　孙祥壮　杜军　黄西武

（编写人：孙祥壮*　崔佳宁**　审稿人：李明）

〔1〕 王利明主编：《中国民法典评注——物权编》（下），人民法院出版社 2021 年版，第 716 页。

〔2〕 最高人民法院民事审判第二庭编著：《最高人民法院民法典担保制度司法解释理解与适用》，人民法院出版社 2021 年版，第 576 页。

* 孙祥壮，法学博士，中华人民共和国最高人民法院国际商事法庭，一级高级法官。

** 崔佳宁，法学硕士，中华人民共和国最高人民法院国际商事法庭，书记员。

邓某、邓某华等
与
兴某一号产业投资基金（有限合伙）、
兴某二号产业投资基金（有限合伙）等
执行复议案

——人身理财产品强制执行的法律适用

【裁判摘要】

被执行人购买的人身保险合同中的财产权益部分可以强制执行，但是要对人身保险合同所涉及的公共利益和私人利益、债权人利益与被保险人利益、强制执行权与民事权利保障等议题加以考量，充分保障被保险人及受益人的合法权益，对现金价值极低的纯人身保险理财产品应当豁免执行。

【案件基本信息】

1. 诉讼当事人

复议申请人（被执行人）：邓某

申请执行人：兴某一号产业投资基金（有限合伙）（以下简称兴某一号）

申请执行人：兴某二号产业投资基金（有限合伙）（以下简称兴某二号）

被执行人：成都亲某科技有限公司（以下简称亲某科技公司）

被执行人：邓某华

被执行人：许某婷

2. 案件索引与裁判日期

执行异议：江西省高级人民法院（2019）赣执异 26 号裁定（2019 年 10 月 8 日）

执行复议：最高人民法院（2020）最高法执复71号裁定（2020年7月27日）

3. 案由

执行复议

【简要案情】

兴某一号、兴某二号与亲某科技公司、邓某华、邓某、许某婷合伙企业财产份额转让纠纷案，江西省高级人民法院（2018）赣民初113号判决判令：亲某科技公司于该判决生效后10日内向兴某一号、兴某二号支付份额转让款5421.047万元及违约金107.9832万元、律师费21万元等，邓某华、邓某、许某婷对上述债务承担连带清偿责任。亲某科技公司不服提出上诉，最高人民法院以（2019）最高法民终474号裁定，按亲某科技公司自动撤回上诉处理。本案进入执行程序后，江西省高级人民法院冻结并扣划许某婷在某保险股份有限公司购买的人身保险产品的现金价值、红利及利息等财产性权益。

邓某向江西省高级人民法院提出执行异议称，江西省高级人民法院在执行过程中直接扣划保险产品的现金价值，侵害了邓某或者邓某同意的其他人向申请执行人支付保险产品现金价值款项并受让保险产品的合法权益。江西省高级人民法院认为，依照《查封、扣押、冻结规定》第2条第1款、《拍卖、变卖规定》第1条的规定，人民法院可以查封、扣押、冻结被执行人占有的动产、登记在被执行人名下的不动产、特定动产及其他财产权，并有权对该被控制的财产及时采取执行措施。本案中，被执行人购买的人身保险合同，约定了保险事故发生及支付保险金之前投保人申请解除合同时，该保险公司应当向投保人退还该保险合同所属保单的现金价值，因此，保险金给付之前，投保人许某婷对该保险合同的现金价值享有请求权且在数额上具有确定性，该现金价值及利息等财产性权益构成被执行人许某婷的责任财产，且依照《保险法司法解释（三）》第16条第1款的规定，并不涉及被保险人邓某的合法权益。但不属于《查封、扣押、冻结规定》（2004年通过）第5条规定的被执行人及其扶养家属所必需的生活物品和生活费用等不得查封、扣押、冻结的财产，可以予以冻结和扣划。

另外，依照《保险法》第15条、第47条的规定，由于该保险合同尚未发生约定的保险金支付情形，投保人许某婷可以无条件解除合同，提取该保单的现金价值。因此，本案在被执行人许某婷不能清偿债务，又不自行解除保险合同提取保单的现金价值等财产性权益以偿还债务的情况下，该院对该保单的现金价值及利息等财产性权益予以冻结并强制扣划，该执行行为具有替代被执行人许某婷对其所享有的财产权益进行强制处置以偿还其所欠债务的行为的法律性质，符合法律规定，对于因保险合同解除产生的损失应自行承担。至于邓某关于要求允许经保险产品的被保险人、受益人或被保险人同意的其他人，向本案申请执行人支付相当于保险产品现金价值的金额后解除对本案保单的冻结和扣划，并将保险产品的投保人变更为支付相当于保险产品的现金价值金额的人员的请求，在本案异议审查阶段执行双方当事人并未达成和解协议，该请求缺乏事实和法律依据。故裁定驳回邓某的异议请求。

邓某不服执行异议裁定，向最高人民法院申请复议，请求撤销异议裁定，解除对本案人身保险产品的强制执行措施，支持其复议请求。

【案件焦点】

1. 能否强制执行本案人身保险产品的现金价值；

2. 对人身保险产品的现金价值应如何执行。

【裁判结果】

最高人民法院经审理认为：

（一）关于能否强制执行本案人身保险产品的现金价值问题

《民事诉讼法》（2017年修正）第241条[1]规定，被执行人未按执行通知履行法律文书确定的义务，应当报告当前以及收到执行通知之日前一年的财产情况。《〈民事诉讼法〉执行程序司法解释》（2008年通过）第32条[2]规定，被执行人财产报告义务的对象包括“债权、股权、投资权益、基金、知识产权等财产性权利”。《查封、扣押、冻结规定》第2条第1款

〔1〕 2023年《民事诉讼法》修正后，本条变更为第252条。

〔2〕 2020年《〈民事诉讼法〉执行程序司法解释》修正后，本条被删除。

规定，人民法院可以查封、扣押、冻结登记在被执行人名下的不动产、特定动产及其他财产权。商业保险产品属于前述法律规定的其他财产权利的范围。意外伤害、残疾保障类人身保险产品虽然具有一定的人身保障功能，但其根本目的和功能是经济补偿，其本质上属于一项财产性权益，具有一定的储蓄性和有价性，除《民事诉讼法》（2017 年修正）第 244 条[1]及《查封、扣押、冻结规定》（2004 年通过）第 5 条[2]规定的被执行人及其所扶养家属的生活必需品等豁免财产外，人民法院有权对该项财产利益进行强制执行。人身保险单的现金价值系投保人预缴的，系在保险有效期内发生风险时使用的保险费及分红收益，与保险事项发生后，保险公司应当支付的保险金不同，并不具有人身依附的专属性，也不是被执行人及其所扶养家属所必需的生活物品和生活费用。根据许某婷与中国某保险股份有限公司四川分公司签订的国寿乐行宝两全保险和国寿附加乐行宝意外伤害住院定额给付医疗险保险合同的内容，以及《保险法》第 15 条的规定，在保险金给付之前，投保人许某婷对该保险现金价值享有确定的物权所有权。江西省高级人民法院对该保单的现金价值及利息等财产性权益予以冻结并强制扣划并无不当。

（二）对人身保险产品的现金价值应如何执行的问题

江西省高级人民法院（2019）赣执 47 号之四协助执行通知书，要求中国某保险股份有限公司四川分公司协助的内容是：冻结被执行人许某婷及邓某名下的保险产品的现金价值、红利及利息等财产性权益，并将上述两项财产性权益用现金转账形式扣划至该院。首先，人民法院可以强制解除保险合同。根据《关于限制被执行人高消费及有关消费的规定》第 3 条第 8 项关于被执行人为自然人的，不得支付高额保费购买保险理财产品的规定精神，如被执行人拒不执行生效法律文书确定的义务，在其可以单方面行使保险合同解除权而未行使，致使债权人的债权得不到清偿，人民法院在此情形下可以强制被执行人予以行使，代替投保人行使解除强制所购的保

[1] 2023 年《民事诉讼法》修正后，本条变更为第 255 条。

[2] 2020 年《查封、扣押、冻结规定》修正后，本条变更为第 3 条。

险合同。其次，由于江西省高级人民法院执行裁定未明确强制要求保险公司解除保险合同，可以实现保单现金价值，投保人也可以继续与保险公司协商，由符合条件的第三人行使介入权。至于邓某提出保单的现金价值相对于本案债权等实现价值较低，难以切实有效保障债权人债权的理由。经查，许某婷及邓某作为案件被执行人以投保人身份为双方购买了多份保险产品，保单现金价值的总额达数万元，不属于现金价值较低的情形，且债权人强烈主张予以执行，仅以此理由不足以阻却执行，邓某该复议理由不能成立。

【裁判摘要评析】

债务人须以其全部合法财产权益向债权人承担清偿责任，这是各国执行法普遍认可的原则。一般而言，除法定的债务人及其所抚养家属所必需的生活物品和生活费用等豁免财产外，其所有财产性权益均属于执行责任财产的范畴。债务人的财产权益不仅指有体物，也包括无形物及财产权利——债务人对第三人享有的债权及其他财产性权益。值得注意的是，带有财产权益性质的人身保险合同的投保人作为被执行人时，其人身保险合同项下的财产权益，尤其是保单现金价值，因囿于我国法律及司法解释对此未作出规定，是否以及在多大限度内能够作为债务人的责任财产被强制执行成为目前理论界及司法实务界的一项争议焦点。本案例认为应当从当前的争议焦点出发，基于保险法及强制执行法理论与实践的统一，找到一条有助于保障债权人的合法权益，亦不侵害人身保险合同受益人合法利益的最优路径。

一、人身保险财产权益可执行性争议

不管何种人身保险合同，其保险标的或是人的寿命，或是人的身体，抑或是兼而有之。〔1〕正是因为人身保险合同似乎具有此种人身属性，使得无论是在理论界，还是司法实务界，对人身保险财产权益的可执行性一直

---

〔1〕 人身保险合同，即以人的寿命或身体为保险标的的保险合同，是投保人与保险人约定当发生合同约定范围内的意外事故、意外灾害或疾病、年老等原因导致被保险人死亡、伤残或丧失劳动能力，或者合同约定的期限届满时，保险人按照约定承担给付保险金责任的协议。范健、王建文、张莉莉：《保险法》，法律出版社 2017 年版，第 216 页。

存在巨大的争议，甚至观点截然对立。赞成可对人身保险合同财产性权益强制执行的观点认为，人身保险合同财产性权益在本质上是一般金钱债权，不具专属性，可以作为被执行人的责任财产强制执行。特别是保单现金价值的可强制执行性得到了学界多数学者的认可。〔1〕在司法实践中，持此观点的法院认为，保险单现金价值系基于投保人缴纳的保险费用产生，投保人可通过解除保险合同提取，在性质上构成投保人合法所有的财产权益，属于民事责任财产。〔2〕反对强制执行人身保险合同财产性权益的观点认为，人身保险合同具有很强的人身权的属性，不应成为执行对象。〔3〕在司法实践中，持此观点的法院认为，人身保险合同具有很强的人身保障功能，对保单现金价值的强制执行将会危及被保险人的生存权益，因此该保单现金价值不能被强制执行。〔4〕

对人身保险合同财产性权益强制执行问题不应一概而论。无论哪种类型的人身保险，其权利根基均包含财产权和人身权两种权益。人身保险合同中的财产权益可以转让、继承和放弃，可以纳入责任财产的范围。但是纯人身保障型的保险合同则不同，虽然健康和身体作为保险标的可以用金钱来计算其价值，但是消费型的重疾险、意外险对于已缴保费未“出险”的投保人，是不会返还现金价值或者返还的现金价值极低。所以，应当辩证地看待人身保险合同财产性权益的强制执行性问题。

二、人身保险合同财产性权益强制执行的价值考量

人身保险合同涵摄了不同类型的利益主体，一般高度残疾保险金的受

〔1〕持此观点的学者有史尚宽、江朝国、岳卫等学者。史尚宽：《民法总论》，中国政法大学出版社2000年版，第23页；江朝国：《保险法基础理论》，中国政法大学出版社2002年版，第189页；岳卫：《人寿保险合同现金价值返还请求权的强制执行》，载《当代法学》2015年第1期。

〔2〕参见山东省高级人民法院执行裁定书，（2015）鲁执复字第108号、（2015）鲁执复字第112号及（2016）鲁执复119号；吉林省长春市中级人民法院执行裁定书，（2018）吉01执复58号；广东省高级人民法院执行裁定书，（2015）粤高法执复字第136号；河南省林州市人民法院执行裁定书，（2016）豫0581执异26号等。

〔3〕林刚：《人民法院强制退保以执行投保人债务之我见》，载《上海保险》2009年第1期。

〔4〕参见广东省高级人民法院执行裁定书，（2015）粤高法执复字第136号；浙江省温州市中级人民法院执行裁定书，（2014）浙温执复第36号；浙江省瑞安市人民法院执行裁定书，（2016）浙0381执3565号；河北省石家庄市中级人民法院执行裁定书，（2015）石执审字第00070号；辽宁省锦州市中级人民法院执行裁定书，（2017）辽07执复20号等。

益人为身体高度残疾的被保险人本人，而死亡保险金的受益人则为投保人所指定的保险金受益人。在执行过程中，执行机构与债权人、保险公司、投保人、被保险人、受益人之间，都直接或间接地发生公法上或者私法上的关系。在对人身保险合同财产性权益强制执行时，应考虑诸多利益冲突。

（一）公共利益和私人利益相衡量

虽然普通人身保险与纯人身保险都是以人的生命和身体作为保险标的的险种，但是普通人身保险承保的是被保险人期满生存时，保险人给付的养老金、期满生存金，或者是被保险人因人体衰老的自然规律导致死亡时的死亡保险金，这些都与被保险人的年龄有密切关系。而纯人身保险承保的则是被保险人由于外来的、非本意的、突发重大疾病造成的身体伤害、残疾或者死亡的保险金，这些危险与被保险人的年龄没有关系，且只要保险金没有达到赔偿的最高限额，再发生约定疾病的，合同继续有效。

需要指出的是，人生命的经济价值不仅是他本身存在的价值，还体现在他与其他生命的关系中，生命的延续都应该有利于他人，包括配偶、父母、后代等。随着癌症、罕见病等重大疾病越来越趋向于年轻化，越来越多的人开始关注和购买人身和健康保险。人身保险中的重疾险也越发体现出其补充医疗保险和解决收入损失的性质，受益人获得的保险金不仅包括治疗费，还包括大概五年内可以保持原有生活水平的子女教育、赡养父母等责任相关费用以及身故赔偿金。可以说，“人身保险，具有强烈经济保障功能，蕴藏着一定的人道主义伦理价值”。[1]

（二）债权人利益与被保险人利益相衡量

1. 禁止债权人权利滥用

执行程序设置的目的是保护债权人合法权益，确保债权如期实现。早期的强制执行程序中，债权人的意思被认为是推动执行的“源权”。国家只是债权人的代理人。[2] 随着民事诉讼法的公法化趋势，强制执行理论中债权人意思主义开始逐渐被司法权所替代，对债权人的权利的行使也逐渐加

〔1〕 吴庆宝主编：《保险诉讼原理与判例》，人民法院出版社 2005 年版，第 388 页。

〔2〕 肖建国：《论民事诉讼中强制拍卖的性质和效力》，载《北京科技大学学报（社会科学版）》2004 年第 4 期。

以限制，理论界及实务界越来越认可，债权人权利行使要与被执行人或第三人的福祉相协调；例如我国《民法典》第132条明确规定禁止民事主体滥用权利损害他人合法权益，但禁止权利滥用也不能仅以一方利益大小为唯一的衡量标准，这样可能会发生债权人在利益小于被保险人利益的情形时无法主张其权利的弊端。[1] 在对保单现金价值执行的利益与在保险合同继续存续时被保险人能享受的利益相比，继续履行合同对被保险人的人身及健康权益保障更大时，债权人继续要求执行保单现金价值属于权利滥用。

2. 债权实现要坚持目的与手段相适应的“比例原则”

强制执行程序的设立旨在实现债权人财产权益和债务人利益实现的“最大公约数”。强制执行应符合执行中变价合理以及最大利益原则。坚持“比例原则”也是最高人民法院在执行工作中的具体要求。即对于执行中相对于执行标的而言价值较小，但对被执行人权益影响较大的财产，不宜强制执行。[2]

在人身保险合同中，特别是纯人身保障产品，保险公司的风险评估值较大，这导致退保后的保单现金价值极低。以某保险股份有限公司的一份意外伤害住院医疗保险为例，被执行人作为投保人每年交付金额较小（每年交300元，5年共计1500元），但被保险人获得的保障却是极高的：10万元乘以2‰以实际住院天数给付意外伤害住院保险金，累计住院天数可高达1000日，但是该险种退保后的现金价值只有几百元甚至更少，且一旦此类保险合同被强制解除，被保险人想再次投保时，可能因其年龄以及健康状况不再符合保险公司的要求，而遭到拒保或者提高保费，导致这份经济保障永久丧失，对其本人及社会弊大于利。

（三）强制执行权与民事权利保障相衡量

1. 人身保险合同解除权代位行使分析

在债务人（投保人）不主动或不同意解除合同的情况下，执行法院能

---

〔1〕 王利明：《法律解释学》（第2版），中国人民大学出版社2016年版，第113页。

〔2〕《关于在执行工作中进一步强化善意文明执行理念的意见》第2条指出，“人民法院在执行过程中也要强化善意文明执行理念，严格规范公正保障各方当事人合法权益；要坚持比例原则，找准双方利益平衡点，避免过度执行”。

否直接替代债务人向保险人行使合同解除权或撤销权，从而实现现金价值返还请求权？对此，各地法院做法不一，各地出台的规范性文件也不尽相同。例如，北京市高级人民法院认为不得强制解除保险合同。[1] 上海市高级人民法院认为，鉴于重大疾病保险、意外伤残保险、医疗费用保险等产品人身专属性较强、保单现金价值低，但潜在可能获得的保障大，人民法院应秉承比例原则，对该类保单一般不作扣划。[2] 浙江省高级人民法院认为一般应由投保人签署退保申请书。[3] 广东省高级人民法院认为如果被执行人不同意退保，法院不能强制被执行人退保。[4] 江苏省高级人民法院认为，在投保人下落不明或者拒绝签署退保申请书时，人民法院可以直接要求保险公司解除保险合同，并协助扣划在保险产品退保后可得的财产性权益。[5] 广州市中级人民法院认为，人身保险保单现金价值可以执行，但必须遵守谦抑原则。对重疾险、意外伤残险、医疗险原则上不予执行现金价

---

〔1〕《北京市法院执行工作规范》第449条规定："对被执行人所投的商业保险，人民法院可以冻结并处分被执行人基于保险合同享有的权益，但不得强制解除该保险合同关系。"

〔2〕参见上海市高级人民法院于2021年11月8日与八大保险机构达成的《关于建立被执行人人身保险产品财产利益协助执行机制的会议纪要》。

〔3〕浙江省高级人民法院执行局于2015年3月6日出台的《关于加强和规范对被执行人拥有的人身保险产品财产利益执行的通知》（浙高法执〔2015〕8号，已失效）第1条规定："投保人购买传统型、分红型、投资连接型、万能型人身保险产品、依保单约定可获得的生存保险金，或以现金方式支付的保单红利，或退保后保单的现金价值，均属于投保人、被保险人或受益人的财产权。当投保人、被保险人或受益人作为被执行人时，该财产权属于责任财产，人民法院可以执行。"第5条规定："人民法院要求保险机构协助扣划保险产品退保后可得财产利益时，一般应提供投保人签署的退保申请书。但被执行人下落不明，或者拒绝签署退保申请书的，执行法院可以向保险机构发出执行裁定书、协助执行通知书要求协助扣划保险产品退保后可得财产利益，保险机构负有协助义务。"

〔4〕广东省高级人民法院《关于执行案件法律适用疑难问题的解答意见》问题十一"被执行人的人身保险产品具有现金价值，法院能否强制执行？"处理意见为："首先，虽然人身保险产品的现金价值是被执行人的，但关系人的生命价值，如果被执行人同意退保，法院可以执行保单的现金价值，如果不同意退保，法院不能强制被执行人退保。其次，如果人身保险有指定受益人且受益人不是被执行人，依据《保险法》第四十二条的规定，保险金不作为被执行人的财产，人民法院不能执行。"

〔5〕江苏省高级人民法院《关于加强和规范被执行人所有的人身保险产品财产性权益执行的通知》（已失效）规定可执行的人身保险产品财产性权益包括"依保险合同约定可领取的生存保险金、现金红利、退保可获得的现金价值，依保险合同可确认但尚未完成支付的保险金，及其他权属明确的财产型权益"。并规定"投保人下落不明或者拒绝前述签署申请书的，人民法院可以直接向保险公司发出执行裁定书、协助执行通知书，要求保险公司解除保险合同，并协助扣划保险产品退保后的可得财产性权益，保险公司负有协助义务"。

值。〔1〕《民事强制执行法（草案）》规定，被执行人的其他财产不足以清偿执行债务的，人民法院可以依法通知保险公司解除被执行人作为投保人的人身保险合同，执行其享有的现金价值债权。〔2〕其实，无论是由法院强制解除保险合同还是扣划保单现金价值，其后果均会导致保险合同解除或无法继续履行。所以对人身保险合同的财产性权益采取强制处分措施时，应当尤为慎重。

2. 人身保险合同的解除权能否由债权人代位行使

代位权的客体为到期债权，具有金钱给付性和非专属于债务人人身性的特点。具体而言，首先，“合同解除权属于以财产利益为目的的形成权”，〔3〕具有金钱给付内容。其次，之所以规定“到期债权”，是为了保护合同相对方的合法权益，在未到期合同强制解除的情况下，会给合同相对方权益造成损害。但是根据《保险法》第 15 条的规定，投保人解除保险合同属于法定解除权，〔4〕且法律没有就解除权的发生设置任何限制，〔5〕一旦投保人行使解除权，保险公司应在接到投保人解除合同的通知之日起的 30 日内，按照合同约定退还保险单的现金价值。由此可以看出保单现金价值因合同向对方不具有抗辩权而具有“虽未到期但可随时到期性”。再次，解除条件成就保险合同的效力终止，是否损害受益人基于保险金的请求权问题。对此可以运用目的与手段相适应的比例原则，如果受益人举证证明该保险金是受益人唯一或绝大部分的生活保障来源，则应否定债权人介入保

---

〔1〕 参见广州市中级人民法院 2023 年 4 月 19 日发布的《商业保险产品财产利益执行联动机制会议纪要》。

〔2〕《民事强制执行法（草案）》第 159 条规定：“被执行人的其他财产不足以清偿执行债务的，人民法院可以依法通知保险公司解除被执行人作为投保人的人身保险合同，依据本节规定执行其享有的现金价值债权。投保人与受益人不一致的，人民法院应当告知受益人可以在指定期限内向人民法院支付相当于保单现金价值的价款，变更自己为投保人。受益人拒绝支付或者逾期未支付的，人民法院可以依法通知保险公司解除人身保险合同。”

〔3〕 周昌昊、张长青《论债权人代位权客体扩张及行使范围》载《内蒙古大学学报（人文社会科学版）》，2007 年第 1 期。

〔4〕《保险法》第 15 条规定：“除本法另有规定或者保险合同另有约定外，保险合同成立后，投保人可以解除合同，保险人不得解除合同。”

〔5〕 例外情形是《保险法》第 50 条，其规定：“货物运输保险合同和运输工具航程保险合同，保险责任开始后，合同当事人不得解除合同”。

险合同行使解除权的权利，认定该现金价值返还请求权具有人身专属性，反之，则应将该现金价值视为与存款相同性质的责任财产。最后，虽然原则上代位权设立目的是保障债权而非保障诉权。但是在投保人对保险公司享有撤销权，而投保人不主张该权利，从而危及债权人债权实现时，债权人可以代投保人向保险公司行使解除权。

笔者认为，对不同类型人身保险合同的执行能否由执行机构直接替代投保人解除保险合同需要加以具体分析考量。对于投保人、被保险人及受益人非同一民事主体的人身保险合同，应当采用介入权的方式来平衡和保护债权人、被保险人及受益人的合法权益。[1] 在《保险法司法解释（三）》中规定，被保险人、受益人可以通过支付对价、赎买等方式阻断保险合同被强制解除。[2] 虽然与执行相关的法律中未规定执行中要如何运用介入权规则，但是执行中要灵活司法，参照《保险法司法解释（三）》关于介入权规定的精神。赋予被保险人、受益人行使介入权的权利。避免一律解除人身保险合同，机械执法、就案办案的问题。如此，既可以维持人身保险合同的继续履行，促进保险市场的健康有序发展，也可以兼顾债权人与受益人之间的合法权益，保障投保人、受益人和债权人等多方需求。

执行中允许被保险人、受益人行使介入权的核心有三个部分：一是对已缴纳保费的补偿；二是对将来保费支付的安排；三是禁止投保人继续以责任财产支付保费。只要解决了保费续缴问题，就可以解决投保人和债权人之间的利益冲突，既能够实现债权又可以继续维持保险合同的效力。需要注意的是，为保障执行效率，应当赋予执行机构对人身保险合同是否属

〔1〕 岳卫：《日本〈保险法〉的立法原则及对我国的借鉴意义》，载《当代法学》2009年第4期。《日本保险法》为解决投保人之债权人申请人民法院强制执行保险单现金价值的问题，创设了保险金受益人介入权制度。《日本保险法》第60条第2款、第62条第1款规定，相关解除权人行使解除权的，解除效力自保险人受通知开始后1个月开始生效，在此期间，若保险金受益人经投保人同意，向解除权人支付了如果该解除生效则保险人应当向解除权人支付的金额，并将该支付行为通知了保险人，则解除权人的解除不发生效力。《德国保险合同法》第170条规定："当保险金请求权被强制扣押或强制执行，或要保人之财产开始破产程序时，记名受益人得经要保人同意，计入保险契约，取得要保人之地位。"即受益人可以经投保人同意，介入保险合同，取得投保人地位，但必须在投保人所能向保险人请求的额度内，满足执行债权人的要求。通过这一制度分配，为受益人提供了阻却解除权人解除合同的救济途径。

〔2〕 我国《保险法司法解释（三）》第7条规定，当事人以被保险人、受益人或者他人已经代为支付保险费为由，主张投保人对应的交费义务已经履行的，人民法院应予支持。

于可以豁免执行的纯人身保险合同中的形式审查权，对执行机构的形式审查结果，可以允许被保险人与受益人根据《民事诉讼法》第238条规定提起执行异议之诉。

三、结论

第一，对于兼具人身保障和理财功能的混合型人身保险产品中涉财产增值保值的保险现金价值部分可以强制执行。这种类型保险的根本目的和功能是经济补偿，即保险单现金价值乃基于投保人缴纳的保费形成，系投保人合法所有的财产权益，可纳入投保人的责任财产范畴。同时，虽然混合型保险兼具人身保障属性，但是这种人身价值所占分量较少且一般对现金价值可以进行拆分。将纯人身保障权保费扣除后，剩余的现金价值部分财产权益可以被视为被执行人的责任财产。

第二，对现金价值极低的纯人身保障型合同，应不予强制执行。纯人身保障型合同一般表现为人身意外伤害、残疾、身故、住院医疗及重疾类纯保障型、消费型保险。该类保险合同是为被保险人的身体和健康的未来风险缴纳的保费，故一般不“出险”所缴保费即“清零”，或有现金价值，但现金价值极低。

第三，对债权人购买多份纯人身保险的保单可以基于“保障被执行人生活必需的”立法原意下，豁免执行其中的一份，对其余保险合同，应给予被保险人及受益人行使介入权的机会。如果被执行人作为投保人签订了多份纯人身保险合同，可以在符合一定条件的情况下，允许为其保留一份合同。其余的纯人身保障保险合同在进行处分措施之前，执行机构应当给被保险人、受益人发出执行通知书，告知其可以限期行使介入权，将保险现金价值交到法院并更换为保单的投保人。逾期，法院将强制执行该保险合同的现金价值。

最高人民法院执行复议合议庭成员：刘慧卓　邱鹏　邵长茂

（编写人：张丽洁[*]　审稿人：杨奕）

---

* 张丽洁，法学硕士，中华人民共和国最高人民法院执行局，三级高级法官。

林某查申请复议撤销江西省高级人民法院司法罚款案

——依据诚实信用原则处以司法强制的审查

【裁判摘要】

《民事诉讼法》第 114 条对诉讼参与人等妨害民事诉讼可以依法予以罚款的情形作了明确规定，且该条规定系完全列举的封闭条款，无“兜底条款”的规定，这表明法律对可适用妨害民事诉讼强制措施的具体情形，系限制性规定，无法外自由裁量的余地。鉴于《民事诉讼法》规定的罚款、拘留等强制措施属于公法制裁行为，需要严格遵循处罚法定原则，在法律缺乏具体规定的情形下，对当事人提出管辖权异议的行为，径直依据诚实信用条款予以处罚，应认定适用法律不当。

【案件基本信息】

1. 诉讼当事人

复议申请人（一审被告）：林某查

2. 案件索引与裁判日期

一审（决定程序）：江西省高级人民法院（2019）赣民初 54 号决定（2019 年 5 月 20 日）

二审（复议程序）：最高人民法院（2019）最高法司惩复 6 号复议决定（2021 年 3 月 8 日）

3. 案由

司法罚款复议

【简要案情】

2017 年，中某国际信托有限公司（以下简称中某信托公司）与泉州安某物流有限公司（以下简称安某物流公司）签订信托贷款合同，约定中某信托公司为安某物流公司提供不超过1亿元的借款。郭某泽为前述信托贷款合同提供保证，并与中某信托公司签订了保证合同。上述合同均约定，因合同发生争议的由中某信托公司住所地法院管辖。郭某泽的配偶林某查亦在保证合同落款页上签字。江西省高级人民法院受理中某信托公司诉安某物流公司、安某控股股份有限公司、郭某泽、林某查借款合同纠纷一案后，依法向当事人送达应诉材料。林某查于管辖权异议期间内向江西省高级人民法院提出管辖权异议，主张案涉保证合同首页列明的保证人只有郭某泽一人，林某查仅在保证合同落款页上签字并承诺其作为郭某泽的配偶同意提供连带责任保证担保，但林某查并未与中某信托公司约定管辖，且未有任何愿意接受约定管辖的意思表示，其住所地在福建省，且本案标的额符合福建省高级人民法院受理一审民商事案件的标准，应移送福建省高级人民法院管辖。江西省高级人民法院认为，案涉信托贷款合同及林某查签订的保证合同均约定，因合同发生争议的由中某信托公司住所地法院管辖，故于2019年5月18日作出（2019）赣民初54号之一裁定，驳回林某查提出的异议。林某查对该管辖权异议裁定未提上诉。同时，江西省高级人民法院在未进行询问或听取意见等就直接认为，林某查在已有合同明确约定且无其他专属管辖等事由的情况下，仍提出管辖权异议，存在拖延诉讼的主观恶意，滥用诉讼权利，违反了民事诉讼法中的诚实信用原则。依照《民事诉讼法》（2017年修正）第13条〔1〕、第115条〔2〕之规定，于2019年5月20日作出（2019）赣民初54号罚款决定，决定对林某查罚款10万元。林某查不服该罚款决定，遂向最高人民法院提出复议申请。

【案件焦点】

1. 林某查提出管辖权异议的行为是否属于违反诚实信用原则；

2. 法院能否适用诚实信用原则处以司法罚款。

---

〔1〕 2023年《民事诉讼法》修正后，本条仍为第13条，表述改为“民事诉讼应当遵循诚信原则。当事人有权在法律规定的范围内处分自己的民事权利和诉讼权利”。

〔2〕 2023年《民事诉讼法》修正后，本条变更为第118条。

【裁判结果】

最高人民法院复议认为，《民事诉讼法》第十章关于“对妨害民事诉讼的强制措施”的规定，赋予法院对妨害民事诉讼的特定行为依法作出拘传、罚款、拘留等强制措施的权力，以确保审判执行活动的顺利进行。《民事诉讼法》第111条[1]对诉讼参与人等妨害民事诉讼可以依法予以罚款的情形作了明确规定，管辖权异议不在本条规定可以采取罚款等强制措施之列，且该条规定系完全列举的封闭条款，无“兜底条款”的规定，表明《民事诉讼法》对可适用妨害民事诉讼强制措施的具体情形，系限制性规定，无法外自由裁量的余地。鉴于《民事诉讼法》规定的罚款、拘留等强制措施，属公法制裁行为，需要严格贯彻“法无明文规定不处罚”的基本原则，在《民事诉讼法》等相关法律没有明确规定的情形下，对林某查提出管辖权异议的行为径直予以处罚，欠缺法律依据。

《民事诉讼法》第13条第1款规定民事诉讼应当遵循诚实信用原则。该项原则体现在《民事诉讼法》的具体规定和整个诉讼程序过程中，违反该项原则，应承担相应的法律后果。林某查在保证合同明确约定管辖法院的情形下提起管辖权异议，有违诚实信用原则，江西省高级人民法院（2019）赣民初54号裁定依法予以驳回，正是司法裁判贯彻诚实信用原则的体现，当事人因其滥用管辖权异议权利的行为已承担了相应的法律后果。在法律明确采取完全列举条款限制罚款强制措施适用范围的前提下，司法实践中并无依据诚实信用原则扩张适用该项强制措施的余地。故江西省高级人民法院依据诚实信用原则，对当事人滥用管辖权异议行为科以罚款，适用法律不当。综上所述，江西省高级人民法院依据诚实信用条款对林某查提起管辖权异议的行为作出罚款10万元决定，缺乏法律依据。林某查的复议申请成立，应予支持。据此裁定撤销江西省高级人民法院罚款的决定。

【裁判摘要评析】

2012年8月修订的《民事诉讼法》第13条第1款新增加了“诚实信用

---

[1] 2023年《民事诉讼法》修正后，本条变更为第114条。

原则”，这标志着诚实信用原则这一原本只作用于实体法的“帝王条款”以诉讼原则的地位延伸到民事诉讼领域，用以规范参与民事诉讼当事人及法院行为，推动诚信诉讼秩序的建立。本案中林某查在合同明确约定管辖法院的情形下，提起管辖权异议，有违诚实信用原则，江西省高级人民法院依法予以裁定驳回，是以司法裁判贯彻落实诚实信用原则的体现，但在法律明确采取完全列举条款限制罚款强制措施适用范围的前提下，不能仅依据诚实信用条款作出司法强制。

一、司法强制应遵循处罚法定原则

对妨害民事诉讼行为的强制措施，是指在民事诉讼中，对有妨害民事诉讼秩序行为的人采用的排除其妨害行为的强制措施。学界对于司法强制措施的性质一直存有争议，代表性观点有三种：其一，强制手段或教育手段说，该学说认为它是一种强制手段，旨在制止妨害行为继续进行，或是一种教育手段，旨在使行为人改正错误，遵守法律，不再实施妨害民事诉讼的行为；〔1〕其二，法律制裁说，该学说认为上述措施实质上是对违法者的一种惩罚，即是一种法律制裁；〔2〕其三，具有制裁性质的强制手段说，该学说认为，相较于依据实体法作出的刑事制裁、民事制裁和行政制裁，对妨害民事诉讼的强制措施的不同在于，它是根据程序法的规定，为维护民事诉讼秩序，对妨害诉讼的人采用的带有制裁性的强制教育手段，后还有学者创造性地提出“程序性制裁理论”。〔3〕上述学说分别从不同的角度、以不同的侧重点对司法强制行为进行了概括与评价，但其共同强调了一个核心就是该行为的实质是由国家权力机关——司法机关作出，是司法机关使用国家强权介入民事诉讼关系的具体表现。鉴于此，即使对于该行为定性存在争议，但其公法制裁特性毋庸置疑。本案中，江西省高级人民法院对林某查作出的罚款10万元的决定，体现了民事诉讼中强制措施直接剥夺当事人财产权的强制性。

---

〔1〕柴发邦：《民事诉讼法教程》，法律出版社1983年版，第233页。

〔2〕柴发邦主编：《民事诉讼法学新编》，法律出版社1992年版，第267页。

〔3〕程序性制裁是指将法院在民事诉讼过程中，为维护秩序、司法权威等作出的罚款、拘留等强制措施，即由于当事人和其他诉讼参与人实施的诉讼违法行为，而产生的金钱、自由或名誉等方面的惩罚性后果。陈瑞华：《程序性制裁理论》，中国法制出版社2005年版，第55页。

国家机关所享有的权力不仅与人民群众的利益密切关联，而且具有强制性、单方性、主动性等特点，一旦失去约束，将会威胁甚至严重损害公民的合法权益。因此，我国法律规定任何国家机关包括司法机关的权利都来源于法律，这意味着在服从法律这一点上司法机关与行政机关没有差别，维护司法权威本质上不是维护司法机关的权威而是维护授权司法机关的法律的权威。[1] 作为通过公权对社会经济关系的二次调整，司法强制与行政处罚所要保护的“权益”是高度同构的，其运行逻辑也相似，均是以权力保障和规范权利的行使。即对于公法制裁行为，因为涉及国家的公权力，为保护私权利不受公权力的任意侵犯，需要严格贯彻处罚法定的基本原则。具体表现为对于公民采取的司法强制措施应有法律的明确规定，凡法律没有规定的，不得认定该行为违法，更不得对这种行为采取强制措施；尤其对于直接减损公民实体权利的拘留与罚款，需要严格遵循处罚法定原则。联系本案，江西省高级人民法院对当事人林某查进行司法罚款必须具有明确的法律规定。

二、对管辖权异议处以罚款欠缺法律具体规定

管辖权异议，是指当事人认为受诉人民法院对该案无管辖权，而向该法院提供的不服该法院管辖的意见或主张。管权异议制度的设立，主要目的是保障当事人的诉讼权利和人民法院正确行使管辖权，在程序上体现出案件审理的正当性。[2] 管辖权异议的制度价值在于弥补立案登记阶段对管辖权审查不周全、不严格的情形，赋予当事人救济权利，保障管辖权正确行使。提出管辖权异议属于当事人在进行民事诉讼活动中的合法权利，而对当事人处以罚款属于司法机关实施强制措施的行为，两者均由我国的《民事诉讼法》予以授权和规制。我国《民事诉讼法》第十章“对妨害民事诉讼的强制措施”专门进行了规定，在当事人有拒不到庭、违反法庭规则、诉讼欺诈与规避执行行为、不履行协助调查或执行义务等行为时，法

---

〔1〕 陈宏：《论民事虚假诉讼、恶意诉讼的规制——以诚实信用原则的适用为视角》，载《法治论坛》2017 年第 4 期。

〔2〕 江伟、肖建国主编：《民事诉讼法》（第 7 版），中国人民大学出版社 2015 年版，第 104 页。

院享有对妨害民事诉讼的上述行为依法作出拘传、罚款、拘留等强制措施的权力。本章中各条款对法院可适用司法强制的相关情形均为明确列举，无兜底条款，这表明当下立法并未给予适法者以自由裁量权扩大可适用司法强制的情形。

从管辖权异议制度构建的角度出发，管辖权异议是《民事诉讼法》明文赋予当事人的诉讼权利，且法律仅在时效方面进行限制，并无其他方面的要件限制。换言之，《民事诉讼法》及相关司法解释所列举的可对当事人处以民事诉讼强制措施的妨害司法行为中，并不包括当事人提出管辖权异议的行为。即《民事诉讼法》并未将“滥用或不当申请管辖权异议行为”列入“妨害民事诉讼”上述可适用强制措施的情形中。故在法律尚未将当事人以提起管辖权异议的方式拖延诉讼的行为明文列入予以处罚范围的情形下，因该行为所造成的诉讼不便，属于当事人选择民事诉讼途径解决社会纠纷所需承担的制度成本，法院及另一方当事人对此有容忍义务。本案中，江西省高级人民法院对当事人林某查进行司法罚款缺乏法律的具体规定。

三、仅依据诚实信用原则处以罚款存在不当

诚实信用原则作为裁判说理依据逐渐得到我国司法实务界的肯定，其在解释和补充法律与法律行为、评价当事人的行为、调整当事人之间的利益关系方面着实发挥了应有的作用。[1] 但在本案中，司法机关仅依据诚实信用原则对当事人行为给予了否定评价还据此施以司法强制，超越了诚实信用原则解释法律、评价当事人行为等功能，使其成为公法制裁行为的授权条款，存在法律适用不当。

首先，从法律适用方法的视角出发，为“防止向一般条款逃逸”，适用法律原则要遵循以下三个条件，否则合法性将受到质疑：第一个条件是“穷尽规则”，穷尽法律规则，方得适用法律原则；第二个条件是“实现个案正义”，法律原则不得径行适用，除非旨在实现个案正义；第三个条件是

---

〔1〕骆意：《论诚实信用原则在我国民事司法裁判中的适用——基于对〈最高人民法院公报〉中53个案例的实证分析》，载《法律适用》2009年第11期。

“更强理由”，其强度必须足以排除支持此规则的形式原则，尤其是确定性和权威性。[1] 鉴于此，司法实践中适用诚实信用原则进行裁判，必须先确定无具体规则可适用或者适用具体规则会导致个案不正义。针对林某查一案，并不属于法律规定存在漏洞或者法律规定不明确抑或适用现行法律规定会导致个案不正义的情形，适用法律原则进行裁判有向一般条款逃逸之嫌。

其次，从具体条文的理解适用的视角出发，《民事诉讼法》中规定的诚实信用原则具有宣示和评价功能，诉讼当事人在民事诉讼活动中理应诚信诉讼，正确行使法律赋予的权利。对于当事人利用管辖权异议制度故意拖延诉讼程序的行为，法院依法裁定驳回管辖权异议，正是司法裁判贯彻诚实信用原则的体现，而当事人因其提出的管辖权异议被驳回申请已是法律认为其应承担的后果。并且，在法律明确采取完全列举条款限制罚款等强制措施适用范围的前提下，并无依据诚实信用原则在司法上扩张适用该项强制措施的余地。

最后，从诉讼实现社会价值要求的视角出发，提出管辖权异议是《民事诉讼法》明文赋予当事人的诉讼权利，这是对民事诉讼辩论原则和处分原则的具体落实，是对当事人合法利益的保护。法院仅以诚实信用原则为依据，对当事人提起管辖权异议的行为予以罚款，不仅可能破坏管辖权异议制度纠正法院错误管辖、维护当事人合法诉权的价值，减少当事人维护自身合法权益的渠道，还有可能造成司法制裁权的滥用。能否仅依据诚实信用原则处以罚款，其本质是在司法强制措施中实现诚实信用原则与处罚法定原则的价值平衡。“民法最忌讳以保护社会公共利益或国家利益为名任意干涉个人权利和自治空间”，[2] 所以“诚实信用条款”绝不是弃“处罚法定原则”于不顾的绿色通道。本案中，江西省高级人民法院仅依据诚实信用原则对当事人采取司法罚款，存在不当。

---

〔1〕 舒国滢：《法律原则适用中的难题何在》，载《苏州大学学报（哲学社会科学版）》2004年第6期。

〔2〕 王立争：《民法谦抑性的初步展开》，载《法学杂志》2009年第7期。

四、对于违反诚实信用原则提出管辖权异议行为的处理

我国法律并未规定法院直接适用诚实信用原则对当事人采取司法强制措施，否则将不仅扩大法院在公法强制中的自由裁量权，而且会引起公权力的不当适用，同时削弱法律规定的确定性，与当前的法治理念不符。但司法实践中，部分当事人通过提起管辖权异议，拖延诉讼，逃避实体责任，对民事诉讼效率的提升、司法资源的合理配置、相对方合法权益的及时实现、诚信诉讼秩序的建立均造成极大影响。对于较为棘手的当事人滥用管辖权异议等问题，应通过合理的方式予以解决。首先，从源头减少当事人提出管辖权异议。针对当事人不当提出管辖权异议影响民事诉讼秩序的问题，人民法院可以通过严格审查立案条件，对当事人提出管辖权异议的申请要件、理由作出排除性规定、做好法律释明工作，引导当事人诚信诉讼，减轻当事人对审判结果的疑虑，进而得以从源头减少管辖权异议案件。目前山东省高级人民法院和四川省高级人民法院均出台文件，规制滥用管辖权异议的行为，对某些明显滥用管辖权异议的情形"不予审查"。[1] 其次，以提高效率的方式减少管辖权异议制度造成的程序拖沓。对于当事人利用管辖权异议拖延诉讼的现象，当前情形下应通过提高上下级法院处理管辖权异议案件的裁判效率进行解决，在现有的条件下，推进管辖权异议案件审理程序改革，将管辖权异议案件归入民商事速裁案件范围，简化审理程序、文书样式、送达程序，进而提高此类案件的处理效率。最

---

〔1〕 山东省高级人民法院《关于简化民商事纠纷管辖权异议审查程序的意见（试行）》第3条第1款规定："被告下列申请属于滥用管辖权异议权利，人民法院依法可以不予审查：（一）被告提出管辖权异议被人民法院裁定驳回后，又就同类其他案件反复向同一法院提出管辖权异议的；（二）被告在异议申请中虚构被告住所地、合同履行地、合同签订地、原告住所地、标的物所在地等与争议有实际联系的地点和事由的；（三）原告与被告在书面协议中明确约定管辖法院，且不违反级别管辖和专属管辖规定，被告又针对约定的管辖法院提出管辖权异议的；（四）其他明显缺乏事实和法律依据、以拖延诉讼为目的提出的管辖权异议申请。"四川省高级人民法院《关于审理民商事纠纷管辖权异议案件的工作规范（试行）》第6条第2款规定："对下列管辖权异议申请，人民法院依法不予审查：（一）未在提交答辩状期间提起管辖权异议的；（二）第三人或其他不适格主体提起管辖权异议的；（三）反诉被告对反诉提出管辖异议的；（四）原告在诉讼中增加或减少诉讼请求，致使诉讼标的额超过或达不到受诉法院级别管辖权限的，但违反级别管辖和专属管辖规定的除外；（五）诉讼中争议的民事权利义务主体发生变更或转移的，不影响当事人的诉讼地位；（六）提出管辖权异议明显缺乏事实依据和法律依据的；（七）其他不予审查情形。"

后，推进管辖权异议制度规范化。《民事诉讼法》明确了管辖权异议须在提交答辩状期间提出，但对提起管辖权异议的主体、客体以及程序适用等问题均未作出明确规定，管辖权异议制度空洞化，导致部分当事人滥用管辖异议权，达到不正当目的。相关机关应在深入调研的基础上，适时出台相应规定，加强对管辖权异议的规范和制约，保障各方当事人的合法权益，确保诚信诉讼秩序的建立。

最高人民法院复议合议庭成员：何君　张爱珍　肖峰

（编写人：何君* 审稿人：杨奕）

* 何君，法学博士，中华人民共和国最高人民法院赔偿委员会办公室，二级高级法官。

王某凤、王某东
与
兰州新区陇某小额贷款股份有限公司、
甘肃新某钢铁热轧有限公司等
借款合同纠纷执行监督案

——保险单现金价值能否成为强制执行标的的认定

【裁判摘要】

保险单现金价值一般归属于投保人，可以成为执行标的并为人民法院强制执行。在作为投保人的被执行人既不主动履行生效法律文书确定的义务，又不主动解除保险合同提取保险单现金价值的情况下，人民法院有权要求保险人协助提取保险单现金价值，以保护申请执行人的合法权益。

【案件基本信息】

1. 诉讼当事人

申诉人（被执行人）：王某凤

申诉人（被执行人）：王某东

申请执行人：兰州新区陇某小额贷款股份有限公司（以下简称陇某小额贷款公司）

被执行人：甘肃新某钢铁热轧有限公司

被执行人：兰州强某物资贸易有限公司

被执行人：甘肃中某塑业有限公司

被执行人：白银东某仓储货运物流有限公司

2. 案件索引与裁判日期

执行异议：甘肃省兰州市中级人民法院（2019）甘01执异652号裁定

（2019 年 10 月 28 日）

执行复议：甘肃省高级人民法院（2020）甘执复 81 号裁定（2020 年 5 月 26 日）

执行监督：最高人民法院（2021）最高法执监 35 号裁定（2021 年 6 月 30 日）

3. 案由

借款合同纠纷执行监督

【简要案情】

2019 年 9 月 25 日，甘肃省兰州市中级人民法院在执行申请执行人陇某小额贷款公司与被执行人王某凤、王某东等借款合同纠纷一案中，作出执行裁定和协助执行通知书，要求某保险股份有限公司兰州分公司将王某凤名下 7 份及王某东名下 2 份保险单中全部保费扣划至该院账户。王某凤名下保险单分别为国寿美满一生年金保险（分红型）、国寿金彩明天两全保险（分红型）、国寿福禄尊享两全保险（分红型）、国寿鑫悦一生年金保险（分红型）、国寿盛世传家终身寿险、国寿盛世御享年金保险五种类型；王某东名下保险单为国寿美满一生年金保险（分红型）、康宁终身保险。王某凤、王某东向兰州市中级人民法院提出异议，请求停止对两人名下共计 9 份保险单中全部保险费的执行，撤销协助执行通知书。兰州市中级人民法院经审查于 2019 年 10 月 28 日作出（2019）甘 01 执异 652 号裁定，驳回王某凤、王某东的异议请求。王某凤、王某东不服，向甘肃省高级人民法院申请复议，该院经审查于 2020 年 5 月 26 日作出（2020）甘执复 81 号裁定，驳回王某凤、王某东的复议请求，维持兰州市中级人民法院异议裁定。王某凤、王某东不服，向最高人民法院申请执行监督。

【案件焦点】

人民法院在执行过程中能否强制执行保险单的现金价值。

【裁判结果】

最高人民法院经审查认为，案涉 9 份保险单现金价值具有明显的财产属性，财产权益分别归属于投保人王某凤和王某东，可以成为本案执行标的。王某凤、王某东作为被执行人，负有采取积极措施履行生效裁判的义务，在其无其他财产清偿债务的情况下，理应主动依法提取案涉保险单现金价值履行债务，其不主动提取，损害申请执行人的合法权益。兰州市中级人民法院在执行程序中要求保险人协助扣划王某凤、王某东名下9份保险单中的全部保费，实际是要求协助提取该9份保险单的现金价值，符合人民法院执行行为的强制性特征，具有正当性、合理性，也有利于高效实现当事人的合法权益并减少各方当事人讼累，无明显不当。据此，驳回了王某凤、王某东的申诉请求。

【裁判摘要评析】

保险单现金价值一般属于投保人，并可作为执行标的被人民法院强制执行。当被执行人未按生效法律文书的要求履行义务或主动解除保险合同时，为确保申请执行人的合法权益得到有效保护，人民法院有权要求保险人协助提取保险单现金价值。

保险单现金价值，又称保单现金价值，是投保人解除保险合同或者符合法定条件时，保险人按照保险合同约定所应退还的金额，其源于投保人向保险人交纳的保险费的累积。

保险单现金价值归谁所有，能否成为人民法院强制执行的标的，理论界有不同观点，实务界亦有不同看法，保险行业也较为关注。如武亦文认为，保单现金价值归保险人所有，即在投保人解除保险合同前，保单现金价值在性质上可归类为保险费，其所有权归属于保险人。〔1〕张春红认为，寿险保单现金价值不是归投保人所有，而是应归被保险人所有，这样更能更大程度上保障被保险人的利益。〔2〕何丽新、梁嘉诚认为，法院和债权人通过代位解除保险合同的执行方法，更是过度干预投保人与保险人之间的合同自由，同时损害被保险人和受益人的利益，且不符合强制执行法上的比例原则要求。〔3〕王静认为，保单现金价值来源于投保人为弥补后期自然保费不足所"溢缴"的保费，是属于投保人的债权性质的责任财

---

〔1〕武亦文：《保单现金价值强制执行的利益衡平路径》，载《法学》2018年第9期。

〔2〕张春红：《寿险保单现金价值权属探析》，载《时代金融》2013年第21期。

〔3〕何丽新、梁嘉诚：《保单现金价值强制执行的反思与重构》，载《保险研究》2019年第1期。

产，能够成为投保人的债权人申请强制执行的客体。[1] 马向伟认为，在作为投保人的被执行人不能偿还债务，又不自行解除保险合同提取保险单的现金价值以偿还债务的情况下，人民法院在执行程序中有权强制对该保险单的现金价值予以提取。[2] 史小峰认为，法院可以强制解除被执行人（投保人）与保险人的人身保险合同，从而强制执行保单现金价值。[3]

司法实践中，有的法院认为，退保以后的保险单现金价值是投保人的责任财产，人民法院可以强制执行。例如，河南、四川、甘肃、黑龙江、山东等地法院就认为，在作为投保人的被执行人不能偿还债务，又不自行解除保险合同提取保险单现金价值以偿还债务的情况下，人民法院在执行程序中有权强制代替被执行人（投保人）对保险单现金价值予以提取。[4] 有的法院则认为，保险单现金价值虽然是投保人的责任财产，但以投保人解除合同为前提，人民法院不能强制投保人解除。[5] 例如，云南省迪庆藏族自治州中级人民法院和甘肃省玉门市人民法院在有关案件中就持类似观点。[6]

虽然各地法院对保险单现金价值的权利归属、权利性质及能否成为人民法院强制执行的标的有相对统一的认识，但仍有不同做法，裁判尺度并不统一，特别是在投保人与被保险人、受益人不一致时，更是如此。这既影响司法权威及公信力，也影响当事人合法权益，有必要作进一步厘清和明确。

---

〔1〕 王静：《保单现金价值强制执行若干问题研究》，载《法律适用》2017年第14期。

〔2〕 马向伟：《人寿保险单的现金价值可以被强制执行》，载《人民司法（案例）》2016年第17期。

〔3〕 史小峰：《强制执行保单现金价值的路径思考》，载《人民法院报》2021年11月3日，第7版。

〔4〕 参见河南省高级人民法院执行裁定书，（2021）豫执复261号；四川省高级人民法院执行裁定书，（2021）川执复142号；甘肃省高级人民法院执行裁定书，（2019）甘执异194号；黑龙江省高级人民法院执行裁定书，（2019）黑执监129号；山东省高级人民法院执行裁定书，（2015）鲁执复字第112号等。

〔5〕 王静：《保单现金价值强制执行若干问题研究》，载《法律适用》2017年第14期。

〔6〕 参见云南省迪庆藏族自治州中级人民法院执行裁定书，（2020）云34执异34号；甘肃省玉门市人民法院执行裁定书，（2020）甘0981执异14号。

一、关于保险单现金价值的权利归属问题

虽然《保险法》有多个条文涉及保险单现金价值，但并未明确该价值的权利归属问题，此前相关法律、法规及司法解释亦未涉及此问题，直到《保险法司法解释（三）》出台，才对此问题作出相对明确的规定。《保险法司法解释（三）》第16条规定，保险合同解除时，投保人与被保险人、受益人为不同主体，被保险人或者受益人要求退还保险单的现金价值的，人民法院不予支持，但保险合同另有约定的除外。投保人故意造成被保险人死亡、伤残或者疾病，保险人依照《保险法》第43条规定退还保险单的现金价值的，其他权利人按照被保险人、被保险人继承人的顺序确定。

根据上述司法解释并结合《保险法》第47条关于"投保人解除合同的，保险人应当自收到解除合同通知之日起三十日内，按照合同约定退还保险单的现金价值"等规定可知，除保险合同另有约定及《保险法》第43条规定的情形外，保险合同解除后，保险单现金价值一般应归属于投保人。在最高人民法院民事审判第二庭编著的《最高人民法院关于保险法司法解释（三）理解与适用》一书中，也对保险单现金价值的归属作了解释和说明：鉴于理论界与保险行业之间存在的巨大分歧，我们对该条款的制定非常慎重。经过仔细研究和充分论证，根据保险运行机理、保险合同法基本原理，充分考察保险实践，并借鉴域外相关经验，作出本条规定，明确保险单现金价值应归属于投保人，而不是被保险人。[1] 在投保人与被保险人、受益人为同一主体的情形下，虽然保险单现金价值可以由"被保险人、受益人"领取，但鉴于当事人主体的同一性，保险单现金价值实际亦归属于投保人。

此处需要注意的是，保险单现金价值与保险费及保险金的联系与区别。保险费是投保人按照保险合同约定向保险人支付的费用，虽然保险单现金价值来源于投保人向保险人支付的保险费的累积，但二者属于不同的法律概念，不可混同。在投保人将保险费交付给保险公司后，虽然该款项的所

---

〔1〕 杜万华主编：《最高人民法院关于保险法司法解释（三）理解与适用》，人民法院出版社2015年版，第411页。

有权为保险公司所有，但在保险合同解除或者符合法定条件的情形下，保险公司即负有向投保人退还保险单现金价值的法定义务，该价值归属于投保人而非由保险公司所有。就王某凤、王某东与陇某小额贷款公司等借款合同纠纷执行监督案而言，虽然兰州市中级人民法院要求保险人协助扣划该二人名下9份保险单中的全部保费，实际要求协助扣划的应为该9份保险单的现金价值。保险金以保险事故发生为前提和给付条件，是保险事故发生时保险人根据保险合同约定应向受益人支付的金额，而保险单现金价值则不同，不以保险事故发生为前提。

二、关于保险单现金价值的权利属性问题

人身保险是以人的生命或者身体为保险标的的保险形式，与财产保险不同，人身保险的保险单具有现金价值，特别是人身保险中的长期寿险，如长期投连险、分红险等，更是具有较为典型的储蓄性和有价性，成为一种较为普遍的投资理财方式，在具有人生保障功能的同时，还兼具投资理财功能。这种储蓄性和有价性，不仅体现在在保险合同存续期间，投保人可以获取利息等红利收入，而且体现在投保人可以以保险单现金价值为限进行质押贷款，更体现在保险期间内投保人可以随时单方无条件解除保险合同，以提取保险单现金价值。

从权利属性上看，保险单现金价值是投保人依法享有的财产权益。该财产权益与保险事故发生后被保险人或者受益人可以获得的保险金这一具有典型人身专属性和依附性权益不同，保险单现金价值不具有人身专属性和依附性，仅为普通财产权的一种，并构成投保人的责任财产。特别是在保险合同已经解除，保险功能已经丧失的情形下，保险单现金价值的这一普通财产权属性表现得更为直接和明显。而且，保险单现金价值也不是被执行人及其所扶养家属所必需的生活物品和生活费用，不属于法律和司法解释所规定的人民法院不得执行的财产。

三、关于保险单现金价值的强制执行问题

《民事诉讼法》第253条第1款规定，被执行人未按执行通知履行法律文书确定的义务，人民法院有权向有关单位查询被执行人的存款、债券、股票、基金份额等财产情况。人民法院有权根据不同情形扣押、冻结、划

拨、变价被执行人的财产。人民法院查询、扣押、冻结、划拨、变价的财产不得超出被执行人应当履行义务的范围。《查封、扣押、冻结规定》第2条第1款规定，人民法院可以查封、扣押、冻结被执行人占有的动产、登记在被执行人名下的不动产、特定动产及其他财产权。承前所述，由于保险单现金价值是投保人享有的财产权益，且不属于法律和司法解释所规定的人民法院不得执行的财产，故保险单现金价值属于被执行人应当履行义务部分的财产，可以成为执行标的。

实际上，在法律文书生效后，作为投保人的债务人即负有及时履行生效法律文书确定的义务的法定义务，如其怠于及时履行该义务，案件进入执行程序，则意味着其愿意承受由此产生的人民法院强制执行等相应法律后果。在作为投保人的债务人不能清偿债务，但可通过单方解除保险合同提取保险单现金价值以履行义务，而其又不自行行使该项权利的情形下，人民法院有权在执行程序中强制提取保险单现金价值，从而偿还其所负债务，实现申请执行人的胜诉债权。人民法院该项执行措施，实际是代替作为投保人的债务人行使对保险单现金价值的处分权。在保险单现金价值可以作为被执行人（投保人）应当履行义务部分的财产，保险合同实际可由被执行人（投保人）单方解除并提取保险单现金价值的情形下，如人民法院对保险单现金价值的强制执行尚需依托于被执行人（投保人）的主观意志，即如被执行人（投保人）未主动解除保险合同并提取保险单现金价值，人民法院便无法予以强制执行，显然既不符合人民法院执行行为的强制性特征，亦将会在一定程度上鼓励甚至纵容被执行人（投保人）以此规避或者逃避债务履行，不利于生效法律文书的及时执行和债权人合法权益的及时保护。当然，从善意文明执行和衡平保护各方当事人合法权益的角度出发，如被执行人有其他财产足以清偿执行债务且便于执行，人民法院一般还是应先执行其他财产，在被执行人的其他财产不足以清偿执行债务的情形下，再执行保险单现金价值。

需要指出的是，人民法院要求保险公司协助扣划保险单现金价值，可能导致相应保险合同的解除，但并不意味着保险合同必然会解除。正如有关司法实务界人士所指出的，为兼顾投保人债权人与受益人的利益需求，应当引入介入权制度。[1] 2022年6月，第十三届全国人民代表大会常务委员会第三十五次会议审议并公布了《中华人民共和国民事强制执行法（草案）》，向社会公开征求意见，该征求意见稿第159条规定，被执行人的其他财产不足以清偿执行债务的，人民法院可以依法通知保险公司解除被执行人作为投保人的人身保险合同，依据本节规定执行其享有的现金价值债权。投保人与受益人不一致的，人民法院应当告知受益人可以在指定期限内向人民法院支付相当于保单现金价值的价款，变更自己为投保人。受益人拒绝支付或者逾期未支付的，人民法院可以依法通知保险公司解除人身保险合同。虽然该法尚未经最终审议并正式施行，但其第159条规定体现了立法者对保险单现金价值强制执行问题的态度，可资参考和借鉴。同时，根据《保险法司法解释（三）》第17条关于“投保人解除保险合同，当事人以其解除合同未经被保险人或者受益人同意为由主张解除行为无效的，人民法院不予支持，但被保险人或者受益人已向投保人支付相当于保险单现金价值的款项并通知保险人的除外”的规定，如在保险公司协助扣划保险单现金价值前，被执行人（投保人）已履行生效法律文书确定的义务，或者由受益人等第三人行使介入权，向人民法院支付相当于保险单现金价值的款项，进而取得投保人资格，人民法院可不再提取保险单现金价值，保险合同亦不会因此而解除。如此，被执行人（投保人）及被保险人、受益人基于保险合同所可能获得的期待利益也可得到更好保护，达到善意文明执行和衡平保护各方当事人合法权益的目的。但此种期待利益最终能否实现，主要取决于被执行人（投保人）是否已履行生效法律文书确定的义务，而非人民法院的强制执行行为。

最高人民法院执行监督合议庭成员：熊劲松　于明　薛贵忠

（编写人：盛强* 审稿人：杨奕）

---

[1] 王静：《保单现金价值强制执行若干问题研究》，载《法律适用》2017年第14期。

* 盛强，法学硕士，中华人民共和国最高人民法院执行局，三级高级法官助理。

朱某霖
与
江西省某信用担保有限责任公司、
南昌市致某投资发展有限公司等
执行监督案

——网络司法拍卖中买受人无法定理由悔拍应当承担重新拍卖的价款低于原拍卖价款造成的差价

【裁判摘要】

关于网络司法拍卖中买受人悔拍应当承担的责任问题，《网络司法拍卖规定》第24条明确了对拍卖成交后买受人悔拍的，交纳的保证金不予退还的规则。《拍卖、变卖规定》（2020年修正）第22条明确了对重新拍卖的价款低于原拍卖价款造成的差价、费用损失及原拍卖中的佣金，由原买受人承担的规则。在上述两条规定中，《网络司法拍卖规定》为特别法，在特别法未作相关明确规定的情形下，仍然应当适用一般法。《拍卖、变卖规定》第22条的规定适用于网络司法拍卖。买受人无法定理由悔拍，应当承担重新拍卖的价款低于原拍卖价款造成的差价。

【案件基本信息】

1. 诉讼当事人

申诉人（利害关系人）：朱某霖

申请执行人：江西省某信用担保有限责任公司（以下简称江西某信用担保公司）

被执行人：南昌市致某投资发展有限公司（以下简称南昌致某投资发

展公司）

被执行人：南昌市裕某科技有限公司

被执行人：江西天某物业有限公司

被执行人：李某丹

被执行人：付某虎

被执行人：李某

被执行人：阮某德

被执行人：陈某虎

2. 案件索引与裁判日期

执行异议：江西省南昌市中级人民法院（2021）赣 01 执异 303 号裁定（2021 年 11 月 3 日）

执行复议：江西省高级人民法院（2022）赣执复 16 号裁定（2022 年 2 月 28 日）

执行监督：最高人民法院（2022）最高法执监 434 号裁定（2022 年 12 月 11 日）

3. 案由

执行监督

【简要案情】

江西省南昌市中级人民法院在执行申请执行人江西某信用担保公司与被执行人南昌致某投资发展公司等追偿权纠纷一案中，于 2021 年 4 月 9 日作出（2021）赣 01 执恢 85 号之一裁定，拍卖案涉房产。该院于 2021 年 6 月 2 日委托淘宝网拍卖案涉房产，朱某霖于 2021 年 7 月 4 日以 521 万元竞得。该院在拍卖公告中载明“拍卖成交后买受人悔拍的，交纳的保证金不予退还，依次用于支付拍卖产生的费用损失、弥补重新拍卖价款低于原拍卖价款的差价、冲抵与拍卖财产相关的被执行人的债务”。后朱某霖悔拍，南昌市中级人民法院于 2021 年 7 月 28 日再次委托淘宝网拍卖案涉房产，案涉房产以 300 万元成交。

南昌市中级人民法院于 2021 年 10 月 8 日作出（2021）赣 01 执恢 85 号通知书，通知朱某霖，依照《拍卖、变卖规定》（2004 年通过）第 25

条[1]的规定，重新拍卖的价款低于原拍卖价款造成的差价、费用损失及原拍卖中的佣金，由原买受人承担。人民法院可以直接从其预交的保证金中扣除。扣除后保证金有剩余的应当退还原买受人；保证金数额不足的，可以责令原买受人补交；拒不补交的，强制执行。本案中，二次拍卖的差价价款为221万元，应从朱某霖缴纳的保证金及尾款共计320万元中予以扣除。剩余的99万元应退还给朱某霖。如有异议，应当自收到本通知之日起10日内向该院书面提出，逾期不提出异议，该院将依法强制执行。

朱某霖不服，提出书面异议，主张根据《网络司法拍卖规定》第24条规定，悔拍人仅应承担保证金责任，强制其承担221万元的巨大损失，显然超出其悔拍时的合理预期，显失公平。南昌市中级人民法院于2021年11月3日作出（2021）赣01执异303号裁定，裁定将朱某霖交纳的203万元退还给朱某霖。江西省高级人民法院于2022年2月28日作出（2022）赣执复16号裁定，撤销南昌市中级人民法院（2021）赣01执异303号裁定，维持南昌市中级人民法院（2021）赣01执恢85号通知书。

朱某霖不服江西省高级人民法院（2022）赣执复16号裁定，向最高人民法院申诉，请求撤销江西省高级人民法院（2022）赣执复16号裁定，维持南昌市中级人民法院（2021）赣01执异303号裁定。

【案件焦点】

网络司法拍卖中买受人无法定理由悔拍，是否应当承担重新拍卖的价款低于原拍卖价款造成的差价。如何理解《网络司法拍卖规定》第24条与《拍卖、变卖规定》（2020年修正）第22条的关系。

【裁判结果】

最高人民法院经审理认为，虽然《网络司法拍卖规定》没有规定可以责令原买受人补交的相关内容，但不能据此认为《网络司法拍卖规定》否定了《拍卖、变卖规定》的有关规定。《网络司法拍卖规定》第24条仅对《拍卖、变卖规定》（2020年修正）第22条规定的保证金用以清偿的顺位进一步具体细化，并未作出新的修改或废除。《网络司法拍卖规定》作为特

---

〔1〕 2020年《拍卖、变卖规定》修正后，本条变更为第22条。

别法，在特别法未作相关明确规定的情形下，仍然应当适用一般法，即《拍卖、变卖规定》（2020年修正）第22条“保证金数额不足的，可以责令原买受人补交；拒不补交的，强制执行”的规定，继续适用于网络司法拍卖。实践中，竞买人无法定理由悔拍，若只是在保证金范围内由悔拍人承担责任，不能充分发挥对悔拍人的威慑作用，也不利于遏制不正当悔拍现象。竞买人悔拍后，重新拍卖的价款低于原拍卖价款的，相比前一次拍卖而言，将使申请执行人受偿的数额减少，同时也使被执行人偿还债务的金额减少，同时损害了申请执行人和被执行人的合法权益。本案中，江西省高级人民法院（2022）赣执复16号裁定，维持南昌市中级人民法院（2021）赣01执恢85号通知书，要求朱某霖承担两次拍卖的差价款221万元，符合法律规定。因此，最高人民法院作出（2022）最高法执监434号裁定，驳回朱某霖的申诉请求。

【裁判摘要评析】

本案例对于网络司法拍卖中买受人悔拍应当承担的补差价责任是否应当以交纳的保证为限的问题进行了明确。

一、对于网络司法拍卖中买受人悔拍责任适用原则之辨析

（一）一般规定与特别规定的适用原则

一般规定与特别规定之间的冲突是常见的一种法律冲突。《立法法》第103条规定：“同一机关制定的法律、行政法规、地方性法规、自治条例和单行条例、规章，特别规定与一般规定不一致的，适用特别规定；新的规定与旧的规定不一致的，适用新的规定。”上述法律规定确立了解决这一冲突的“特别规则优于一般规则”的制度。关于《拍卖、变卖规定》与《网络司法拍卖规定》的关系，《网络司法拍卖规定》系针对网络司法拍卖这一不同于传统拍卖的方式而作出的规定，故相对于《拍卖、变卖规定》而言，《网络司法拍卖规定》应当理解为特别规则，《拍卖、变卖规定》与《网络司法拍卖规定》之间的冲突应适用一般规定与特别规定之间的冲突解决原则。

（二）本案涉及法律规则适用冲突的解决

本案涉及《网络司法拍卖规定》第24条与《拍卖、变卖规定》（2020

年修正）第22条的关系如何理解的问题。《网络司法拍卖规定》第24条规定："拍卖成交后买受人悔拍的，交纳的保证金不予退还，依次用于支付拍卖产生的费用损失、弥补重新拍卖价款低于原拍卖价款的差价、冲抵本案被执行人的债务以及与拍卖财产相关的被执行人的债务。"《拍卖、变卖规定》（2004年通过）第25条规定："重新拍卖的价款低于原拍卖价款造成的差价、费用损失及原拍卖中的佣金，由原买受人承担。人民法院可以直接从其预交的保证金中扣除。扣除后保证金有剩余的，应当退还原买受人；保证金数额不足的，可以责令原买受人补交；拒不补交的，强制执行。"该司法解释在2020年修正时，以第22条规定保留了上述内容。对于上述两个条文的关系如何理解，实践中存在不同的认识。一种观点认为，2004年通过的《拍卖、变卖规定》规定了"重新拍卖造成差价可以责令原买受人补交"的内容，但是2016年通过的《网络司法拍卖规定》未规定《拍卖、变卖规定》中的上述内容。根据《网络司法拍卖规定》第38条"施行前最高人民法院公布的司法解释和规范性文件与本规定不一致的，以本规定为准"的规定，应当适用《网络司法拍卖规定》，不再要求竞买人超出保证金范围承担重新拍卖的价款低于原拍卖价款造成的差价。另一种观点认为，《网络司法拍卖规定》虽然没有规定"重新拍卖造成差价可以责令原买受人补交"的内容，但不能理解为改变了《拍卖、变卖规定》中明确的上述规则。根据《网络司法拍卖规定》第37条"本规定对网络司法拍卖行为没有规定的，适用其他有关司法拍卖的规定"的要求，对于该问题仍沿用《拍卖、变卖规定》"重新拍卖造成差价可以责令原买受人补交"的内容。

对此我们认为，《网络司法拍卖规定》第24条对保证金清偿的顺位进一步具体细化，明确依次用于支付拍卖产生的费用损失、弥补重新拍卖价款低于原拍卖价款的差价、冲抵本案被执行人的债务以及与拍卖财产相关的被执行人的债务，但并未明确规定买受人悔拍应当承担的责任仅以保证金为限，也未明确保证金数额无法弥补重新拍卖价款低于原拍卖价款的差价的情况下如何处理的问题。《网络司法拍卖规定》作为特别规则，在特别规则未作相关明确规定的情形下，仍然应当适用一般规则，即《拍卖、变卖规定》明确的"保证金数额不足的，可以责令原买受人补交；拒不补交的，强制执行”的规定，应当继续适用于网络司法拍卖。《拍卖、变卖规定》在2020年修订时，以第22条规定保留了上述内容，亦可以说明竞买人悔拍应补交差价款的明确要求。同时，为解决执行实务中的上述问题，进一步规范网络司法拍卖工作，《最高人民法院执行司法解释条文适用编注》中对此亦予以明确：《拍卖、变卖规定》第25条“保证金数额不足的，可以责令原买受人补交；拒不补交的，强制执行”的规定，继续适用于网络拍卖。[1] 综上所述，悔拍补交差价款的法律依据明确、充分。

（三）其他有关拍卖的法律和司法解释中明确的悔拍责任承担原则

除《拍卖、变卖规定》和《网络司法拍卖规定》之外，其他有关拍卖的法律和司法解释中也明确了悔拍后原买受人应当补足差价的规则，网络司法拍卖应当与之保持一致。例如，《拍卖法》（2015年修正）第39条规定：“买受人应当按照约定支付拍卖标的的价款，未按照约定支付价款的，应当承担违约责任，或者由拍卖人征得委托人的同意，将拍卖标的再行拍卖。拍卖标的再行拍卖的，原买受人应当支付第一次拍卖中本人及委托人应当支付的佣金。再行拍卖的价款低于原拍卖价款的，原买受人应当补足差额。”该规定在其他拍卖领域明确了悔拍补差价规则。《关于人民法院强制执行股权若干问题的规定》第15条第3款规定：“买受人明知不符合竞买资格或者条件依然参加竞买，且在成交后未能在合理期限内取得相关部门股权变更批准手续的，交纳的保证金不予退还。保证金不足以支付拍卖产生的费用损失、弥补重新拍卖价款低于原拍卖价款差价的，人民法院可以裁定原买受人补交；拒不补交的，强制执行。”上述规定在股权执行领域明确了悔拍补差价规则。该规则的适用，对于维护各个领域拍卖秩序的稳定与良性发展，具有重要的作用。

二、在网络司法拍卖领域适用悔拍补差价规则的必要性

（一）司法拍卖的性质

司法拍卖作为一种强制执行措施，理论界就司法拍卖的性质存在私法

---

〔1〕 最高人民法院执行局编著：《最高人民法院执行司法解释条文适用编注》，人民法院出版社2019年版，第454页。

说、公法说与折中说三种不同的学说。持私法说观点的学者认为，司法拍卖的实质就相当于民法上的买卖关系。持公法说观点的学者则认为，司法拍卖是由债权人因无法实现债权而向法院申请启动的，整个程序都是由法院主导，形成了国家机关与民事主体之间的关系。如史尚宽教授认为，“强制执行法的拍卖为公法行为，其实质为类似于公用征收之司法处分”。〔1〕持折中说观点的学者认为司法拍卖“兼有公法上的处分和私法上买卖的性质和效果”。

《民事诉讼法》第258条规定：“财产被查封、扣押后，执行员应当责令被执行人在指定期间履行法律文书确定的义务。被执行人逾期不履行的，人民法院应当拍卖被查封、扣押的财产；不适于拍卖或者当事人双方同意不进行拍卖的，人民法院可以委托有关单位变卖或者自行变卖。国家禁止自由买卖的物品，交有关单位按照国家规定的价格收购。”一般认为，司法拍卖就是一种强制拍卖，是人民法院作为执行机关，就查封的执行标的物按照拍卖的方式出卖给最高应价者，以取得价金的执行措施。〔2〕进入强制执行程序后，法院系作为执行机关来主导整个拍卖程序，从而最大限度实现债权人的利益。司法拍卖是依靠法院的强制力与公信力进行的拍卖。因此，司法拍卖本质上仍然是以法院强制力为基础的公法上的行为。拍卖阶段法院作为出卖人与买受人达成买卖契约并不影响司法拍卖的本质属性。

（二）司法拍卖的地位

司法拍卖在执行程序中有着极其重要的地位。在金钱债权请求权的执行程序中，司法拍卖作为处分性的民事执行措施，是连接查封、扣押等限制性措施与价款分配的中间环节，直接涉及债权人权利的兑现，是追求和实现当事人利益最大化的重要途径，其最终结果直接影响债权人权利能否及时实现及实现程度。法院自主开展的网络司法拍卖，凭借其市场超地域化、拍卖快捷化、拍卖虚拟化、交易成本低廉化、拍卖信息化透明化等特点，近年来以燎原之势迅猛发展，也让司法拍卖变得更加公开、高效和便

〔1〕史尚宽：《物权法论》，中国政法大学出版社2000年版，第296页。

〔2〕最高人民法院执行局编：《最高人民法院关于人民法院网络司法拍卖若干问题的规定理解与适用》，中国法制出版社2017年版，第57页。

捷。近年来，网络司法拍卖高速发展，在执行程序中发挥了越来越重要的作用，网络司法拍卖成交超过 2 万亿元，为当事人节约佣金 621.4 亿元，有力破解财产变现难。[1]《网络司法拍卖规定》中也明确规定了网络拍卖优先原则。推动网络司法拍卖工作健康发展，对解决执行难具有重要作用和意义。

（三）网络司法拍卖领域应适用悔拍补差价规则

从司法拍卖的性质和地位来看，司法拍卖中，拍卖成交后，买受人悔拍的，一方面浪费了司法资源，对司法权威造成了破坏；另一方面该行为也对当事人的权益造成了影响，例如，因为不能清偿债权，当事人的利息损失将继续扩大，又如，因为市场交易的随机性，重新拍卖时竞买人变化可能导致未成交或者成交价格偏低。为了使更有诚意的竞买者参与竞买，同时防范竞买人恶意应价和悔拍所带来的不确定性风险，司法拍卖中规定了保证金制度。根据《网络司法拍卖规定》第 17 条的规定，保证金数额由人民法院在起拍价的 5%~20%范围内确定。但若只是在起拍价的 5%~20%的保证金范围内由悔拍人承担责任，以及取消悔拍人的竞买资格，并不能充分遏制悔拍现象，特别是司法实践中仍然存在竞买人故意出高价后又悔拍，或者多轮持续竞价竞得后又悔拍等恶意扰乱、妨碍拍卖顺利进行的行为。

为推动网络司法拍卖健康快速发展，有必要对其中发生的悔拍行为进行严格限制，即对于原买受人悔拍的，可以责令原买受人补足重新拍卖价款与原价款之间的差价，不以交纳的保证金为限，以维护网络司法拍卖秩序的稳定与良性发展。实践中部分地方法院已在上述司法解释基础上进一步明确悔拍补差价的有关工作要求，并规范执行法院在拍卖公告及竞买须知中明确该处理原则。

最高人民法院执行监督合议庭成员：徐霖　向国慧　李宗诚

（编写人：徐霖*　黄丽娟**　审稿人：杨奕）

---

〔1〕 参见《最高人民法院工作报告（2023 年）》。

* 徐霖，法学博士，中华人民共和国最高人民法院执行局，三级高级法官。

** 黄丽娟，法律硕士，中华人民共和国最高人民法院执行局，二级高级法官助理。

陆某军
与
三亚卓某房地产开发有限公司
执行监督案

——合同继续履行类判决执行不能的处理方式

【裁判摘要】

1. 生效判决确认合同有效，继续履行，但对履行内容没有明确，合同也无明确约定的，需另行对履行内容进行确认。如果由原生效法律文书作出部门作出解释，则属于未经审判即对当事人之间的重大争议加以裁判，剥夺了当事人的诉权；如果由执行部门在执行程序中进行裁断，则超越生效判决既判力范围，违背审执分离的原则，剥夺当事人针对实体争议的合法救济权利。故当事人之间争议的履行内容应通过审判程序在查明事实的基础上进行判断。

2. 在当事人诉讼请求仅为确认合同有效、继续履行的情况下，生效判决予以确认，而对于当事人之间关于给付内容的争议则属于新的争议事实，未进行实体审理，故生效判决不存在"遗漏或者超出诉讼请求"这一需要予以纠正的情况。故此种情形下，应当在执行程序中向当事人进行释明，可就当事人继续履行内容的争议提起新的实体诉讼，而不能通过启动审判监督程序进行解决。

【案件基本信息】

1. 诉讼当事人

申诉人（申请执行人）：陆某军

被执行人：三亚卓某房地产开发有限公司（以下简称卓某房地产开发

公司)

2. 案件索引与裁判日期

执行异议：海南省三亚市中级人民法院（2021）琼02执异21号裁定（2021年3月9日）

执行复议：海南省高级人民法院（2021）琼执复128号裁定（2021年6月4日）

执行监督：最高人民法院（2021）最高法执监515号裁定（2022年8月24日）

3. 案由

执行监督

【简要案情】

海南省三亚市中级人民法院审理的陆某军与卓某房地产开发公司房屋买卖合同纠纷一案，原告陆某军请求确认卓某房地产开发公司与其于2018年3月8日签订的协议书合法有效，判决卓某房地产开发公司继续履行。三亚市中级人民法院审理查明，2018年3月8日，卓某房地产开发公司（甲方）与陆某军（乙方）签订协议书约定：卓某房地产开发公司将其所有的某商业街一号房产及土地转让给陆某军。标的、价款的具体内容如下：(1) 房产位置：某商业街一号，原规划报建名称为学生活动中心，位于三亚市迎宾路、卓达巷、古榕巷、东方巴哈马酒店西侧路之间。(2) 房产建筑面积2059.61平方米，最终以规划及房产权属登记部门出具的不动产登记证认定为准；若认定面积与暂定面积不同，本协议书约定单价多退少补。(3) 房产单价35,971.06元/平方米，房款总额为74,086,350元，地上树木等附着物不再另行计费。陆某军已按协议约定的付款方式向卓某房地产开发公司支付7000万元，但卓某房地产开发公司拒绝向其交付房产。还查明，案涉房产系卓某房地产开发公司根据三亚市规划局三规工审字〔2004〕24号《关于三亚卓某房地产开发公司兴建卓某旅游学院学生活动中心工程的审批意见》在土地房屋权证号为三土房〔2006〕字第0816号（该土地证系卓某房地产开发公司于2006年3月28日取得，该证载明土地用途为住宅用地，使用权类型为出让，使用面积为151,603.07平方米）地块上兴建的卓某旅游学院学生活动中心。2018 年 8 月 8 日，三亚市中级人民法院作出（2018）琼 02 民初 55 号判决：确认卓某房地产开发公司与陆某军于 2018 年 3 月 8 日签订的协议书合法有效，继续履行。该判决生效后，因卓某房地产开发公司未履行生效判决确定的义务，陆某军向该院申请强制执行。

三亚市中级人民法院执行局就（2018）琼 02 民初 55 号判决的具体执行内容征求该院审判部门意见。审判部门于 2019 年 8 月 12 日第一次作出复函，称本案应继续履行的内容为：（1）陆某军已于 2018 年 3 月 16 日向卓某房地产开发公司支付购买案涉房产房款 7000 万元，卓某房地产开发公司应于 2018 年 5 月 16 日前与陆某军网签案涉房屋买卖合同；（2）卓某房地产开发公司与陆某军网签后 7 日内，陆某军向卓某房地产开发公司支付剩余房款 4,086,350 元；（3）本案民事判决已发生法律效力，卓某房地产开发公司拒不履行生效判决，陆某军申请强制执行符合法律规定。

2019 年 12 月 11 日，三亚市中级人民法院执行局作出（2019）琼 02 执 356 号裁定：将被执行人卓某房地产开发公司开发建设的位于三亚市吉阳区迎宾路某商业街一号 101 房 2059.61 平方米的房产及分摊土地使用权（在三土房〔2006〕字第 0816 号土地房屋权证所载范围内）过户登记到申请执行人（购房人）陆某军名下。三亚市中级人民法院同时向房管部门发出协助执行通知书。

2020 年 4 月 3 日，三亚市中级人民法院收到三亚市自然资源和规划局《关于明确三亚某商业街一号项目 101 号房土地过户面积的函》。2020 年 4 月 16 日，三亚市中级人民法院召集双方当事人作了执行笔录，卓某房地产开发公司提交申请函，并附有建设工程竣工规划核实合格证、《某商业街一号竣工测绘图》、《宗地图》。申请函的主要内容为：为能尽快实现某商业街一号项目的整体出售并完成过户，特申请法院依据三亚市自然资源和规划局出具的规划工程竣工规划核实合格证内容执行办理该项目的过户；并向三亚市中级人民法院明确协议书标的是某商业街一号项目整体出售，某商业街一号项目（原规划报建名称为学生活动中心）位于三亚市迎宾路、卓达巷、古榕巷、东方巴哈马酒店西侧路之间，房屋规划建筑面积 2059.61 平方米，建筑占地面积为 1222.32 平方米。规划用地面积为 11,770 平方米

（三亚市国土局测绘中心提供的某商业街一号竣工图用地边线范围）。陆某军的委托代理人付某、卓某房地产开发公司报建办经理许某在执行笔录中签字确认。

三亚市中级人民法院执行局再次就本案执行内容征求该院审判部门意见。审判部门于 2020 年 4 月 22 日第二次复函：（1）（2018）琼 02 民初 55 号判决已发生法律效力，卓某房地产开发公司和陆某军应遵照双方签订的协议书继续履行。（2）本案执行过程中，卓某房地产开发公司于 2019 年 4 月 26 日向三亚市不动产登记中心发出《关于某商业街一号项目整体出售需办理不动产证的申请函》，于 2019 年 9 月 21 日向执行局提交《关于某商业街一号项目整体出售后需办理过户的申请函》，该两份函均明确双方签订的协议书出售的标的物是某商业街一号项目整体，陆某军亦确认其购买的是某商业街一号项目整体。故，执行标的物为某商业街一号项目整体即房屋规划面积 2059. 61 平方米，建筑占地面积为 1222. 32 平方米，规划用地面积为 11, 770 平方米（三亚市国土局测绘中心提供的某商业街一号竣工图用地边线范围），土地使用年限 70 年。

2020 年 8 月 6 日，三亚市中级人民法院作出（2019）琼 02 执 356 号之一裁定，将（2019）琼 02 执 356 号裁定中正文第 4 页第 7 行的“分摊土地使用权”更正为“项目用地土地使用权（面积 11, 770 平方米）”。

卓某房地产开发公司对（2019）琼 02 执 356 号之一裁定不服，向三亚市中级人民法院提出异议。三亚市中级人民法院于 2021 年 3 月 9 日作出（2021）琼 02 执异 21 号裁定驳回卓某房地产开发公司异议请求。卓某房地产开发公司不服，向海南省高级人民法院申请复议。海南省高级人民法院经审查于 2021 年 6 月 4 作出（2021）琼执复 128 号裁定，支持卓某房地产开发公司请求。

申请执行人陆某军不服海南省高级人民法院复议裁定，向最高人民法院申诉，请求撤销海南省高级人民法院复议裁定。

【案件焦点】

1. 三亚市中级人民法院能否在执行程序中直接强制执行案涉房地产；
2. 如不能强制执行，当事人应通过何种途径进行救济。

【裁判结果】

最高人民法院经审查认为，生效民事判决确认卓某房地产开发公司与陆某军签订的协议书合法有效，继续履行。协议书约定卓某房地产开发公司将其所有的案涉房产及土地转让给陆某军，陆某军支付一定数额购房款，并约定房产位置、建筑面积和房屋价款等内容，故对于该房屋买卖合同，一方交钱、另一方交房的履行内容具体明确，当事人不履行协议约定的交钱或交房义务的，即未按照生效民事判决继续履行合同。一方不履行合同约定的义务，另一方有权申请强制执行。但协议书中未对案涉房屋所涉及的土地使用权过户内容进行约定，卓某房地产开发公司和陆某军对案涉房屋土地使用权是“分摊土地使用权”，还是“项目用地土地使用权（面积 11, 770 平方米）”存在争议，生效民事判决亦没有对此进行审查认定。

在执行依据并未明确，协议书也无明确约定的情况下，三亚市中级人民法院裁定将项目用地土地使用权（面积 11, 770 平方米）过户登记到申请执行人陆某军名下，超出了生效民事判决和协议书确定的范围，依法应予撤销。虽然卓某房地产开发公司在执行过程中曾作出同意陆某军关于案涉房产及土地使用权整体过户的执行请求的意思表示，但因并非生效判决确认的内容，且该意思表示已经超出生效判决判项和当事人之间协议约定的范围，非经审判不能发生强制执行力。当事人之间的实体争议可依法通过另行提起诉讼解决。故陆某军的申诉请求理据不足，应予驳回，海南省高级人民法院复议裁定应予维持。

【裁判摘要评析】

关于继续履行合同类判决是否具有强制执行力问题，审判和执行领域一直存在分歧。2015 年《民事诉讼法司法解释》第 463 条[1]第 2 款对此作出明确规定，即法律文书确定继续履行合同的，应当明确继续履行的具体内容。因此，立法层面明确继续履行合同类判决在履行内容明确具体的情况下，具有强制执行力。但是，上述司法解释并未规定法律文书确定继续履行合同的履行内容并不具体明确时如何处理。实践中对此存在不同认识

---

〔1〕 2022 年《民事诉讼法司法解释》修正后，本条变更为第 461 条。以下同。

和做法。

本案中三亚市中级人民法院和海南省高级人民法院的不同做法即是实践中非常典型的两种处理思路。笔者以本案为基础，通过厘清本案合同履行判决是否具有强制执行力、应当如何执行该判决，及不能执行情形下的救济途径等问题，进一步探讨此类案件的执行方式。

一、本案中的继续履行合同判决具有强制执行力

《执行工作规定》第 16 条第 1 款第 3 项规定“申请执行的法律文书有给付内容，且执行标的和被执行人明确”。在很长一段时期内，普遍认为只有给付判决具有给付内容，才可以强制执行，而确认之诉判决没有执行内容，此类判决应当由当事人自行履行。〔1〕一方面，上述司法解释并未规定确认之诉的生效判决不能执行，而是规定了生效法律文书具备强制执行效力的条件；另一方面，确认之诉是通过审判程序对当事人之间的法律关系是否存在、权利义务关系的分配进行确认，如果判决仅仅是确认权利，则不具有可执行内容，如果判决确认的法律关系中包括给付义务，则符合执行依据具有给付内容的要求，在一方当事人不履行生效法律文书的情况下，需要通过执行程序来强制执行。〔2〕

2015 年 2 月 4 日起实施的《民事诉讼法司法解释》第 463 条规定：“当事人申请人民法院执行的生效法律文书应当具备下列条件：(一) 权利义务主体明确；(二) 给付内容明确。法律文书确定继续履行合同的，应当明确继续履行的具体内容。”对于确定继续履行合同的判决，司法解释首次明确规定了可以强制执行，但法律文书应当对履行内容进行确认，即在一方当事人不履行生效判决，另一方当事人申请强制执行的情况下，使强制执行的内容明确清晰。

本案中，双方当事人就陆某军购买卓某房地产开发公司开发的案涉房产签订协议书，约定陆某军支付一定数额的购房款，卓某房地产开发公司负责为陆某军办理网签并交付该房产，协议约定了房产位置、房产建筑面

---

〔1〕 黄金龙、葛洪涛：《继续履行合同类判决的执行问题》，载《法律适用》2011 年第 12 期。
〔2〕 黄金龙、葛洪涛：《继续履行合同类判决的执行问题》，载《法律适用》2011 年第 12 期。

积和房屋价款等内容，该协议书经三亚市中级人民法院判决，合同有效，继续履行。

从双方协议的内容来看，此为房屋买卖合同，就此而言，一方交付房款、一方交付特定房产的履行内容是明确的，也即双方当事人均负有相应给付义务。生效法律文书确认合同有效、继续履行的同时，也当然确认了双方应承担的给付义务。因此，在陆某军支付了房款，而卓某房地产开发公司没有交付房产的情况下，陆某军有权向人民法院申请强制执行，人民法院应当立案执行。

二、合同继续履行内容不明确情况下的处理方式

对于判决确认当事人各方负有相应给付义务的合同履行类判决，虽然此类生效判决具有强制执行力和可执行性，但在具体履行内容、履行方式不具体明确的情况下，执行机构予以强制执行仍然存在障碍。执行机构能否对判决主文作出解释，解释的范围和限度如何把握等，是实践中存在较大争议的问题。

执行的给付内容应当在判决中予以明确。对于已经进入执行程序的案件，如果发现执行依据内容不明确，当事人之间有争议的，究竟应如何处理，现行法律和司法解释没有明确规定。

如本案情形，生效判决虽然确认了双方合同约定的房屋买卖合法有效，但生效判决和当事人约定中均未对土地使用权问题进行明确。根据“房地一体”原则，在强制执行房产之时，与之对应的土地使用权应一并执行，而双方对于案涉房屋的土地使用权是分摊土地使用权还是项目用地土地使用权存在争议，如果要对案涉房产强制过户，需首先解决土地使用权范围问题。此一争议在现有合同及生效判决中均未涉及，这导致生效判决暂无法执行。

审判实践中，对于执行依据不明确的情况，主要有以下几种做法。

第一，直接驳回执行申请。其依据是申请执行不符合《执行工作规定》第16条第1款第3项规定的执行标的必须明确的条件。但是此种做法过于武断，在执行生效判决过程中，执行部门不可避免地需要对判决内容进行明确，如果一律驳回执行申请，不利于生效裁判的履行，损害司法公信力。

第二，对执行依据进行解释。该做法存在两种观点。一种观点认为，应该由执行部门负责确定，因为此类判决主要需要判断双方义务及其次序、申请执行方是否已完成了己方的义务，此种判断属于执行部门法定的职能。[1] 最高人民法院在办理的（2014）执他字第35号案件中认为，根据法律文书对需要执行的内容作出判断是应有之责，具体执行内容应主要根据执行依据主文进行判断，必要时，应结合执行依据的其他部分，比如判决书的说理、当事人诉讼请求等内容综合判断。[2] 另一种观点认为，上述观点没有充分认识合同继续履行类判决的复杂性，执行人员不仅要判断双方合同的义务及其次序，有时还要填补合同漏洞、处理违约问题，这些都涉及实体权利的判断。如果在执行阶段处理这些问题，不仅会违背“审执分立”的原则，还可能会侵害当事人的实体权利。[3] 所以应要求审判部门对具体的执行内容作出解释。[4] 在执行依据不明确导致无法执行的情况下，执行部门也有权要求执行依据作出部门对执行依据予以明确。就此而言，由审判部门对执行依据进行释明，是在执行依据确认的权利义务关系的基础上进一步明确，以便于执行程序进一步采取执行措施，而不是对执行依据的变更，更不是通过释明对当事人争议作出裁判。

第三，由当事人补充约定。《民法典》规定了合同当事人可以就合同约定不明的部分进行补充约定。合同的成立一般基于当事人的合意，对于当

---

〔1〕 黄金龙、葛洪涛：《继续履行合同类判决的执行问题》，载《法律适用》2011年12期。

〔2〕 参见最高人民法院《关于判决内容为“交付岩矿经营权”如何执行问题的复函》（〔2014〕执他字第35号）。

〔3〕 参见最高人民法院《关于判决内容为“交付岩矿经营权”如何执行问题的复函》（〔2014〕执他字第35号）。

〔4〕《关于人民法院立案、审判与执行工作协调运行的意见》第15条规定，执行机构发现本院作出的生效法律文书执行内容不明确的，应书面征询审判部门的意见。审判部门应在15日内作出书面答复或者裁定予以补正。审判部门未及时答复或者不予答复的，执行机构可层报院长督促审判部门答复。执行内容不明确的生效法律文书是上级法院作出的，执行法院的执行机构应当层报上级法院执行机构，由上级法院执行机构向审判部门征询意见。审判部门应在15日内作出书面答复或者裁定予以补正。上级法院的审判部门未及时答复或者不予答复的，上级法院执行机构层报院长督促审判部门答复。执行内容不明确的生效法律文书是其他法院作出的，执行法院的执行机构可以向作出生效法律文书的法院执行机构发函，由该法院执行机构向审判部门征询意见。审判部门应在15日内作出书面答复或者裁定予以补正。审判部门未及时答复或者不予答复的，作出生效法律文书的法院执行机构层报院长督促审判部门答复。

事人没有约定的内容，法律允许当事人进行补充约定，而不能由第三方包括人民法院进行必然性的确认。执行程序中发现继续履行的合同存在约定不明的，当然也可以在合同履行或执行过程中由当事人另行约定。对此，可以参照适用或适用《关于执行和解规定》第 1 条，即当事人可以自愿协商达成和解协议，依法变更生效法律文书确定的权利义务主体、履行标的、期限、地点和方式等内容。当事人对约定不明的部分补充约定，可以视为当事人就判决的履行义务达成和解，变更履行内容，但由于和解协议的内容未经审判程序确认，因此不具有强制执行效力，[1] 而应由当事人自行履行，在继续履行过程中，如当事人双方再次产生争议，亦应参照对当事人执行和解协议的规定解决，而不能对当事人补充达成的协议强制执行。

第四，通过其他途径取得执行依据。如果原审判决存在遗漏诉讼请求或事实不清等符合再审审查的情形，应当对原判决进行再审重新确定执行依据；如果不存在再审情形，则对于执行内容不明确的情况，应当作为当事人新的争议内容另行诉讼解决。

结合本案情形，当事人诉求为判决合同有效、继续履行，法院在审判过程中也回应了当事人诉求，并最终判决合同有效，继续履行。在陆某军向人民法院申请强制执行后，作为执行部门，人民法院就要结合法律文书全文判断判决是否具有强制执行力以及执行内容。本案判决已经认定合同约定的双方当事人应继续履行交付价款和交付房产的义务，且双方当事人对合同约定的真实性均无争议，则执行程序中完全可以据此强制执行款项和强制交付房产。

在执行过程中，双方就案涉房屋所涉及的土地使用权是分摊土地使用权还是项目用地土地使用权产生了争议，三亚市中级人民法院选择向审判部门征求意见。但笔者认为，虽然审判部门有针对性地进行了回复，但审判部门系在本案执行依据并未明确、合同也无明确约定的情况下作出的新

---

〔1〕《关于执行和解规定》（2020 年修正）第 9 条规定："被执行人一方不履行执行和解协议的，申请执行人可以申请恢复执行原生效法律文书，也可以就履行执行和解协议向执行法院提起诉讼。"

的认定，不属于对执行依据确定的权利义务关系进行释明，而更类似于是对执行依据作出变更。这一变更事项，是在双方当事人对此有重大争议而未经公开审理的情况下作出的，剥夺了当事人的诉权和上诉权。故在本案情形下，无法通过由审判部门进行释明的方式解决。

为解决矛盾争议，执行法院还积极采取了促成当事人和解的方式推进执行，并召集双方当事人作了执行笔录，卓某房地产开发公司项目经理许某向三亚市中级人民法院明确合同标的是某商业街一号项目整体出售，即转让的土地使用权面积为“项目用地使用权”。此节事实可以视为当事人对合同标的作出的补充约定或对履行标的达成和解。如在合同的后续履行中，卓某房地产开发公司自行履行了过户房产及相应土地使用权的义务，则当事人履行行为与生效判决并无冲突。但执行法院根据当事人的认可，采取了强制执行措施，并且在卓某房地产开发公司明确提出执行异议，否认该公司员工许某的代理权限及许某认可的事项之后，三亚市中级人民法院仍维持该院强制执行行为，对此，双方当事人对土地使用权范围这种继续履行的标的本身存在争议，即便执行程序对许某的代理身份予以认定，执行部门直接强制执行当事人补充约定的内容，也与《关于执行和解规定》不符。〔1〕

三、合同继续履行类判决执行不能的救济途径

生效法律文书不满足《民事诉讼法司法解释》（2015 年施行）第 463 条第 2 款规定情形的情况下，执行程序无法执行生效法律文书，目前也没有相应的救济规范。当申请执行人进入执行程序时发现判决已有既判力却没有执行力，使申请执行人的努力付之一炬，其权益也无法得到有效保障。〔2〕

结合本案例笔者提出了几种判项不明而使生效判决能够履行的补救方式，如通过上述方法仍然不能明确继续履行内容，或者对于当事人继续履行的标的本身存在重大争议，则笔者认为只能通过第四种方式，即通过实体审理另行取得执行依据的途径，由审判部门在查明事实的基础上进一步

〔1〕《关于执行和解规定》第 9 条规定：“被执行人一方不履行执行和解协议的，申请执行人可以申请恢复执行原生效法律文书，也可以就履行执行和解协议向执行法院提起诉讼。”

〔2〕彭丽娜：《合同类履行判项强制执行问题研究》，内蒙古大学 2020 年硕士学位论文。

明确。其中，原判决存在错误的，可以通过审判监督程序明确履行内容；不符合审判监督程序，属于当事人新的争议的，当事人可以另行提起新的诉讼重新确认权利义务。

第一，通过审判监督程序解决。启动审判监督的前提是人民法院作出的生效法律文书确有错误，包括判决错误、遗漏判项等情形，进而通过启动重新审理程序纠正前一程序的错误。

本案中，陆某军在实体判决的诉讼请求为请求确认卓某房地产开发公司与其签订的合同合法有效，并判决继续履行，而三亚市中级人民法院经审理后支持陆某军的诉讼请求并判决确认双方合同合法有效，继续履行。就上述诉讼请求与实体判决的关系而言，人民法院在对案涉争议进行审理的基础上，判如所请，并未遗漏当事人的诉讼请求。且当事人在合同具体履行过程中的争议问题与实体判决并无冲突，故本案不存在《民事诉讼法》（2021 年修正）第 207 条〔1〕规定的应当启动再审程序的条件，特别是本案并不存在实体判决“遗漏或者超出诉讼请求的”需要予以纠正的情况，故本案情形并无通过审判监督程序的法律空间。

第二，由当事人另行提起诉讼程序解决。有观点提出，可以通过补充判决或类似制度对原判决进行补救，使判决文书执行力度得以完善。〔2〕笔者认为，“补充判决”的说法不一定准确。如果执行标的明确，则仅涉及对履行内容、方式、步骤等进一步明确，此时由审判部门进行释明即可，无须“判决”。如果执行标的不明确，原判决也没有对争议问题进行审理，此时争议问题未经审判，不得直接“补充判决”，否则便剥夺了当事人的诉权

---

〔1〕《民事诉讼法》（2021 年修正）第 207 条规定：“当事人的申请符合下列情形之一的，人民法院应当再审：（一）有新的证据，足以推翻原判决、裁定的；（二）原判决、裁定认定的基本事实缺乏证据证明的；（三）原判决、裁定认定事实的主要证据是伪造的；（四）原判决、裁定认定事实的主要证据未经质证的；（五）对审理案件需要的主要证据，当事人因客观原因不能自行收集，书面申请人民法院调查收集，人民法院未调查收集的；（六）原判决、裁定适用法律确有错误的；（七）审判组织的组成不合法或者依法应当回避的审判人员没有回避的；（八）无诉讼行为能力人未经法定代理人代为诉讼或者应当参加诉讼的当事人，因不能归责于本人或者其诉讼代理人的事由，未参加诉讼的；（九）违反法律规定，剥夺当事人辩论权利的；（十）未经传票传唤，缺席判决的；（十一）原判决、裁定遗漏或者超出诉讼请求的；（十二）据以作出原判决、裁定的法律文书被撤销或者变更的；（十三）审判人员审理该案件时有贪污受贿，徇私舞弊，枉法裁判行为的。”

〔2〕彭丽娜：《合同类履行判项强制执行问题研究》，内蒙古大学 2020 年硕士学位论文。

和上诉权，应当通过另行起诉方式解决。

如本案情形，虽然生效民事判决确认卓某房地产开发公司与陆某军签订的合同合法有效，并判决继续履行，形式上具有继续履行的给付内容，但是在本质上该判决应定位于“确认当事人之间的协议有效、当事人应按照协议履行”的确认判决，而非给付判决，因此其判决的既判力范围仅在于确认案涉协议书合法有效及所存在的给付内容合法有效。在该判决并未对当事人争议的土地使用权范围之继续履行内容进行审理和裁判的前提之下，原则上不能产生给这一履行内容的既判力。因此，在案涉执行依据对于土地使用权过户范围的争议并未进行实体审理，且本案已经发生法律效力进入执行程序的情况下，围绕本案继续履行内容的争议，属于新发生的实体争议，本案当事人可提起新的实体诉讼进一步确认。在本案诉讼对于当事人之间履行争议的实体内容并不产生既判力的情况下，如果本案当事人就本案所涉实体问题争议提起新的诉讼、请求明确继续履行内容，也并不违反一事不再理原则。

综上所述，在本案继续履行判决内容并不明确具体、当事人围绕案涉土地使用权产生重大争议的情况下，执行部门在执行程序中对当事人存在重大争议的案涉土地使用权进行解释并加以执行，与现行司法解释规定要求不符。就本案争议标的，当事人可向人民法院提起新的继续履行诉讼，请求通过实体审理解决所涉继续履行内容之争议。

最高人民法院执行监督合议庭成员：邵长茂　仲伟珩　林莹

（编写人：仲伟珩*　魏丹**　审稿人：李明）

---

* 仲伟珩，法学博士，中华人民共和国最高人民法院执行局，二级高级法官。

** 魏丹，法律硕士，中华人民共和国最高人民法院执行局，二级高级法官助理。

知识产权

青岛福某电子有限公司
与
郑某红、湛江市一某电器有限公司等
侵害商标权纠纷案

——基于恶意注册商标提起的侵权主张不应得到支持

【裁判摘要】

民事主体应当遵循诚实信用原则，在不损害他人和社会公共利益的前提下，善意、审慎地行使自己的权利。对于违反诚实信用原则，损害他人合法权益，扰乱市场正当竞争秩序，恶意取得、行使商标权并主张他人侵权的民事主体，人民法院经审查认为构成权利滥用的，应认定其诉讼请求缺乏合法权利基础，并判决对其诉讼请求不予支持。

【案件基本信息】

1. 诉讼当事人

再审申请人（一审被告、二审上诉人）：青岛福某电子有限公司（以下简称福某电子公司）

被申请人（一审原告、二审被上诉人）：郑某红

被申请人（一审原告、二审被上诉人）：湛江市一某电器有限公司（以下简称一某电器公司）

一审被告：亚某有限公司（以下简称亚某公司）

2. 案件索引与裁判日期

一审：广东省深圳市中级人民法院（2016）粤 03 民初 1174 号判决（2019 年 6 月 19 日）

二审：广东省高级人民法院（2019）粤民终 1945 号判决（2020 年 7 月 9 日）

再审：最高人民法院（2021）最高法民再 30 号判决（2022 年 3 月 21 日）

3. 案由

侵害商标权纠纷

【简要案情】

郑某红及一某电器公司系“一品石”注册商标的权利人，该商标核定使用在第 11 类“电压力锅（高压锅）”等商品上。福某电子公司销售的电压力锅锅盖及外包装盒上标注了“一品石”文字，郑某红及一某电器公司主张福某电子公司的行为侵害了其注册商标专用权，故诉至法院，请求：判令福某电子公司立即停止侵害“一品石”商标专用权的行为；判令亚某公司立即停止销售使用被诉标识的商品；判令福某电子公司、亚某公司赔偿郑某红、一某电器公司经济损失人民币 1000 万元并支付合理费用 8 万元。

广东省深圳市中级人民法院一审认为，福某电子公司的被诉侵权行为侵害了郑某红及一某电器公司的商标专用权，故判决其停止侵权行为，赔偿郑某红、一某电器公司经济损失并支付维权合理费用合计人民币 600 万元。福某电子公司不服上述判决提起上诉，广东省高级人民法院二审判决驳回上诉，维持原判。福某电子公司不服上述判决，向最高人民法院申请再审，请求撤销一审、二审判决；改判驳回郑某红、一某电器公司的诉讼请求。

【案件焦点】

福某电子公司的行为是否侵害了郑某红及一某电器公司的注册商标专用权并应承担相应赔偿责任。

【裁判结果】

最高人民法院再审认为，根据另案判决认定，福某电子公司是“一品石”美术作品的著作权人，其著作权应当依法受到保护。由于“一品石”美术作品的创作完成时间早于涉案商标标志的创作完成时间，故福某电子公司对“一品石”标识拥有合法的在先著作权。涉案商标由中文文字“一品石”构成，与福某电子公司享有在先著作权的文字构成完全相同。由于“一品石”系臆造词，具有较强的显著性，在完全没有接触的情况下，因巧合而出现雷同使用的可能性较低。郑某红在“一品石”注册商标创作完成前，具有对福某电子公司“一品石”美术作品接触的可能性，在此情况下，郑某红仍在电饭锅等商品上申请注册“一品石”商标，并许可一某电器公司在相关商品上使用，其行为缺乏正当性，已构成对福某电子公司在先著作权的侵害。据此，该案判决由郑某红及一某电器公司承担相应侵权责任。

民事诉讼活动应当遵循诚实信用原则。一方面，它保障当事人有权在法律规定的范围内行使并处分自己的民事权利和诉讼权利；另一方面，它又要求当事人在不损害他人和社会公共利益的前提下，善意、审慎地行使自己的权利。任何违背法律目的和精神，以损害他人正当权益为目的，恶意取得并行使权利、扰乱市场正当竞争秩序的行为均属于权利滥用，其相关权利主张不应得到法律的保护和支持。根据最高人民法院第 82 号指导案例裁判要点，当事人违反诚实信用原则，损害他人合法权益，扰乱市场正当竞争秩序，恶意取得、行使商标权并主张他人侵权的，人民法院应当以构成权利滥用为由，判决对其诉讼请求不予支持。本案中，由于郑某红及一某电器公司取得及使用涉案商标权的行为系在侵犯福某电子公司合法在先著作权的基础上进行，该行为违反了诚实信用原则，不具有正当性，但其仍据此向福某电子公司提起商标侵权之诉，其诉讼行为构成权利滥用，其诉讼请求缺乏合法的权利基础，不应予以支持。因此，最高人民法院判决撤销一审、二审判决，驳回郑某红及一某电器公司的诉讼请求。

【裁判摘要评析】

遏制商标恶意注册是商标行政管理和商标权利保护方面的重要目标之一。通常来说，对于存在恶意注册情形的商标，相关主体可以依法对其提出异议或无效宣告请求，商标行政管理机关亦可依职权对部分法定情形下的商标恶意注册申请予以驳回或宣告其无效。也就是说，实践中，我们主要通过在商标授权确权行政程序中采用驳回、不予注册或宣告无效等行政手段，实现对恶意商标注册行为的规制。但是，鉴于行政手段往往存在程序相对烦琐，经历时间较长等情况，商标从业人员、行业协会以及相关权利人，特别是被抢注人希望能有一种更加有效便捷的途径，帮助他们对商标恶意注册行为作出更加直接快速的应对。近年来，人民法院在司法实践中对这方面进行了很多有益探索，本案即是一个典型例证。本文将借由此案分析商标恶意注册行为的规制路径以及人民法院在通过民事诉讼打击商标恶意注册行为方面所做的探索和努力。

一、商标恶意注册行为的行政规制路径

通常来说，对于存在恶意注册情形的商标，相关主体可以依法对其提出异议或无效宣告请求，商标行政管理机关亦可依职权对部分法定情形下的商标恶意注册申请予以驳回或宣告其无效。也就是说，通过在商标授权确权行政程序中采用驳回、不予注册或宣告无效等行政手段，实现对恶意商标注册行为的规制。在行政程序中，商标行政主管机关及法院聚焦恶意注册行为本身，不准许恶意申请注册的商标获得授权或使已经获得授权的恶意注册商标丧失效力，由此从根本上制止恶意注册的商标取得权利，把此类商标挡在注册大门之外。

实践中，考虑到商标恶意注册行为的不同类型，现行《商标法》对各种商标恶意注册行为设置了不同的规制程序。对于涉及绝对事由的不以使用为目的的恶意注册商标，商标行政主管机关有权驳回其注册申请；如已经初审公告的，任何人均可对此类商标提出不予注册申请；如已经获得注册，商标行政主管机关有权宣告此类商标无效，其他任何主体亦可申请宣告此类商标无效或以无正当理由连续三年不使用为由申请撤销此类商标。对于同属绝对事由的“以欺骗手段或者其他不正当手段取得注册的商标”，商标行政主管机关有权宣告此类商标无效，其他任何主体亦可申请宣告此类商标无效。对于涉及相对事由的“基于代理、合同、业务往来等关系抢先注册他人的商标”以及“损害他人在先权利或以不正当手段抢先注册他人已经使用并有一定影响的商标”，鉴于该两种情形均存在特定的在先权利人或利益受损方，故《商标法》规定，在初审公告时，在先权利人或利害关系人可以对此类商标提出不予注册申请；如已经获得注册，前述主体还可申请宣告此类商标无效。当然，在上述行政程序之后，人民法院还可以依法进行授权确权司法审查程序。

行政规制方式以不准许恶意申请注册的商标获得注册或使此类商标失去效力为目标，能够从根源上制止恶意注册的商标发生效力，因此，实践中多采用行政规制方式打击恶意注册行为。在商标民事侵权案件中，如权利商标存在恶意注册的情形，被诉侵权人通常亦先对恶意注册商标提出无效宣告请求，或等待相关无效宣告行政程序的结果，再进行民事维权。但是，在行政程序尚未完结的情况下，法院通常无法对恶意注册商标的效力予以认定，并直接支持被诉侵权人的诉讼主张；如在民事诉讼中等待行政程序完结再处理民事争议，又难免会因为诉讼拖延导致当事人权益受损或根本无法得到保护的局面。此外，对于已经获得注册超过五年的商标，除非在先权利商标已经达到驰名，否则通常无法通过行政程序实现无效宣告的目的。

因此，我们在民事侵权诉讼中也需要一种更加有效、便捷的途径，让法院有发挥能动司法的空间，保障被诉侵权人有可能对他人的商标恶意注册行为予以回击，及时有效地维护自身合法权益，避免等待烦冗甚至循环往复的行政程序的结果。近年来，人民法院在司法实践中对这方面进行了诸多有益探索。

二、民事诉讼对商标恶意注册行为规制的探索

在民事侵权案件中，如果据以主张他人侵权的注册商标确系恶意获得注册的，那么该商标权利人的诉讼行为就违背了诚实信用原则，构成权利滥用。如果法院仍以该商标系注册商标就对其予以法律保护，无疑有悖于商标保护制度的初衷。因此，法院针对恶意注册商标的权利滥用行为应予以否定评价，对恶意注册商标的权利人据此提出的侵权主张不予支持，并责令其为此付出相应金钱代价，以避免其因商标恶意注册行为获得不当利益。

近年来，人民法院处理了大量依据恶意注册商标主张侵权的民事案件，在审判实践中逐步探索出利用民事审判手段直接打击商标恶意注册行为，不仅节约了审判资源，也大大提高了纠纷解决效率，充分发挥出司法对市场运行规范的引领作用。随着法院对商标恶意注册行为的规制力度逐渐加大，以及相关法律制度的日趋完善，目前已有越来越多的被抢注人开始选择在民事侵权诉讼中与商标恶意注册行为“正面交锋”，通过提出恶意注册抗辩的方式对抗恶意抢注人的侵权主张。“歌某”案、“优某”案以及本案都是典型案例。

在最高人民法院第 82 号指导案例“歌某”案〔1〕中，最高人民法院通过对该案的裁判，确立了诚实信用原则在商标领域的适用规则，表达了对恶意取得注册并利用商标权谋取不正当利益行为不予保护的鲜明态度，树立了以民事诉讼裁判的方式对商标恶意注册行为进行司法否定的标杆。在该案判决中，最高人民法院指出，诚实信用原则是一切市场活动参与者均应遵循的基本准则，商标领域也不例外，任何违背法律目的和精神，以损害他人正当权益为目的，恶意取得并行使权利、扰乱市场正当竞争秩序的行为均属于权利滥用，其相关主张不应得到法律的保护和支持。

对于恶意囤积的商标注册行为，同样也可以通过民事诉讼程序予以规制。在“优某”案〔2〕中，最高人民法院认为，涉案注册商标权利人以不正当方式取得商标权后，目标明确指向被诉侵权人，意图将该商标高价转让。在未能成功转让该商标后，又分别以被诉侵权人及其各自门店侵害该商标专用权为由，以基本相同的事实提起系列诉讼，利用被诉侵权人门店众多的特点，形成全国范围内的批量诉讼，请求法院判令被诉侵权人及其众多门店停止使用并索取赔偿，主观恶意明显，其行为明显违反诚实信用原则，对其借用司法资源以商标权谋取不正当利益的行为，依法不应予以保护。

本案深化并延续了“歌某”案和“优某”案中“对明显违反诚实信用原则，借用司法资源以商标权谋取不正当利益的行为，依法不应予以保护”

〔1〕 最高人民法院民事判决书，（2014）民提字第 24 号。

〔2〕 最高人民法院民事判决书，（2018）最高法民再 396 号。

的裁判思路，针对被诉侵权人福某电子公司就涉案商标“一品石”提出的侵害其在先著作权，构成恶意注册的主张，法院在审查相关事实的基础上，认定福某电子公司对涉案商标文字“一品石”享有在先著作权，郑某红申请注册涉案商标侵害了福某电子公司在先著作权，并进而认定郑某红和一某电器公司依据涉案商标提起的商标侵权之诉违反了诚实信用原则，其诉讼请求缺乏合法权利基础，最终判决驳回了其诉讼请求。最高人民法院在该案判决中指出，民事诉讼活动应当遵循诚实信用原则。一方面，它保障当事人有权在法律规定的范围内行使并处分自己的民事权利和诉讼权利；另一方面，它又要求当事人在不损害他人和社会公共利益的前提下，善意、审慎地行使自己的权利。任何违背法律目的和精神，以损害他人正当权益为目的，恶意取得并行使权利、扰乱市场正当竞争秩序的行为均属于权利滥用，其相关权利主张不应得到法律的保护和支持。

实践中，还存在其他情形的恶意注册行为，亦可能成为被诉侵权人主张注册商标构成恶意注册的理由。人民法院在审理此类案件时，应着重审查主张权利的注册商标本身的合法性和正当性，同时应当结合他人在先权利的类型、保护范围以及被诉侵权行为的具体情形等因素进行综合判断，如果注册商标权利本身不具有正当性，存在恶意注册的情况，则不应支持该注册商标权人提出的侵权主张。

为了达到在对商标恶意注册行为进行否定评价的同时，对依据该商标恶意提起侵权诉讼的行为进行惩治，并保护合法经营主体权益、维护正常市场秩序的目的，最高人民法院还在《民事案件案由规定》中专门设置了“因恶意提起知识产权诉讼损害责任纠纷”案由，为因恶意诉讼遭受损害的当事人提供了另一救济途径。在某恶意提起知识产权诉讼损害责任案[1]中，最高人民法院明确了判断被告提起侵权诉讼是否具有主观恶意的相关标准，指出应当从侵害行为、损害结果、侵害行为与损害结果之间的因果关系以及行为人的主观过错等几方面进行审查，重点考虑被告的权利基础及其对该种权利基础的认识能力，以及被告提起商标侵权诉讼的目的等因

〔1〕 最高人民法院民事判决书，（2019）最高法民申366号。

素，为类似案件的处理提供了指引。此外，最高人民法院还出台了《关于知识产权侵权诉讼中被告以原告滥用权利为由请求赔偿合理开支问题的批复》，明确对于依据恶意注册的商标提起的侵权诉讼，被诉侵权人依法请求注册商标权利人赔偿其因该诉讼所支付的合理的律师费、交通费、食宿费等开支的，人民法院对此应当予以支持。

三、结论

商标恶意注册是商标法领域亟待解决的问题，实践中，无论恶意注册行为的具体情形如何，其本质都是该商标不具有合法的权利基础，不应获得授权。近期公布的《商标法修订草案（征求意见稿）》中，增加了不少关于商标恶意注册及恶意诉讼民事赔偿方面的规定，充分体现了民事诉讼在规制商标恶意注册行为方面的重要作用。通过民事诉讼对商标恶意注册行为进行规制，对建设健康有序的商标秩序，净化市场环境，遏制利用不正当取得的商标权进行恶意诉讼的行为具有重要意义。

最高人民法院再审合议庭成员：晏景　李丽　江建中

（编写人：晏景[*]　曹佳音[**]　审稿人：丁文严）

---

* 晏景，法学博士，中华人民共和国最高人民法院民事审判第三庭，二级高级法官。

** 曹佳音，法学博士，中华人民共和国最高人民法院民事审判第三庭，二级高级法官助理。

成都柴某餐饮管理有限责任公司
与
内江市东兴区鸿某餐饮店、
陈某婷
侵害商标权纠纷案

——近似服务商标侵权认定的考量因素

【裁判摘要】

对于服务商标侵权纠纷中被诉行为是否构成侵权的认定，应当充分考量商标整体结构及构成要素的近似程度、注册商标的显著性和知名度等因素，合理定位服务商标的区域性问题，以是否容易导致相关公众的混淆作为认定标准。

【案件基本信息】

1. 诉讼当事人

再审申请人（一审原告、二审上诉人）：成都柴某餐饮管理有限责任公司（以下简称成都柴某餐饮公司）

被申请人（一审被告、二审被上诉人）：内江市东兴区鸿某餐饮店（以下简称内江鸿某餐饮店）

被申请人（一审被告、二审被上诉人）：陈某婷

2. 案件索引与裁判日期

一审：四川省内江市中级人民法院（2019）川10知民初62号判决（2019年11月15日）

二审：四川省高级人民法院（2021）川知民终175号判决（2021年5月25日）

再审审查：最高人民法院（2021）最高法民申 7553 号裁定（2021 年 12 月 16 日）

3. 案由

侵害商标权纠纷

【简要案情】

原告成都柴某餐饮公司于 2019 年 8 月 27 日受让第 5198308 号注册商标，该商标由图形、英文、中文繁体字组成，核定使用商品/服务项目包括第 43 类餐馆等类别。成都柴某餐饮公司于 2019 年 6 月 3 日申请对四川省范围内相关涉嫌商标侵权行为的店铺进行保全证据公证。根据涉案公证书中所附照片显示：内江鸿某餐饮店的店门正上方招牌为“鸿禧柴門”，店门旁边招牌为“鸿禧柴门”；内江鸿某餐饮店印制的订餐卡正反面有“鸿禧柴门土菜馆”字样，“柴门”二字字体为简体字。

成都柴某餐饮公司以内江鸿某餐饮店侵害其涉案注册商标专用权为由将其起诉至四川省内江市中级人民法院，请求判令内江鸿某餐饮店立即停止侵害第 5198308 号注册商标专用权的行为，拆除店内带有“柴门及图”等相同或近似标识的店招、门头灯，并禁止在提供服务或对外宣传时使用上述标识；内江鸿某餐饮店赔偿其经济损失 10 万元。

内江鸿某餐饮店辩称，“鸿禧”是内江鸿某餐饮店商标，取名“鸿禧柴门”源于该店经营者之母居住于内江市东兴区“柴家坝”，希望开店后门庭兴旺，用“柴门”二字只是巧合。内江鸿某餐饮店装修风格与成都柴某餐饮公司不同，成都柴某餐饮公司属于“高档路线”，而内江鸿某餐饮店系“大众消费”，两家菜品也不同。内江鸿某餐饮店所使用标识均为“鸿禧柴门”，未单独使用“柴门”字样，未侵犯成都柴某餐饮公司的注册商标专用权，请求驳回成都柴某餐饮公司的诉讼请求。

一审法院于 2019 年 11 月 15 日作出（2019）川 10 知民初 62 号判决，认为内江鸿某餐饮店未侵犯成都柴某餐饮公司的涉案注册商标权，驳回成都柴某餐饮公司的诉讼请求。成都柴某餐饮公司不服，向四川省高级人民法院提起上诉。本案二审期间，内江鸿某餐饮店注销，其经营者陈某婷作为诉讼权利义务继受人参加诉讼。二审法院于 2021 年 5 月 25 日作出

（2021）川知民终175号判决，驳回上诉，维持一审判决。成都柴某餐饮公司不服，向最高人民法院申请再审。

【案件焦点】

内江鸿某餐饮店的被诉侵权行为是否侵犯成都柴某餐饮公司的涉案注册商标权。

【裁判结果】

最高人民法院经审查认为，涉案商标为图文组合商标，由“图形”、英文“bavindoor”及中文“柴門”组成。经比较，被诉侵权行为所使用的标识为“鸿禧柴门”“鸿禧柴门土菜馆”，与涉案注册商标在整体结构、呼叫及图案等方面均存在一定差异。原审判决基于涉案注册商标与被诉侵权行为所使用的标识存在的差异及成都柴某餐饮公司与内江鸿某餐饮店在装修风格、市场定位、消费群体等方面的不同，综合认定内江鸿某餐饮店使用被诉标识的行为，不易导致相关公众的混淆或者误认，进而认定不构成商标侵权，符合本案实际情况，并无不当，裁定驳回成都柴某餐饮公司的再审申请。

【裁判摘要评析】

一、近似服务商标侵权认定的基本规则

根据《商标法》第57条第2项的规定，未经商标注册人的许可，在同一种商品上使用与其注册商标近似的商标，或者在类似商品上使用与其注册商标相同或者近似的商标，容易导致混淆的行为，属于侵犯商标专用权的情形。同时，《商标法》给予了服务商标与商品商标同样的保护。根据上述规定，在同一种服务上使用与他人注册商标近似的商标、在类似服务上使用与他人注册商标相同或者近似的商标的行为，也应当以“是否容易导致混淆”作为判断商标侵权的依据。商标的基本功能在于识别商品或者服务的来源，混淆行为实质上破坏了识别功能的发挥，割裂了商标与指示的商品或者服务之间的对应关系，使相关公众对商品或者服务的来源产生了误认。因此，“是否容易导致混淆”应系包含服务商标在内的商标侵权认定中的基本标准，可能导致相关公众对商品或者服务来源产生混淆，是构成商标侵权的必要条件。除非存在混淆的可能性，否则不应当认定构成商标侵权。[1]

商标标识本身的近似与“是否容易导致混淆”之间的关系如何界定。有观点认为，按照《商标法》第57条第2项的规定，是否导致相关公众混淆不再是判断商标标识相同或近似的一个要素，而成为近似侵权行为的独立法律构成，也因此使商标标识相同或近似、商品相同或近似判断各自独立化，只需根据商标标识本身的属性、商品或者服务本身的属性进行判断即可。[2] 笔者认为，该观点及思路在认定近似商标侵权方面是可取的。商标是否构成近似、“是否容易导致混淆”均需要进行判断，认定构成商标侵权两者缺一不可。同时，商标标识本身的近似与“是否容易导致混淆”又是有机结合的。在近似商标侵权认定时，商标近似是判断“是否容易导致混淆”的前提和重要因素。个案中，应当考虑商标近似程度及其他相关因素，只有达到容易导致混淆的效果，才能构成商标侵权。如果某个案件中，被诉侵权标识与涉案注册商标存在部分要素相同或者近似，有一定的近似性，但结合其他要素进行综合判断，尚达不到容易导致混淆的程度，那么不宜认定构成商标侵权。

容易导致混淆具体指什么？根据最高人民法院《关于审理商标民事纠纷案件司法解释》的规定，容易导致混淆应当是指“易使相关公众对商品的来源产生误认或者认为其来源与原告注册商标的商品有特定的联系”。国家知识产权局《商标侵权判断标准》第20条规定：“商标法规定的容易导致混淆包括以下情形：（一）足以使相关公众认为涉案商品或者服务是由注册商标权利人生产或者提供；（二）足以使相关公众认为涉案商品或者服务的提供者与注册商标权利人存在投资、许可、加盟或者合作等关系。”从上述规定可知，容易导致混淆包括两种情况，一种是导致相关公众混淆了商品或者服务的来源，这种混淆在司法实践中最为常见。此种情形也称直接混淆，即消费者未能通过商标正确地将来源于不同经营者的商品或者服务区分开。另一种是导致相关公众误认为商品或者服务的提供者与相关注册

---

〔1〕 郎胜主编：《中华人民共和国商标法释义》，法律出版社2013年版，第108页。

〔2〕 李扬：《商标法基本原理》，法律出版社2018年版，第233页。

商标权利人存在关联关系。此种情形也称间接混淆，指使用特定商标的某商品或者服务由经营者乙提供，与经营者甲并无任何关系，而消费者误以为经营者甲与经营者乙之间存在控制、许可或者赞助等关联关系。[1]

司法实践中，容易导致混淆是建立在事实认定基础上的价值判断，应当在具体案件中综合认定。[2] 在商标侵权诉讼中，每个案件的具体情形均不完全相同，例如商品或者服务类似程度、商标相似性及相关公众的认知程度等可能存在差异，即使是同一要素在不同的案件中的重要性也会有一些差别，即判断混淆的相关因素在不同案件中是不一样的，没有“放之四海而皆准”的统一标准。但是，基于商标识别商品或者服务来源的基本功能，一些要素在一般侵权案件中还是均需要重点考虑的。根据国家知识产权局《商标侵权判断标准》第21条规定，判断“是否容易导致混淆”，应当综合考量以下因素以及各因素之间的相互影响：（1）商标的近似情况；（2）商品或者服务的类似情况；（3）注册商标的显著性和知名度；（4）商品或者服务的特点及商标使用的方式；（5）相关公众的注意和认知程度；（6）其他相关因素。该规定对容易导致混淆的考量因素作了进一步说明，司法实践中可以参考。

本案中，一审、二审法院从涉案注册商标与被诉侵权行为使用商标标识的异同、涉案注册商标组成要素的显著性及知名度、相关公众的认知程度及涉案当事人店铺装修风格、市场定位、消费群体等方面进行了综合分析，认定内江鸿某餐饮店的行为不会导致相关公众对相应的服务来源产生混淆，分析方法及考量因素符合服务商标近似判断的基本规则。

二、商标侵权判断中显著性因素的考量

根据最高人民法院《关于审理商标民事纠纷案件司法解释》第10条的规定，判断商标是否近似，应当考虑请求保护注册商标的显著性。国家知识产权局《商标侵权判断标准》也明确指出，判断是否容易导致混淆，应当考量注册商标的显著性。

---

〔1〕 王迁：《知识产权法教程》（第5版），中国人民大学出版社2016年版，第502页。
〔2〕 郎胜主编：《中华人民共和国商标法释义》，法律出版社2013年版，第108页。

从商标识别来源的基本功能考量，商标的显著性与商标的识别功能成正比，也与商标权的保护范围成正比。显著性越强的商标，其识别来源的功能就越强，其可以获得的保护范围就越宽，保护强度相应就越大。反之，其保护范围和强度越窄。在商标侵权案件中，被请求保护的注册商标的显著性程度，也直接影响"是否容易导致混淆"的认定。如果注册商标显著性较强，比如文字商标使用的是臆造性的文字或者字母，是否"容易导致混淆"及构成被诉侵权行为就较容易认定。对于显著性较弱的注册商标，起诉他人商标与自己商标近似就相对难以判断。

显著性是商标的基本特性，不具有显著性的标识不能用于商标注册。显著性一般分为固有显著性和使用显著性。本案中，被诉侵权标识涉及的是文字商标，因此重点对文字商标的显著性问题进行说明。一般来讲，固有显著性较强的是运用臆造词汇包括中文或者英文等注册的商标，臆造词汇不属于现有词汇，本身除了指代特定商品或者服务来源之外并无其他含义，将其作为指示商品或者服务来源具有先天显著性；而对于普通词汇特别是描述性词汇，通过长时间持续广泛的宣传与使用，才能获得使用显著性，才能使相关公众将普通词汇组成的商标与特定的商品或者服务来源产生对应关系。因此，以普通词汇注册的商标，商标权人所享有的专用权不能视为对该词汇的垄断，借以排除他人在不误导公众的前提下合理使用该词汇。[1] 本案中，被诉侵权行为使用了涉案注册商标中的文字"柴门"，"柴门"二字并非臆造词，属于现有词汇，意指简陋的门，在古代诗词中多有体现，亦有多家餐饮企业名称或者商标中包含了"柴门"二字。"柴门"作为一种普通词汇用在餐饮等服务上，其本身识别来源的显著性并不强。一审法院认为，"柴门"作为商标本身不具有显著性，成都柴某餐饮公司拥有的注册商标除有"柴门"二字的中文外，还有图形及英文，正是这种组合才获得了显著性；内江鸿某餐饮店在使用"柴门"二字的同时，使用了其企业名称中的"鸿禧"二字，并非仅将"柴门"二字作为商

[1] 尹为、魏大海、杜健：《特殊情况下构成要素相同商业标识的善意共存——钱文公司诉阳光钱柜公司侵犯商标权纠纷案评析》，载《科技与法律》2012 年第 3 期。

标性使用，综合考虑其他因素，认定内江鸿某餐饮店使用被诉标识的行为，不易导致相关公众的混淆，是合理的。

三、服务商标侵权判断中地域性因素的考量

与商品有形性及自由流动相比，服务的无形性特征决定了服务商标与地域的联系更加密切。服务商标的使用一般体现在特定地域内的服务场所的招牌、装潢、工具、用品等与服务相关的物品上，受限于对服务场所、服务工具等的需求，一般情况下，大多数服务提供者不太可能随时移动提供服务，消费者也选择在当地接受服务。特别是在餐饮、住宿等领域，该特点更加明显。而且，服务没有商品的流通性强，其商标的知名度一般也限于服务所覆盖的地域，服务商标的地域性特征往往会对侵权判断产生影响。

在服务商标侵权纠纷案件中，商标地域性因素可以作为判断“是否容易导致混淆”的一个因素。但应当明确的是，如前所述，在注册商标专用权保护方面，服务商标与商品商标是相同的，获得注册的服务商标的专用权及排斥效力及于全国，服务商标实际使用的服务覆盖区域也不等同于服务商标专用权效力的地域。另外，服务商标没有覆盖的地域的消费者现实中可能不会产生实际混淆，但商标侵权判定的基本标准是容易造成混淆，不能将实际混淆等同于混淆可能性或者容易导致混淆。容易导致混淆需要综合各方面进行判断，不宜仅以被诉侵权行为所在地区没有注册服务商标提供的相应服务，就一律认定为不易导致混淆。特别是随着信息技术和互联网经济的高速发展，物力、人力及资本等生产要素的流动变得异常便利，“线上服务”“上门服务”涉及的领域也越来越广，逐步打破了区域限制。相应地，指向某种服务来源的品牌可以快速覆盖至更为广阔的地域范围，服务商标的地域性进一步弱化。

司法实践中，分析服务商标的地域性对“是否容易导致混淆”的影响时，往往与注册服务商标的知名度结合在一起。注册服务商标知名度越大，那么商标地域性问题对容易导致混淆的影响就越小。本案中，一审法院基于成都柴某餐饮公司在被诉侵权行为所在的内江市及周边城市并未开设关联门店，也未在内江市投放相应广告宣传，认定涉案商标知名度在内江市并不显著，未达到广为知晓的程度，结合本案其他的因素，进而认定内江鸿某餐饮店的行为不构成“容易导致混淆”的情形。一审法院将注册服务商标地域性问题与知名度结合起来进行分析，并将其作为判断“是否容易导致混淆”的一个因素，是合理的。

最高人民法院再审审查合议庭成员：张志弘　李丽　许常海

（编写人：许常海* 张博** 审稿人：丁文严）

---

* 许常海，中华人民共和国最高人民法院民事审判第三庭，三级高级法官。

** 张博，中华人民共和国最高人民法院民事审判第三庭，二级高级法官助理。

浙江荣某教育集团有限公司、诸暨荣某学校与海某教育管理集团有限公司、海某集团有限公司等侵害商标权及不正当竞争纠纷案

——竞价排名行为的司法认定

【裁判摘要】

在竞价排名过程中，未经许可擅自将竞争对手的知名商标或企业字号、企业名称设置为关键词，进行“隐性使用”的行为，主观上具有攀附他人商誉的意图，客观上利用竞争对手知名商标或企业字号、企业名称的市场知名度和影响力，将原属于竞争对手的流量吸引至自身网站，从而获取竞争优势。此种参与竞争的方式和手段，不仅直接损害了竞争对手的权益，扰乱了正常的互联网竞争秩序，同时也对消费者权益及社会公共利益造成了损害，违反了诚实信用原则和商业道德准则，应适用《反不正当竞争法》第2条第2款的规定予以规制。

【案件基本信息】

1. 诉讼当事人

再审申请人（一审被告、二审上诉人）：浙江荣某教育集团有限公司

再审申请人（一审被告、二审上诉人）：诸暨荣某学校

再审申请人（一审原告、二审被上诉人）：海某教育管理集团有限公司

再审申请人（一审原告、二审被上诉人）：海某集团有限公司

再审申请人（一审原告、二审被上诉人）：海某小学

再审申请人（一审原告、二审被上诉人）：海某初级中学

再审申请人（一审原告、二审被上诉人）：海某高级中学

再审申请人（一审原告、二审被上诉人）：海某实验中学

再审申请人（一审原告、二审被上诉人）：海某外国语学校

再审申请人（一审原告、二审被上诉人）：海某艺术中学

再审申请人（一审原告、二审被上诉人）：诸暨市海某外语中学有限公司

2. 案件索引与裁判日期

一审：浙江省绍兴市中级人民法院（2019）浙 06 民初 579 号判决（2020 年 4 月 8 日）

二审：浙江省高级人民法院（2020）浙民终 463 号判决（2020 年 12 月 31 日）

再审：最高人民法院（2022）最高法民再 131 号判决（2022 年 11 月 28 日）

3. 案由

侵害商标权及不正当竞争纠纷

【简要案情】

海某方[1]系于 1996 年至 2018 年 8 月期间成立的教育机构，主要业务范围为小学、初中、高中等学历教育，其主张权利的“海亮”商标及企业名称、字号在教育、培训行业具有较高的知名度。荣某方[2]系于 2001 年至 2002 年 12 月期间成立的教育培训机构，主要经营范围亦为小学、初中、普通高中学段学历教育，与海某方属同一地域的同业竞争者。荣某方通过有偿购买方式，在 360 搜索引擎后台的推广账户中设置了 43 个含有“海亮”字样的关键词，进行竞价排名。根据公证书的记载，在“360 安全浏览器”“www. so. com”网站搜索栏输入“诸暨海亮学校统一招生热线”等关键

---

〔1〕 海某方指海某教育管理集团有限公司、海某集团有限公司、海某小学、海某初级中学、海某高级中学、海某实验中学、海某外国语学校、海某艺术中学、诸暨市海某外语中学有限公司。

〔2〕 荣某方指浙江荣某教育集团有限公司和诸暨荣某学校。

词，在搜索结果的词条中显示包含有“海亮”的描述语，但点击该链接最终显示为荣某方的推广网站；在“www.360.cn”网站搜索栏输入“海亮”等搜索词，搜索结果较为靠前位置的词条却显示了荣某方的推广链接，词条中未出现“海亮”字样，且点击该链接后最终进入的仍是荣某方的网站，网站内容为荣某方的招生信息和广告。海某方以荣某方将其商标及企业名称、字号作为关键词进行竞价排名的行为构成商标侵权及不正当竞争为由，诉请判令荣某方承担停止侵权、消除影响、赔偿损失等侵权责任。

一审法院于2020年4月8日作出（2019）浙06民初579号判决，认定荣某方的被诉侵权行为既侵害了海某方的“海亮”注册商标专用权，又侵害了海某方的企业名称权，同时构成商标侵权和不正当竞争，应承担相应侵权责任。遂判令荣某方立即停止侵权、消除影响，并赔偿海某方经济损失300万元。荣某方不服一审判决，提起上诉。

二审法院于2020年12月31日作出（2020）浙民终463号判决，认定一审法院关于荣某方对涉案关键词显性使用的行为（搜索结果中显示“海亮”字样的关键词使用行为）构成商标侵权及不正当竞争，并无不当；但对于搜索结果词条中未直接体现“海亮”文字的情形，在案证据不足以证明前端的展示结果系由后台关键词设置所导致，故不能认定荣某方实施了对涉案关键词的隐性使用行为。即使荣某方对涉案关键词进行了隐性使用，因为从搜索结果来看并未妨碍海某方的网站在公众面前展示，考虑到消费者的认知情况，不会导致混淆、误认的损害后果。故荣某方对“海亮”关键词的隐性使用行为既不构成商标侵权也不构成不正当竞争。二审法院改判由荣某方赔偿海某方经济损失50万元。

判决生效后，双方当事人均不服二审判决，对二审判决的事实认定及法律适用均提出异议，向最高人民法院申请再审。

【案件焦点】

商家在进行关键词商业推广即竞价排名过程中，未经许可擅自将竞争对手的商标、企业字号或企业名称设置为关键词隐性使用的行为，是否构成不正当竞争。

【裁判结果】

最高人民法院经审理认为，根据在案证据，荣某方在360搜索引擎后台的推广账户中设置了43个含有“海亮”字样的关键词，而公证书显示通过搜索包含“海亮”的搜索词能够得到荣某方的推广链接。在奇某公司并未提供涉案关键词在2019年的点击量和展示量相关数据的情况下，不但不能排除荣某方在360搜索引擎后台设置关键词的行为与前端展示的搜索结果之间存在因果关系，而且该搜索结果系由后台关键词的设置所触发的可能性极高，二者之间具有相当因果关系，荣某方的上述行为构成对涉案关键词的隐性使用，二审判决认定相关事实存在错误。荣某方在竞价排名过程中，未经海某方许可，擅自将包含有海某方知名商标和企业名称的“海亮”文字设置为关键词，用以推广自身品牌的行为方式和手段不正当地利用了海某方“海亮”商标和企业名称在消费者心目中的知名度和市场影响力，不仅损害了海某方的商业权益，也妨碍了搜索引擎基本功能的正常发挥，以及网络用户对搜索引擎的正常使用，扰乱了正常的互联网竞争秩序，违反了诚实信用原则和商业道德准则，构成不正当竞争。最终，最高人民法院依据2019年修正的《商标法》及《反不正当竞争法》相关规定，判令荣某方立即停止其在360搜索引擎中设置带有“海亮”“海亮教育”字样关键词的行为，以及在360搜索结果页面的相关网站推广内容中使用含“海亮”字样的行为；判令荣某方在其官方网站、微信公众号上刊登声明，消除本案影响；并改判由荣某方赔偿海某方经济损失及合理费用260万元。

【裁判摘要评析】

本案主要涉及互联网领域的竞价排名行为是否具有正当性以及应当如何判定的问题。司法实践中对竞价排名时未经许可擅自将他人的商业标识设置为关键词，进行“隐性使用”的行为应如何定性一直存有不同认识：一种观点认为，该行为不构成不正当竞争。主要理由为：隐性使用行为未妨碍相关权利人信息的展示，也未导致相关公众混淆、误认等后果，且从互联网经济的角度来看，商业行为应遵从效率优先原则，即使权利人受到一定程度的利益损失，亦属于竞争中应当承受的正常竞争风险；再者，《反

不正当竞争法》所列举的不正当竞争行为，并未包含此种侵权形式……[1]

另一种观点则认为，该行为构成不正当竞争。主要理由为：行为人将他人尤其是竞争对手的企业名称或字号设置为关键词，不仅缺乏正当理由，而且具有利用他人商誉、不正当获取竞争利益的主观故意；隐性使用行为使侵权主体的推广链接出现在搜索结果的较前位置，极有可能诱导相关公众点击该网站，从而使相关权利人失去潜在的商业交易机会，利益受到损害，故应当认定构成不正当竞争。[2]

本案再审判决即采第二种观点。再审判决从分析竞价排名商业模式的性质、特点，关键词的选取、设置以及与前端展示结果的关系等问题着手，判定侵权人具有攀附他人商誉的主观意图。从侵权行为所导致的客观后果出发，深入揭示该行为背后争夺的目标是与商业利益密切相关的消费者注意力和流量，不仅直接侵害了权利人的合法权益，同时亦对搜索引擎的功能、网络用户的选择意愿均造成一定程度的干扰。如果对该行为不予以规制，亦会挫伤其他市场主体诚信经营的积极性，不利于维护公平的市场竞争秩序。本案再审判决以社会主义核心价值观为引领，对二审进行提审并改判，判决结果既体现了对经营者基于诚信经营所形成的合法财产性权益的保护，又强调了经营者在竞价排名过程中遵守诚实信用原则和商业道德准则的行为标准，兼顾公平与效率。该判决结果有助于将社会主义核心价值观融入经营者的市场行为，有利于营造公平竞争的市场秩序，推动社会主义市场经济的健康发展。

在弘扬社会主义核心价值观的背景之下，要实现市场经济的健康发展，市场主体的竞争自由和创新自由应建立在遵循诚实信用原则、遵守商业道德准则的基础之上。随着互联网行业的快速发展，互联网领域的不正当竞争行为层出不穷，《反不正当竞争法》第6~12条所列举的具体不正当竞争行为方式已难以涵盖现实中存在的所有不正当竞争行为。而《反不正

---

〔1〕 参见江苏省高级人民法院民事裁定书，(2017) 苏民申 2676 号；上海市浦东新区人民法院民事判决书，(2020) 沪 0115 民初 3814 号。

〔2〕 参见最高人民法院民事裁定书，(2015) 民申字第 3340 号；北京市高级人民法院民事判决书，(2018) 京民再 177 号；北京知识产权法院民事判决书，(2019) 京 73 民终 3873 号。

当竞争法》第2条被称为一般条款，通常认为一般条款可以用以对具体规范加以进一步的解释，更可补充漏洞。[1] 而适用一般条款认定《反不正当竞争法》列举以外的不正当竞争行为时，要着重分析行为对竞争的危害后果。在行为既具有损害竞争的后果又具有促进竞争的后果或者具有其他有利后果时，要进行利弊分析对比。由于竞争行为具有固有的“损人利己”性，即使正当的竞争行为也是如此，因此发生损害的竞争行为的正当与否，要以诚实信用原则和商业道德准则为判断标准，而对其损害性的判断，则应当考虑是否存在损害了其他经营者的合法权益，扰乱社会经济秩序的情形。故判定互联网领域的竞价排名行为正当与否，应当结合互联网经济环境下竞价排名这一具体商业模式的性质和特点，判断行为人的主观状态，并综合考量该行为对经营者利益、消费者权益、市场竞争秩序、社会公共利益等方面造成的影响，依法作出判定。

首先，应结合竞价排名商业模式的性质和特点来分析被诉侵权人实施被诉侵权行为的主观意图、行为结果以及二者之间的因果关系。竞价排名是由推销产品或服务的商家通过购买搜索引擎的推广服务，自主选取一定数量的关键词在搜索引擎后台进行设置，用以推广自身网站的一种商业行为。在竞价排名商业模式下，多个主体购买同一关键词的，通常出价高者在搜索结果中的排序靠前。所选取的关键词在消费者心目中知名度越高，该关键词与消费者输入搜索词的匹配度就相应越高，商家的推广链接就越能够从海量的互联网信息中“脱颖而出”，从而获得宣传、推广的广告效应。

被诉侵权人选取的他人商标或字号，在相关领域具有很高的知名度和影响力，这种知名度和影响力是权利人经过长期使用、广泛宣传所积累的市场成果和商誉，应当受到法律保护。被诉侵权人作为同业竞争者，对该品牌的知名度和影响力显然应当知晓，但其在竞价排名过程中，不但没有对该商标予以避让，反而将其在搜索引擎后台设置为关键词；其主观上具有攀附“海亮”品牌商誉的故意，且利用“海亮”品牌知名度将消费者的

---

〔1〕 梁慧星：《民法解释学》，中国政法大学出版社1995年版，第292-298页。

注意力吸引到自身品牌上来的意图十分明显。虽然被推广链接的标题及该链接目标网站所展示的内容均不含有与“海亮”相关的标识或宣传内容，似不会导致消费者的混淆、误认，但从被诉侵权行为导致的后果来看，由于被诉侵权人在搜索引擎设置了多个包含有他人商标的关键词，当网络用户搜索该商标时，就会触发被诉侵权人的付费推广链接，使该推广链接出现在搜索结果较为靠前的位置。也就是说，无论该关键词是否直接体现在搜索结果的词条中，均不影响被诉侵权人利用他人商业标识的知名度达到推广、宣传自身目标网站的目的。

其次，营造公平竞争的市场秩序，是促进社会主义市场经济健康发展的内在要求。自由竞争是市场经济的根本属性，要发展市场经济必须促进和维系市场自由竞争。[1]《反不正当竞争法》鼓励竞争自由和创新自由，但竞争自由和创新自由不得侵犯他人的合法权益，亦不得损害社会公共利益。只有鼓励和支持通过诚实劳动积累社会财富和创造社会价值，并保护在此基础上形成的合法财产性权益，同时倡导经营者在市场活动中讲究信用、诚实不欺，在不损害他人合法利益、社会公共利益和市场秩序的前提下追求自己的利益，才能够为公平竞争创造良好的环境和条件，从而激发市场主体的创新活力和动力。被诉侵权行为发生于互联网领域，是否造成了损害后果，亦应当置于互联网经济的大背景下，从以下几方面予以综合考量：

第一，互联网是由数字技术搭建的虚拟平台。在互联网商业模式下，消费者的注意力和流量与商业利益密切相关，并已成为互联网领域商业竞争的目标与核心资源，抢夺他人流量势必会损害他人的商业利益。故对互联网商业模式下侵权行为所造成的损害后果，亦应当充分考虑互联网商业竞争的上述特点。商家竞价排名的目的系通过关键词获得展示和推广的效果，而非与他人混淆，并且《反不正当竞争法》所规制的“不正当竞争行为”并不以“导致混淆、误认”为构成要件，对于有悖诚实信用原则、

---

〔1〕 邱本：《自由竞争与秩序调控——经济法的基础建构与原理阐析》，中国政法大学出版社2001年版。

商业道德准则的行为，即使未导致消费者混淆、误认，同样也构成不正当竞争。被诉侵权人对涉案关键词的“隐性使用”行为，正是通过利用该关键词在消费者心目中的知名度和影响力，以及关键词设置具有隐蔽性的特点，将原属于他人品牌的流量吸引至自身网站，提高了自身网站的曝光率，从而获取竞争优势，亦造成了他人竞争利益的损害。本案中，权利人海某方与被诉侵权人荣某方为同一地域的同业竞争者，对于这种竞争关系中的竞争行为，《反不正当竞争法》主要保护被侵害的具体经营者的法益，而对于消费者和公共利益的保护则是间接的。因此，考量这种竞争关系中的竞争行为是否具有不正当性，应以该具体经营者的法益是否受到损害为直接关注点。

第二，市场竞争的本质即交易机会或者竞争优势的争夺，在竞争中必然会造成一方利益的损害。因此，竞争行为即使造成了竞争性损害，也并不意味着该行为就当然具有不正当性。竞争行为正当与否，还需要从该行为对市场竞争秩序、消费者权益及其他市场主体利益的影响等方面进行考量，作出综合评价。在竞价排名过程中，经营者未经许可擅自将他人商业标识设置为关键词用以推广自身品牌的行为并非通过诚信经营，努力提升自身品牌的质量或口碑，这种获取竞争优势的方式和手段不应予以鼓励和提倡。如果对上述行为不加以规制，不仅会使权利人长期积累的市场成果无法获得保护，也必然会挫伤其他市场主体诚信经营的积极性，从而抑制了市场活力。尤其需要指出的是，对竞价排名而言，无论对相关关键词进行“显性使用”还是“隐性使用”，客观上都具有相同的推广效果，而这种推广效果均是通过他人知名品牌的市场知名度所获得。在此情况下，二审判决认定涉案关键词“显性使用”的行为构成侵权，而涉案关键词“隐性使用”的行为不构成侵权的结论，势必对市场主体在竞价排名过程中应采取何种竞争方式和手段产生不良的导向，不利于营造公平竞争的市场环境。

第三，竞价排名商业模式是以搜索引擎为依托的商业推广服务。而搜索引擎承载着向网络用户提供与其查询内容具有最大程度关联性搜索结果的基本功能，具有一定的公益性。网络用户使用搜索引擎检索信息通常带有明确的目标和需求，而降低检索信息成本，提升信息检索效率则是搜索引擎服务的目的。当网络用户利用搜索引擎搜索他人知名商业标识时，搜索结果中除展示他人的相关网站外，同时也展示了未经许可擅自使用他人商业标识作为关键词进行推广的付费推广链接，而且部分被推广链接在搜索结果中处于较为靠前的位置。此时，相关网络用户还需要进一步识别该搜索结果与其搜索词之间的相关性，才能获取需要的信息。因此，上述将他人商业标识作为关键词“隐性使用”的行为对网络用户造成了信息干扰，增加了搜索成本，同时亦妨碍了搜索引擎基本功能的正常发挥。

第四，消费者获取信息的权益仅是消费者权益的一个方面。消费者通过搜索引擎获取丰富而广泛的信息，有赖于搜索引擎通过不断优化算法、改进匹配模式等技术手段来达成。满足消费者获取信息的需求不应以损害市场主体的合法权益以及破坏公平竞争秩序为代价，否则，将会对消费者权益造成更大程度的损害。

综上所述，竞价排名的本质是一种商业行为，商家购买关键词进行竞价排名应当受到《反不正当竞争法》的规制，不得采用违背诚实信用原则和商业道德准则的方式和手段攫取他人的交易机会，谋取不正当利益。未经许可擅自将他人商业标识设置为关键词“隐性使用”的竞价排名行为，违反了诚实信用原则和商业道德准则，不仅侵害了权利人的合法权益，扰乱了正常的互联网竞争秩序，亦对消费者权益及社会公共利益造成了损害，属于《反不正当竞争法》第 2 条第 2 款规定的不正当竞争行为，应当依照上述法律规定予以规制。

最高人民法院再审合议庭成员：晏景　李丽　许常海

（编写人：李丽* 审稿人：丁文严）

---

* 李丽，法学硕士，中华人民共和国最高人民法院民事审判第三庭，二级高级法官。

深圳市租某智能科技有限公司
与
深圳市森某电子科技有限公司、
深圳市优某物联技术有限公司
侵害实用新型专利权纠纷案

——专利侵权案件中，当事人就专利权稳定性问题自愿作出未来利益补偿承诺的探索

【裁判摘要】

1. 专利侵权案件中，针对被诉侵权人提出的专利权稳定性的特定质疑或抗辩，人民法院基于审查专利权人是否具有正当合理行使诉权的基础，可以进行一定的有限度的审查，但并不能对专利权本身的效力作出认定和裁判。

2. 在涉案专利权稳定性存疑或有争议的情况下，基于公平与诚信之考虑，专利侵权案件的双方当事人均可以自愿作出相关未来利益的补偿承诺或声明，专利权人承诺的核心在于专利权被宣告无效时将返还全部有关侵权案件实际收益并给付相应利息。被诉侵权人承诺的核心在于专利权被确认有效时将支付全部侵权案件应付赔偿并给付相应利息。这种承诺或声明既可以是双方双向的，也可以是单方单向的，只要当事人是出于自愿、不违背法律并有利于平衡彼此的利益，即应予以肯定和鼓励。

3. 专利侵权案件中，如果涉案专利权稳定性明显不足，而被诉侵权人就涉案专利权稳定性问题所作相关利益补偿承诺可以在本案裁定驳回起诉后未来专利权被确认有效时使专利权人的相应利益得以保障，则可以考虑

参照《关于审理侵犯专利权纠纷案件司法解释（二）》第2条第1款、第2款的规定，按照裁定驳回起诉作出处理。专利权人可以在国家知识产权局就涉案专利权作出维持有效的审查决定确定发生法律效力后，另行提起诉讼，并可根据被诉侵权人在本案中所作利益补偿承诺主张权利。

【案件基本信息】

1. 诉讼当事人

上诉人（一审原告）：深圳市租某智能科技有限公司（以下简称租某智能科技公司）

被上诉人（一审被告）：深圳市森某电子科技有限公司（以下简称森某电子科技公司）

被上诉人（一审被告）：深圳市优某物联技术有限公司（以下简称优某物联技术公司）

2. 案件索引与裁判日期

一审：广东省深圳市中级人民法院（2021）粤03民初372号判决（2021年8月20日）

二审：最高人民法院（2022）最高法知民终124号裁定（2022年6月22日）

3. 案由

侵害实用新型专利权纠纷

【简要案情】

租某智能科技公司于2017年2月14日向国家知识产权局同时申请了名称为"一种动态密码USB线材"（以下简称涉案专利）和"一种动态密码墙壁充电器"（以下简称关联专利）的两项实用新型专利，分别于2017年8月18日、2017年12月1日获得授权公告。

租某智能科技公司发现森某电子科技公司未经租某智能科技公司许可，大批量生产被诉侵权产品，并通过优某物联技术公司在各类销售平台进行销售。租某智能科技公司认为森某电子科技公司、优某物联技术公司分工合作，共同侵害了租某智能科技公司专利权，故诉至一审法院，请求判令：（1）森某电子科技公司、优某物联技术公司停止侵害涉案专利权的行为，销毁库存侵权产品，销毁侵权模具。（2）森某电子科技公司、优某物联技术公司连带赔偿租某智能科技公司经济损失及维权合理开支100万元。

森某电子科技公司、优某物联技术公司提出专利权无效抗辩，理由是关联专利权已经被宣告无效，涉案专利也不符合授予专利权的条件。

一审法院查明，国家知识产权局于2019年8月7日对关联专利权作出无效宣告审查决定（以下简称第41299号审查决定），认为关联专利权利要求1—7均不具备创造性，宣告关联专利权全部无效。租某智能科技公司不服，向北京知识产权法院提出行政诉讼。北京知识产权法院于2020年10月26日判决驳回租某智能科技公司的诉讼请求。双方当事人均没有提起上诉。本案一审立案时，第41299号审查决定已经确定发生法律效力。租某智能科技公司在本案一审审理中确认，涉案专利与已经被国家知识产权局宣告无效的关联专利的技术方案，除了涉案专利为USB插接头、关联专利为AC插接头及与之配套使用的电源适配器外，其他技术特征均相同。

一审法院支持了森某电子科技公司、优某物联技术公司提出的专利权无效的抗辩，于2021年8月20日作出（2021）粤03民初372号判决，驳回租某智能科技公司的全部诉讼请求。租某智能科技公司不服，向最高人民法院提起上诉。

本案二审审理过程中，森某电子科技公司向国家知识产权局提出针对涉案专利权的无效宣告请求（以下简称本次专利确权程序），国家知识产权局已经受理。

经二审合议庭对涉案专利权稳定性问题依法可能存在的处理方式进行释明，双方当事人分别自愿作出相应未来利益的补偿承诺。专利权人承诺的核心在于专利权被宣告无效时将返还全部有关侵权案件实际收益并给付相应利息。被诉侵权人承诺的核心在于专利权被确认有效时将支付全部侵权案件应付赔偿并给付相应利息。

【案件焦点】

森某电子科技公司、优某物联技术公司主张的所谓专利权无效抗辩是否应予支持以及本案的后续处理方式。

【裁判结果】

最高人民法院经审理认为，专利侵权案件中，针对被诉侵权人提出的专利权稳定性的特定质疑或抗辩，人民法院基于审查专利权人是否具有正当合理行使诉权的基础，可以进行一定的有限度的审查，但并不能对专利权本身的效力作出认定和裁判。

基于涉案专利和关联专利均为未经实质审查即授权的实用新型专利，二者的区别技术特征仅系行业惯用和市场常见的USB插接头与AC插接头及与之配套使用的电源适配器的不同，且二者系同日申请，在关联专利权已被国家知识产权局宣告无效而森某电子科技公司、优某物联技术公司也已就涉案专利向国家知识产权局提出无效宣告请求的情况下，涉案专利权被宣告无效的可能性极大，其专利权稳定性明显不足。

鉴于以上情况，本案可以参照《关于审理侵犯专利权纠纷案件司法解释（二）》第2条第1款、第2款的规定，按照裁定驳回起诉作出处理。专利权人可以在国家知识产权局就涉案专利权作出维持有效的审查决定发生法律效力后，另行提起诉讼，并可根据被诉侵权人在本案中所作利益补偿承诺主张权利。一审判决对涉案专利权稳定性的分析判断本身并无明显不妥，但直接认定被诉侵权人的专利权无效抗辩成立并据此判决驳回租某智能科技公司诉讼请求，欠缺法律依据。因此，裁定：撤销原判，驳回租某智能科技公司的起诉。

【裁判摘要评析】

本案系专利侵权案件中，人民法院首次在涉案专利行政确权程序已经启动的情况下，积极引导双方当事人针对涉案专利权稳定性的考量自愿作出未来利益的补偿承诺。本案裁判结果表明，专利侵权案件中，在涉案专利权稳定性存疑或有争议的情况下，基于公平和诚信之考虑，人民法院可鼓励和引导当事人自愿作出相关未来利益的补偿承诺或声明，无论人民法院后续是采取继续审理并作出判决、裁定中止诉讼、裁定驳回起诉三种处理方式中的哪一种方式，均能够较好且有效平衡双方当事人利益。

一、专利侵权案件中专利权稳定性问题引发的司法困境及其成因

我国《专利法》沿用了欧陆体系专利民事侵权程序与行政无效程序二元分立体制。[1] 在这一体制下，专利民事侵权程序受到行政无效程序的影响和制约，因而在民行交叉时导致民事侵权程序久拖不决，影响了司法的公平和效率。[2] 专利权效力判断的行政与司法程序的衔接问题，一直是理论界和实践中关注的难点问题。多数观点认为我国现行专利确权机制存在问题、程序需要优化。[3] 造成目前困境主要有以下原因。

（一）专利授权形式审查造成专利权稳定性不足

由于专利授权制度具有特殊性以及专利授权审查具有主观性，国务院专利行政部门对发明专利申请进行实质性审查，符合发明专利授权条件后予以授权。[4] 而实用新型专利、外观设计专利，则无须经过实质性审查，国家专利行政部门在对专利申请进行形式审查后，予以授权。[5] 这一制度导致权利人对专利所享有的权利，与对一般有形财产享有的权利不同，专利权存在稳定性问题，特别是实用新型专利权、外观设计专利权稳定性较弱。在专利民事侵权诉讼中，被诉侵权人经常提出“专利权无效抗

---

〔1〕 2020年修正的《专利法》第3条规定：“国务院专利行政部门负责管理全国的专利工作；统一受理和审查专利申请，依法授予专利权。省、自治区、直辖市人民政府管理专利工作的部门负责本行政区域内的专利管理工作。”第45条规定：“自国务院专利行政部门公告授予专利权之日起，任何单位或者个人认为该专利权的授予不符合本法有关规定的，可以请求国务院专利行政部门宣告该专利权无效。”第65条规定：“未经专利权人许可，实施其专利，即侵犯其专利权，引起纠纷的，由当事人协商解决；不愿协商或者协商不成的，专利权人或者利害关系人可以向人民法院起诉，也可以请求管理专利工作的部门处理。管理专利工作的部门处理时，认定侵权行为成立的，可以责令侵权人立即停止侵权行为，当事人不服的，可以自收到处理通知之日起十五日内依照《中华人民共和国行政诉讼法》向人民法院起诉；侵权人期满不起诉又不停止侵权行为的，管理专利工作的部门可以申请人民法院强制执行。进行处理的管理专利工作的部门应当事人的请求，可以就侵犯专利权的赔偿数额进行调解；调解不成的，当事人可以依照《中华人民共和国民事诉讼法》向人民法院起诉。”

〔2〕 朱理：《专利民事侵权程序与行政无效程序二元分立体制的修正》，载《知识产权》2014年第3期。

〔3〕 管育鹰：《我国知识产权法学研究进程与新时代展望》，载《知识产权》2019年第3期。

〔4〕 2020年修正的《专利法》第39条规定：“发明专利申请经实质审查没有发现驳回理由的，由国务院专利行政部门作出授予发明专利权的决定，发给发明专利证书，同时予以登记和公告。发明专利权自公告之日起生效。”

〔5〕 2020年修正的《专利法》第40条规定：“实用新型和外观设计专利申请经初步审查没有发现驳回理由的，由国务院专利行政部门作出授予实用新型专利权或者外观设计专利权的决定，发给相应的专利证书，同时予以登记和公告。实用新型专利权和外观设计专利权自公告之日起生效。”

辩”，即主张系争专利权稳定性存疑，并将此作为自己不侵权抗辩的理由。

（二）行政无效程序造成专利民事侵权诉讼久拖不决

由于专利侵权案件中，被诉侵权人可向国务院专利行政部门申请宣告系争专利权无效，且我国专利确权程序采司法终审制，在国务院专利行政部门作出宣告无效的审查决定后，当事人可对该行政决定提起行政诉讼，行政诉讼亦可能进行一审、二审，甚至再审。因此，当事人可能需经过三轮，甚至四轮程序才获得关于专利权稳定性的最终结果。加之我国专利确权程序虽然采司法终审制，但人民法院认定国务院专利行政部门作出的无效宣告审查决定有误时，仅可判令国务院专利行政部门重新作出审查决定，该制度导致了专利确权程序的轮转，进一步延长了专利确权程序的周期。在此期间，根据现行法律规定人民法院可以中止专利民事诉讼，等待专利确权程序的进行，但考虑到民事诉讼案件的数量、审限管理要求以及专利权人利益的保障，中止所有相关专利民事侵权诉讼将会增加当事人的诉讼成本，严重影响司法效率，进而使正义迟到。

虽然《关于审理侵犯专利权纠纷案件司法解释（二）》第 2 条在提高诉讼效率方面进行了积极探索，[1] 但受现行法律规定的限制，并不能从根本上解决民行二元分立导致的周期长问题。[2]

（三）专利权无效抗辩引发法律适用不统一

被诉侵权人考虑到专利确权程序周期、诉讼成本等问题，通常仍会选择在民事诉讼中以系争专利稳定性存疑作为自己不侵权抗辩的理由。被诉侵权人在民事侵权程序中因系争专利权稳定性存疑提出的不侵权抗辩，即所谓专利权无效抗辩，不同于现有技术抗辩和合法来源抗辩等，并非我国《专利法》及其他法律、行政法规或司法解释明确规定的专利侵权抗辩事

---

〔1〕《关于审理侵犯专利权纠纷案件司法解释（二）》（法释〔2016〕1 号）第 2 条规定：“权利人在专利侵权诉讼中主张的权利要求被专利复审委员会宣告无效的，审理侵犯专利权纠纷案件的人民法院可以裁定驳回权利人基于该无效权利要求的起诉。有证据证明宣告上述权利要求无效的决定被生效的行政判决撤销的，权利人可以另行起诉。专利权人另行起诉的，诉讼时效期间从本条第二款所称行政判决书送达之日起计算。”

〔2〕《最新法律文件解读丛书》编辑委员会编：《民事法官必备法律司法解释解读》（第 3 版・中册），人民法院出版社 2019 年版，第 1778 页。

由，亦非我国司法理论和实践中已经得到普遍认可或者广泛适用的专利侵权抗辩事由，只是当事人的一种自我命名的抗辩主张，在专利侵权案件中一般应指向专利权稳定性问题。本文谨以“所谓专利权无效抗辩”来指代本案当事人的相关抗辩主张。被诉侵权人提出的所谓专利权无效抗辩，其本意在于主张涉案专利权稳定性不足，如要在学理上或实务中命名，可考虑以专利权稳定性抗辩为名。当然，并不否认，在专利侵权案件审理期间专利权被依法宣告无效的情形下，也可能出现真正的专利权无效抗辩事由，被诉侵权人可以据此主张判决驳回权利人的诉讼请求或者裁定驳回权利人的起诉。

司法实践中，不同法院对于被诉侵权人在专利民事侵权诉讼中提出的此类抗辩采取的做法不一，有的法院认为我国现行《专利法》及相关法律法规中并未明确规定人民法院可以就专利权效力进行审查，故对当事人的该项抗辩不予审查。有的法院为便利当事人，会对系争专利是否符合授权条件进行审查，对不符合条件的，采取驳回权利人诉讼请求的处理方法。〔1〕

本案一审法院也采取了第二种处理方式。本案被诉侵权人森某电子科技公司、优某物联技术公司在一审中明确主张因关联专利被宣告无效，涉案专利权亦不具备专利授权要件，据此应驳回租某智能科技公司全部诉讼请求。一审法院支持了森某电子科技公司、优某物联技术公司的主张。二审中，租某智能科技公司坚持认为，关联专利权被宣告无效和涉案专利权被提起专利确权程序并不影响本案审理，二审法院应当继续审理，改判认定构成专利侵权并判令赔偿。森某电子科技公司、优某物联技术公司则认为，涉案专利权明显无效，二审法院应当维持一审判决或者裁定中止诉讼或驳回租某智能科技公司的起诉。

二、专利侵权案件中专利权无效抗辩的处理原则及方式

（一）专利权无效抗辩的处理原则

权利不得滥用是诚实信用原则的体现，是行使民事权利的基本要求。〔2〕

---

〔1〕参见江苏省南京市中级人民法院民事判决书，（2020）苏01民初890号。

〔2〕《民法典》第7条规定：“民事主体从事民事活动，应当遵循诚信原则，秉持诚实，恪守承诺。”

在专利侵权案件中，专利权稳定有效存在是审理专利侵权案件的前提和基础。在特定情况下，如请求保护的权利要求明显不清楚以致无法确定保护范围、侵害他人合法在先权利等，可能构成权利滥用。此时，如果人民法院对被诉侵权人提出权利滥用或者专利权稳定性抗辩事由视而不见、避而不审，仍然作出由被诉侵权人承担侵权责任的认定，明显有违公平原则，也无益于鼓励真正有价值的发明创造。因此，从这个意义上讲，被诉侵权人就专利权稳定性提出的抗辩，人民法院在专利民事侵权案件中并非不能进行任何审查。但需要强调的是，在我国现行法律框架下，宣告专利权无效的请求由国务院专利行政部门负责审查。因此，在审理专利侵权案件时，针对被诉侵权人提出的专利权稳定性的特定质疑或抗辩，人民法院基于审查专利权人是否具有正当合理行使诉权的基础，可以进行一定的有限度的审查，但并不能对专利权本身的效力作出认定和裁判，包括被诉侵权人在内的社会公众如质疑专利权本身的效力，仍应循专利确权程序，向国务院专利行政部门请求宣告专利权无效。

回到本案，一审法院对涉案专利权稳定性的分析判断本身并无明显不妥，但直接认定被诉侵权人的专利权无效抗辩成立并据此判决驳回租某智能科技公司的诉讼请求，欠缺法律依据。

（二）专利权无效抗辩的处理方式

依据现行有关法律和司法解释的规定，专利侵权案件审理中对涉案专利权稳定性存疑或有争议时，人民法院至少有继续审理并作出判决、裁定中止诉讼、裁定驳回起诉三种处理方式，具体应采取哪种方式，主要取决于人民法院对涉案专利权稳定性程度的初步判断。

一般而言，对于已经过专利确权程序中国务院专利行政部门实质审查判断后被授权或得以维持效力的专利权，其稳定性相对较强，人民法院通常可以继续审理侵权案件并作出判决。对于未经国务院专利行政部门实质审查判断的专利权和其他有证据表明被宣告无效可能性较大的专利权，其稳定性相对不足，人民法院可以依据有关司法解释的规定视情况对侵权案件裁定中止诉讼；对于已被国务院专利行政部门宣告无效但无效决定尚未确定发生法律效力的专利权，其稳定性明显不足，人民法院可以依据《关于审理侵犯专利权纠纷案件司法解释（二）》第 2 条第 1 款的规定，对侵权案件裁定驳回起诉。

三、当事人自愿作出相关未来利益的补偿承诺的探索

（一）探索人民法院处理方式的必要性与可能性

1. 探索人民法院处理方式的必要性

针对专利侵权程序与专利确权程序分立、二者交叉或先后进行的情况，现行立法和司法解释对有关程序的衔接作出了一定的安排。我国《专利法》第 47 条第 2 款规定：“宣告专利权无效的决定，对在宣告专利权无效前人民法院作出并已执行的专利侵权的判决、调解书，已经履行或者强制执行的专利侵权纠纷处理决定，以及已经履行的专利实施许可合同和专利权转让合同，不具有追溯力。但是因专利权人的恶意给他人造成的损失，应当给予赔偿。”《关于审理专利纠纷案件规定》第 4~8 条针对专利侵权程序与专利确权程序交叉进行的情况下是否中止诉讼问题作出了规定。《关于审理侵犯专利权纠纷案件司法解释（二）》第 2 条针对专利侵权程序进行中专利被宣告无效的情形，规定人民法院可以从程序上径行裁定驳回权利人起诉，当宣告无效决定被撤销时可以另行起诉。应当说，上述法律和司法解释的规定综合考虑了程序正义、纠纷解决效率和实体公正，但由于两种程序的交错性和专利权效力的难以预测性以及相关判断因素的主观性，在实践操作中，仍然既可能出现侵权裁决已执行而后专利权被宣告无效，导致权利人事实上获得本不应获得的利益，也可能出现因等待确权结果而导致侵权纠纷久拖不决，权利人得不到及时有效的法律救济，被诉侵权人也对是否继续生产和扩大投资犹疑不决、无所适从，最终不仅直接影响当事人之间的利益得失，也会间接影响企业与社会的科技创新活力和市场投资动力。因此，如何才能更好地实现专利侵权程序与专利确权程序的高效有序衔接，仍然是一个需要在理论、规则和实务中进行不断探索完善的问题。

2. 探索人民法院处理方式的可能性

我国《专利法》及相关司法解释并未明确规定上述情形下专利民事侵权纠纷案件应该如何处理，这给人民法院处理该种情形下所谓的专利权无效抗辩提供了可能性。人民法院既可以裁定中止诉讼，也可以在必要时视情况参照《关于审理侵犯专利权纠纷案件司法解释（二）》第 2 条的规定裁定驳回起诉。

（二）人民法院处理路径的探索

1. 允许当事人作出自愿承诺或者声明

专利民事侵权纠纷的处理对双方当事人的利益影响较大，在案件审理过程中，应该充分听取当事人的意见，允许当事人就案件所涉个人利益作出声明或者承诺。

本案中，在涉案专利权稳定性问题存疑且森某电子科技公司、优某物联技术公司已经启动本次专利确权程序的情况下，经人民法院释明相关程序可能的走向和后果后，本案双方当事人分别针对本次专利确权程序可能的结果及因此可能对对方当事人利益造成的不利影响作出了相应的利益补偿承诺。

租某智能科技公司自愿作出如下承诺：如在本次专利确权程序中涉案专利权或者主张权利的专利权利要求被人民法院生效裁判文书或者未在法定期限内提起行政诉讼的无效宣告请求审查决定书确认无效，则租某智能科技公司就本案放弃依据《专利法》第 47 条第 2 款所享有的权利和利益，对因本案诉讼从森某电子科技公司、优某物联技术公司处获得的专利侵权损害赔偿金和诉讼合理开支等所有利益均应即时予以返还，并支付自获益之日起至返还之日止以中国人民银行授权全国银行间同业拆借中心公布的同期贷款市场报价利率（LPR）计算的利息。

森某电子科技公司、优某物联技术公司亦自愿作出如下承诺：如本案人民法院应森某电子科技公司、优某物联技术公司请求而以涉案专利权稳定性不足为由裁定中止诉讼或者驳回租某智能科技公司的起诉，但在本次专利确权程序中涉案专利权或者主张权利的专利权利要求被人民法院生效裁判文书或者未在法定期限内提起行政诉讼的无效宣告请求审查决定书确认有效，且本案的被诉侵权行为被后续恢复审理或者租某智能科技公司另行提起的专利侵权诉讼程序的生效裁判认定构成侵害涉案专利权时，森某电子科技公司、优某物联技术公司同意对认定构成专利侵权的生效裁判作出之日前应支付之全部侵权损害赔偿金和诉讼合理开支等应付利益，支付自裁定中止诉讼或者驳回起诉之日起至该认定构成专利侵权的生效裁判作出之日止以中国人民银行授权全国银行间同业拆借中心公布的同期贷款市场报价利率（LPR）计算的利息，并在该生效裁判执行时将上述利息一并纳入本金计算。

专利权人承诺的核心在于专利权被宣告无效时将返还全部有关侵权案件实际收益并给付利息，这样可以有效保障在专利侵权程序先行的情况下专利权被宣告无效后被诉侵权人的实际利益损失得以挽回。被诉侵权人承诺的核心在于专利权被确认有效时将支付全部侵权案件应付赔偿并给付利息，这样可以有效保障在专利确权程序先行的情况下因专利侵权行为持续进行而给权利人造成的利益损失得以补偿。

2. 人民法院应认可当事人作出的自愿承诺或者声明的效力

若双方当事人自愿作出的有关涉案专利权稳定性问题的利益补偿承诺或声明，有利于彼此利益的实质平衡，人民法院也可将此作为对后续审理程序作出处理时的考量因素。

回到本案，双方当事人所作有关利益补偿承诺系对各自民事权利和期待利益的自愿处分，内容并不违背法律规定，所作承诺系在充分考虑相关程序的可能走向和后果的基础上对彼此利益的合理预期和处分，能够较好地保障和合理地平衡专利侵权程序与专利确权程序交叉进行情况下当事人的程序利益和实体公正，符合公平原则和诚信原则，并具有实践可操作性。同时，在当事人自愿作出有关专利权稳定性问题的利益补偿承诺的情况下，无论人民法院后续是采取继续审理并作出判决、裁定中止诉讼、裁定驳回起诉三种处理方式中的哪一种方式，均可在实质上较好且有效地平衡保护双方当事人利益，也有利于人民法院结合具体案情就后续处理方式作出适当选择。因此，本案中，法院认可了案件当事人作出的有关承诺。

3. 人民法院可选择参照适用“先行裁驳”的规定

人民法院根据系争专利稳定性的具体状况以及当事人作出的承诺或者声明，结合其他案件事实，可以对于专利侵权程序的处理方式作出选择。

在系争专利权稳定性明显不足，而被诉侵权人就涉案专利权稳定性问题所作相关利益补偿承诺也可以在裁定驳回专利权人起诉后未来专利权被确认有效时使专利权人的相应利益得以保障的情况下，人民法院可以参照《关于审理侵犯专利权纠纷案件司法解释（二）》第2条第1款、第2款的规定，按照裁定驳回起诉作出处理。在专利权稳定性虽存疑，但并未明显不足，且专利权人承诺系争专利权被宣告无效时将返还全部有关侵权案件实际收益并给付利息时，人民法院可以继续审理案件，作出实体判决。

本案中，专利权人租某智能科技公司在申请涉案专利的同日申请了关联专利，该关联专利权已被发生法律效力的第41299号审查决定宣告全部无效。关联专利与涉案专利相比，涉案专利为“一种动态密码USB线材，包括有USB插接头，其特征在于：所述的USB插接头的电源输出端经动态密码控制器连接充电接口”。关联专利为“一种动态密码墙壁充电器，包括有AC插头，连接AC插头的电源适配器模块，其特征在于：所述的电源适配器模块的输出端经动态密码控制器连接充电接口”。二者其余技术特征均相同。对于上述区别技术特征，根据涉案专利说明书及关联专利说明书可知，无论是USB线材还是采用AC插头的充电器均为现有技术，USB插接头用于获取5V直流电，供数码产品充电；AC插头用于插接在市电插座上获取220V或110V的交流电源，电源适配器模块将交流电源降压为低压直流输出，即AC插头与电源适配器连接后，用于提供低压直流输出电，供数码产品充电。森某电子科技公司、优某物联技术公司主张，上述区别技术特征对于本领域技术人员而言，在涉案专利、关联专利中所起的作用、效果相同，属于惯用手段的直接替换。森某电子科技公司在本案二审审理过程中也已就涉案专利权向国家知识产权局提出了无效宣告请求，其提交的证据与第41299号审查决定中的证据相同，无效理由也基本一致，国家知识产权局已经受理。考虑到涉案专利和关联专利均为未经实质审查即授权的实用新型专利，二者的区别技术特征仅系行业惯用和市场常见的USB插接头与AC插头及与之配套使用的电源适配器的不同，且二者系同日申请，在关联专利权已被国家知识产权局宣告无效而森某电子科技公司、优某物联技术公司也已就涉案专利向国家知识产权局提出无效宣告请求的情况下，涉案专利权被宣告无效的可能性极大，其专利权稳定性明显不足。综合考虑涉案专利权稳定性明显不足，且被诉侵权人已经作出了承诺的情况，参照适用《关于审理侵犯专利权纠纷案件司法解释（二）》第2条第1款、第2款，本案最终裁定驳回了租某智能科技公司的起诉，并在裁定书中写明专利权人可以在国家知识产权局就涉案专利权作出维持有效的审查决定确定发生法律效力后，另行提起诉讼，并可根据被诉侵权人在本案中所作利益补偿承诺主张权利，充分保障了权利人的权利。

四、结语

“法律的生命并不仅是逻辑或经验。法律的生命是根据经验和逻辑重生，使法律适应新的社会现实。”[1] 法律是社会规则的抽象，法律的生命来源于社会生活，也滞后于社会需求与纷争。司法是发现既有法律的问题与漏洞，并寻找解决方式的重要途径。当法律不能完全解决人民群众的问题或者与人民群众的需求出现了偏差时，人民法院应该积极探索，在现有法律法规下，寻找解决问题的办法，并且应该多听取人民群众的意见，汲取群众的智慧。就本案涉及的法律问题而言，人民法院在专利侵权纠纷中，当事人在系争专利权稳定性存疑或有争议的情况下，基于公平与诚信之考虑，积极作出相关的利益补偿承诺或声明，这种承诺或声明既可以是双方双向的，也可以是单方单向的，只要是当事人出于自愿、不违背法律并有利于平衡彼此的利益，即应予以肯定和鼓励。希望作为专利侵权程序起点的一审法院能够主动对当事人作出有关释明并积极尝试类似的做法。

最高人民法院二审合议庭成员：原晓爽　张本勇　詹靖康

（编写人：原晓爽*　郝小娟**　审稿人：丁文严　姚俊萍）

---

〔1〕［以］巴拉克：《民主国家的法官》，毕洪海译，法律出版社2011年版，第16页。转引自朱理：《专利民事侵权程序与行政无效程序二元分立体制的修正》，载《知识产权》2014年第3期。

* 原晓爽，法学博士，中华人民共和国最高人民法院知识产权法庭，三级高级法官。

** 郝小娟，法学硕士，中华人民共和国最高人民法院知识产权法庭，一级法官助理。

某荷兰公司
与
萨某智能装备股份有限公司
专利权权属纠纷案

——基于侵害技术秘密主张专利权权属案件的审理思路

【裁判摘要】

1. 技术秘密权利人以侵害技术秘密作为请求权基础，主张有关专利权归其所有的，人民法院在审理过程中应当审查专利文件是否披露了权利人主张的技术秘密或者专利技术是否使用了该技术秘密，以及该技术秘密是否构成专利技术方案的实质性内容。

2. 在判断涉案专利文件是否披露了技术秘密时，技术秘密权利人提供证据证明专利文件披露的技术方案与其主张的技术秘密相同或者实质相同且被诉专利权人在专利申请日前有渠道或者机会获取技术秘密权利人的技术秘密的，一般可推定被诉专利权人采取不正当手段获取了该技术秘密并予以披露的事实成立。被诉专利权人主张其自行研发完成了被诉技术方案或被诉技术方案具有正当来源的，则应当承担证明责任；被诉专利权人提供证据足以证明其主张的，即可否定上述对其非法获取及披露行为的推定，同时亦可证明其对涉案专利权享有合法权利。反之，如被诉专利权人并不能就其主张予以证明，且技术秘密权利人主张的技术秘密构成涉案专利的实质性内容的，即可认定技术秘密权利人对涉案专利依法享有权利。

【案件基本信息】

1. 诉讼当事人

上诉人（一审原告）：某荷兰公司

被上诉人（一审被告）：萨某智能装备股份有限公司（以下简称萨某智能装备公司）

2. 案件索引与裁判日期

一审：江苏省苏州市中级人民法院（2018）苏 05 民初 1297 号判决（2019 年 12 月 26 日）、（2018）苏 05 民初 1295 号判决（2019 年 12 月 26 日）、（2018）苏 05 民初 1296 号判决（2019 年 12 月 26 日）

二审：最高人民法院（2020）最高法知民终 661 号判决（2022 年 12 月 13 日）、（2020）最高法知民终 902 号判决（2022 年 12 月 14 日）、（2020）最高法知民终 1003 号判决（2022 年 12 月 14 日）

3. 案由

专利权权属纠纷

【简要案情】

萨某智能装备公司分别于 2014 年 11 月 6 日、2016 年 5 月 19 日、2016 年 5 月 19 日向国家知识产权局提出了名称为“一种胎面组件上料系统”的一项发明专利申请以及名称为“输送带束层的辅助定向装置”的一项发明专利申请和一项实用新型专利申请，上述三项专利申请分别于 2017 年 1 月 25 日、2018 年 8 月 10 日、2016 年 11 月 16 日获得授权，专利号分别为 201410624213. 1、201610332841. 1 与 201620457270. X。某荷兰公司认为，萨某智能装备公司申请并获得授权的上述三项专利权的技术方案系某荷兰公司自主研发并应用于其轮胎成型机且作为技术秘密保护的在先涉密技术，即“带束鼓垂直及水平横向移动贴合物料系统”与“输送带束层的辅助定向滚轮机构”（以下简称在先涉密技术），萨某智能装备公司将某荷兰公司的在先涉密技术申请为专利，侵害了某荷兰公司的技术秘密，故某荷兰公司向一审法院提起三案诉讼，请求判令上述三项专利权归某荷兰公司所有。

一审法院于 2019 年 12 月 26 日作出（2018）苏 05 民初 1297 号、（2018）苏 05 民初 1295 号、（2018）苏 05 民初 1296 号判决，三案均驳回

某荷兰公司的诉讼请求。

某荷兰公司不服，向最高人民法院提起上诉，请求撤销三案的一审判决，改判确认三案涉案专利权归某荷兰公司所有。

【案件焦点】

1. 某荷兰公司主张的技术秘密是否成立；

2. 涉案专利的技术方案是否使用及披露了某荷兰公司主张的技术秘密；

3. 萨某智能装备公司是否具有接触某荷兰公司主张的技术秘密的可能性；

4. 萨某智能装备公司是否对涉案专利的实质性特点作出了创造性贡献。

【裁判结果】

最高人民法院经审理认为，某荷兰公司主张的在先技术构成技术秘密，且某荷兰公司已证明萨某智能装备公司在涉案专利申请日之前具有接触该在先涉密技术的机会和渠道、涉案专利技术方案与该在先涉密技术实质相同且该在先涉密技术已构成涉案专利技术方案的实质性内容。在此情况下，萨某智能装备公司虽主张涉案专利技术方案由其独立研发，但提交的所谓研发证据仅有研究结论，缺少能够体现研发实质内容的过程性技术资料，不足以体现一项技术方案的完整研发过程，且不足以证明其独立研发的主张，更不足以证明其对涉案专利的实质性特点作出了创造性贡献，故萨某智能装备公司关于其对涉案专利依法享有权利的抗辩主张缺乏事实及法律依据。据此，根据双方的举证及查明的事实，可以对萨某智能装备公司以不正当手段获取了某荷兰公司的在先涉密技术进而申请涉案专利并获授权的事实作出认定。因此，三案所涉专利权应归某荷兰公司所有。遂判决撤销三案的一审判决、上述三项专利权归某荷兰公司所有。

【裁判摘要评析】

本案审理的关键在于对请求权基础的识别。权利人某荷兰公司以技术秘密被侵害作为其提起专利权权属诉讼的请求权基础。在厘清该点的基础上，本案的审理思路以及各方证明责任的确定就逐渐清晰，在本案审理过程中应当对权利人主张的信息是否构成技术秘密作出认定，并审查专利文件是否披露了权利人主张的技术秘密或者专利技术是否使用了该技术秘密，以及技术秘密是否构成专利技术方案的实质性内容。基于商业秘密的构成要件以及商业秘密侵权行为认定中的“接触加实质相同”规则，本案的核心争议在于某荷兰公司主张的信息是否构成技术秘密，萨某智能装备公司是否具有接触该在先涉密技术的机会或渠道，以及萨某智能装备公司是否对涉案专利的实质性特点作出了创造性贡献。在上述争议问题的审理中，需合理适用《反不正当竞争法》第32条关于证明责任转移的规定。

一、商业秘密“秘密性”要件的证明及认定

《反不正当竞争法》第9条第4款规定：“商业秘密，是指不为公众所知悉、具有商业价值并经权利人采取相应保密措施的技术信息、经营信息等商业信息。”其中，秘密性的证明过程实质是不断剔除公有领域信息的过程，秘密性的认定有助于对权利人主张的商业秘密具体内容作出审查确定，进而确定商业秘密的具体内容。秘密性包含客观的秘密性和相对的秘密性两层含义。客观的秘密性，要求商业秘密区别于公有领域的信息，不能众所周知，也不能轻而易举被获得；相对的秘密性，则是不要求权利人独占或控制该秘密信息。《反不正当竞争法》第32条第1款规定了关于秘密性要件的主观证明责任[1]转移规则，即商业秘密权利人提供初步证据，证明其已经对所主张的商业秘密采取保密措施，且合理表明商业秘密被侵犯，涉嫌侵权人应当证明权利人所主张的商业秘密不属于《反不正当竞争法》规定的商业秘密。

（一）“相应保密措施”的证明及认定

《关于审理侵犯商业秘密民事案件规定》第5条规定，权利人为防止商业秘密泄露，在被诉侵权行为发生以前所采取的合理保密措施，人民法院应当认定为《反不正当竞争法》第9条第4款所称的相应保密措施。人民法院应当根据商业秘密及其载体的性质、商业秘密的商业价值、保密措施的可识别程度、保密措施与商业秘密的对应程度以及权利人的保密意愿等因素，认定权利人是否采取了相应保密措施。该司法解释第6条进一步列举了六个方面的具体情形，但需要注意的是，认定该条所列情形符合相应保密措施要求时要注意相应情形应当“在正常情况下足以防止商业秘密泄

---

〔1〕 我们可以将客观证明责任理解为，案件真伪不明时，法院据以作出裁判的规则，即判令败诉风险应当由何方承担。而主观证明责任则是在诉讼过程中在当事人之间不断转移的提供证据的义务或责任。

露”。同时，需要强调的是并不要求相应保密措施能够阻止不正当手段。

如前所述，符合秘密性的要求并不是要求该信息完全不为外人所知。本案中，权利人某荷兰公司主张的技术秘密载体是其对外销售的轮胎成型机及相应的技术资料，在认定其采取的措施是否为《反不正当竞争法》规定的相应保密措施时不能脱离其载体的性质，即对外销售的大型生产设备。根据某荷兰公司提交的证据，结合在先涉密技术的载体性质，主要从以下四方面对其采取的措施是否符合相应保密措施的要求进行考察并作出认定。首先，某荷兰公司对购买其主张的技术秘密载体的主体即能够接触、获取其技术秘密的客户提出了明确的保密要求，这体现了其保密意愿，且保密措施亦能够被有效识别。其次，某荷兰公司明确要求购买其主张的技术秘密载体的主体即能够接触、获取其技术秘密的客户对成型机采取接触限制的保护措施，如对成型机所在场所进行分区管理并限制访客，体现了某荷兰公司禁止未经其授权的主体接触其技术秘密载体的保密意愿，该保密措施也完全能够被有效识别。再次，某荷兰公司通过与购买其轮胎成型机设备的客户约定“优先购买权”条款等措施以确保承载有其技术信息的轮胎成型机的受众仅为与其签署保密协议的主体，进而防止其轮胎成型机流入二手市场或不特定第三人通过市场流通取得其轮胎成型机，也即防止未经其授权的不特定第三方在未签署保密协议的情况下获得其主张的技术秘密载体。最后，某荷兰公司采取的上述保密措施与涉案技术信息的价值基本相适应且与行业内普遍采取的保密措施相符。

（二）“不为公众所知悉”的证明及认定

《关于审理侵犯商业秘密民事案件规定》第 3 条、第 4 条[1]对“不为

[1]《关于审理侵犯商业秘密民事案件规定》第 3 条规定：“权利人请求保护的信息在被诉侵权行为发生时不为所属领域的相关人员普遍知悉和容易获得的，人民法院应当认定为反不正当竞争法第九条第四款所称的不为公众所知悉。”第 4 条规定：“具有下列情形之一的，人民法院可以认定有关信息为公众所知悉：（一）该信息在所属领域属于一般常识或者行业惯例的；（二）该信息仅涉及产品的尺寸、结构、材料、部件的简单组合等内容，所属领域的相关人员通过观察上市产品即可直接获得的；（三）该信息已经在公开出版物或者其他媒体上公开披露的；（四）该信息已通过公开的报告会、展览等方式公开的；（五）所属领域的相关人员从其他公开渠道可以获得该信息的。将为公众所知悉的信息进行整理、改进、加工后形成的新信息，符合本规定第三条规定的，应当认定该新信息不为公众所知悉。”

公众所知悉”作出规定，判断主体是所属领域的相关人员，判断标准是既不能“普遍知悉”，也不能“容易获得”，认定的时间是“被诉侵权行为发生时”。

本案中，首先，从某荷兰公司证明责任角度分析，某荷兰公司已证明其所主张的技术秘密的载体即轮胎成型机及其技术手册、机械图纸的受众具有特定性，主要为与某荷兰公司签订保密协议的轮胎生产企业，且某荷兰公司已采取了相应保密措施来限制未经其许可的主体接触、获得其技术秘密载体，因而其技术秘密载体本身并非不特定公众及所属领域技术人员从公开渠道想得到就可以获得的，其所承载的涉案技术信息亦非从公开渠道可以获得的；某荷兰公司亦已证明其主张的技术信息并非仅涉及产品的尺寸、结构、材料、部件的简单组合等内容，亦非所属领域的相关人员通过观察上市产品（轮胎成型机）即可直接获得的。因此，某荷兰公司实际已初步证明其主张的涉案技术信息不为公众所知悉。

其次，从萨某智能装备公司的证明责任角度分析，在某荷兰公司已证明其采取了相应保密措施且合理表明其主张的技术秘密被侵犯的情况下，萨某智能装备公司如认为技术秘密不成立，则应当提供反证证明。萨某智能装备公司在本案中主张某荷兰公司的在先涉密技术在萨某智能装备公司提出涉案专利申请前即在涉案专利申请日前已被网络上的相应视频公开并提交了相应的证据予以证明，且认为某荷兰公司的技术秘密载体即成型机产品被售出后即已导致成型机上所承载的技术信息被公众所知悉。但上述视频的公开时间或不能确定为涉案专利申请日以前或明显晚于涉案专利申请日，且从内容来看，视频内容中拍摄到的仅是成型机外部的大致情况，时长很短，并不能从中清晰、完整地得到某荷兰公司主张的在先涉密技术的具体技术方案。而且，权利人对其技术秘密载体的销售行为并不必然导致该载体上所承载的技术信息为公众所知悉，在判断权利人请求保护的相关信息是否为公众所知悉时仍然应当以该信息是否为所属领域的相关人员普遍知悉或容易获得为判断标准。因此，萨某智能装备公司提交的证据均不足以证明某荷兰公司的销售成型机产品的行为使成型机上所承载的相关技术信息为所属领域的相关人员普遍知悉或容易获得，其关于某荷兰公司主张的在先涉密技术不具有秘密性、不构成商业秘密的主张不能成立。

二、商业秘密侵权行为的证明与认定

商业秘密保护旨在禁止不当获取和利用行为。[1] 通常商业秘密的侵权行为具有隐蔽性，对于权利人而言，提供侵害商业秘密的直接证据通常是不容易的。[2] 在司法实践中逐渐形成了“接触加实质相同”的规则。即在权利人已证明被诉侵权人利用的信息与其商业秘密相同或实质相同且被诉侵权人实际接触或具有接触商业秘密的机会、渠道的情况下，可以初步认定被诉侵权人采取不正当手段获取商业秘密的事实成立。此时，可以推定侵权事实成立，主观证明责任转移到被告，即由被告提供证据证明其对利用的信息具有正当来源。如果被告提供证据足以证明其正当来源主张，即可否定上述推定。本案中，对技术秘密侵权行为的判断实质是要判断某荷兰公司的在先涉密技术是否被萨某智能装备公司非法获取并披露，在此审理过程中亦应遵循上述“接触加实质相同”规则。

接触可能性可以归结为“直接接触”型和“间接接触”型两类。“直接接触”型指被诉侵权人能够通过权利人直接接触到秘密信息，通常表现为被诉侵权人因与权利人存在合作关系等而获悉技术秘密。“间接接触”型指被诉侵权人能够通过第三人接触权利人的秘密信息，通常表现为被诉侵权人能够通过其他第三方（如权利人的前雇员、客户）获悉秘密信息。本案中，权利人某荷兰公司主张的接触线即是后者，其认为萨某智能装备公司通过二者的共同客户 A 公司获得了接触的机会与渠道。A 公司因与某荷兰公司之间买卖涉案技术秘密载体（成型机）的合同关系而合法持有某荷兰公司的技术秘密。某荷兰公司通过举证证明萨某智能装备公司聘请 A 公司的员工参与研究涉案专利技术方案相关的项目、萨某智能装备公司销售给 A 公司的成型机与某荷兰公司的技术秘密载体（成型机）相邻放置在车间等事实以证明萨某智能装备公司具有接触可能性；某荷兰公司还举证证明萨某智能装备公司在 2016 年 8 月 26 日已实际持有某荷兰公司交付给 A 公司的

---

〔1〕 崔国斌：《商业秘密侵权诉讼的举证责任分配》，载《交大法学》2020 年第 4 期。

〔2〕 黄武双：《商业秘密保护的合理边界研究》，法律出版社 2018 年版，第 233 页。

技术手册即载体之一，虽然该时间点是在涉案专利申请日之后，但该节事实可以从侧面印证萨某智能装备公司能够与A公司建立某种“联系”并可获取到A公司合法持有的某荷兰公司的技术资料。基于某荷兰公司证明的上述事实，足以认定萨某智能装备公司具有接触某荷兰公司在先涉密技术的机会和渠道。因此，在某荷兰公司已证明涉案专利技术方案与其主张的技术秘密实质相同且萨某智能装备公司具有接触可能性的情况下，即可推定萨某智能装备公司采取了不正当手段获取了该技术秘密并予以披露的事实成立，此时，证明责任转移至萨某智能装备公司。

三、独立研发与对实质性特点作出创造性贡献的证明与认定

在此类专利权属纠纷中，被诉专利权人关于独立研发的证明实质已涵盖了其对涉案专利的实质性特点作出创造性贡献并对涉案专利权依法享有权利的证明过程。基于技术秘密权利人的举证证明，法院已作出被诉专利权人不当获取及披露的事实成立的认定，此时，被诉专利权人在证明其独立研发主张时应当达到足以推翻上述事实推定的程度。对于该独立研发的主张是否达到足以推翻的判断，可以从研发证据的内容是否真实以及研发过程是否与行业实践和研发难易程度相符两方面予以考量。

（一）研发证据的内容

考察研发证据的内容是否真实的关键在于判断该证据是否能够体现一项技术方案的完整研发过程，具体可以从如下四个方面考量：第一，是否包括了能够反映从现有技术到最终研发技术方案的技术构思、技术路线变化过程的相关技术资料或研发资料；第二，是否包含具体技术内容、能够体现具体技术方案的过程性技术资料；第三，如涉及产品制造，可以审查其研发证据是否包含了能够体现技术方案应用于产品的阶段性测试资料以及研发完成的产品最终测试合格的相关资料；第四，是否包含能够体现技术方案“试错”过程的技术资料。

以（2020）最高法知民终661号案为例，萨某智能装备公司提交的研发证据中缺少能够体现研发实质内容的过程性资料，不足以体现一项技术方案的完整研发过程。其一，缺少能够反映从现有技术到涉案专利技术方案的技术构思、技术路线变化过程的相关技术资料或研发资料。涉案专利

提出的技术方案对轮胎成型机上料的方式进行了改进，该改进点也是涉案专利的主要发明点，即通过带束鼓的同时垂直向、水平向运动去贴合带束层上料模板、冠带模板、胎面上料模板，且仅需设置带束鼓的一组垂直向驱动电机，其他上料模板无须再设调整机构，进而缩短了上料周期，降低了上料系统的成本。但萨某智能装备公司提交的研发证据仅文字记载了“自动贴合胎面组件、胎体组件”以及“胎面组件自动贴合，自动检带束接头接口状况”、“胎体组件自动贴合，各料接头自动压合”，对于为何会提出该技术方案、具体如何提出该技术构思等均无任何过程性的研究资料或技术资料予以支撑，并不能反映其研发人员是如何想到该技术方案的。简言之，萨某智能装备公司提交的所谓研发证据中仅有结论，并不能体现其技术构思、技术路线从现有技术改进为涉案专利技术方案的具体变化过程。其二，缺少包含具体技术内容、能够体现具体技术方案的过程性技术资料。纵观萨某智能装备公司提交的六份证据，其中五份为相关研发人员填写的建议书、任务书、审核记录等，该五份材料实则并非包含技术信息、体现具体技术内容的技术资料，而仅是文字记录研发处于某一阶段的材料；另有一份为最终研发完成的成型机机械图纸。上述研发证据并不包含在研发过程中提出的相关技术方案的具体技术内容。其三，缺少能够体现技术方案应用于成型机的阶段性测试资料以及研发完成的设备最终测试合格的相关资料。萨某智能装备公司提出涉案专利技术方案系基于对其智能一次法成型机的研发，其预期首批销售若干台成型机，故萨某智能装备公司研发形成涉案专利技术方案的过程必然涉及技术方案在其轮胎成型机上的实际应用。从产品研发的一般常识，更甚是生活常识可知，一项新的技术方案如需应用于生产设备上并最终销售给客户前，必然需经过相应测试，特别是本案所涉及的技术方案对轮胎成型机的主要工位的位移关系进行了较大调整，从技术方案的提出、实施再到生产出合格的成型机设备必然需经过包括性能、安全性等一系列测试，以达到可对外销售的标准或是达到该产品所需满足的相关行业标准。结合萨某智能装备公司的设计输出文件记录亦可知，其输出清单中包括了“非标准的元器件制定或应用验收准则”“规定产品安全和正常使用特征”“产品验收规范能否满足产品设计要求”等内容。然而，萨某智能装备公司提交的研发证据中并不包含涉案专利技术方案应用于成型机中的任何有关其性能、安全性等的阶段性测试资料或是最终测试合格的资料。其四，缺少能够体现技术方案“试错”过程的技术资料。根据本领域人员对产品研发过程的通常理解，研发测试通常情况下都会遇到不能满足预期功能或性能的情况，进而发现尚存在的技术问题，再通过研究改进相应的技术细节以解决测试中遇到的技术“瓶颈”。然而，萨某智能装备公司提交的证据并没有体现其在研发过程中提出的相关技术方案未能实现其提出的自动贴合技术目标的情况，也不包含其在研发过程中提出的未能通过相关测试的瑕疵技术方案，从其提交的研发证据来看，只能理解为萨某智能装备公司研发涉案专利技术方案的过程十分顺利，但是这一理解又与常理不符。综上分析，萨某智能装备公司提交的所谓研发证据仅有研究结论，没有体现包含具体技术内容、技术细节的实质性研发过程。

（二）研究过程是否与行业实践、难易程度相符

研发过程是否符合行业实践以及是否与研发难易程度相匹配，可以结合研发主体的研发能力以及其对该技术领域的既往研究基础予以判断。本案中，在无其他正当技术来源或研发基础的情况下，萨某智能装备公司提交的研发证据所呈现的研发过程及研发时间与常理不符，也与成型机领域行业实践和研究难度不符。首先，萨某智能装备公司的研发时间较短。萨某智能装备公司从提出项目建议书至批准设计输出文件记录仅用时 7 个多月，其制定的研发计划中记载的计划研发起止日期也仅相隔 5 个月。其次，萨某智能装备公司主张的研发过程并未体现其新研发的该成型机所需的特定零部件的定制、采购过程，也未体现该定制、采购过程对整体研发进程的影响。涉案专利技术方案中提到的上料方式的改变涉及带束鼓、带束层上料模板、冠带模板、胎面上料模板四个模块方位的调整，以及为实现带束鼓移动更需要对带束鼓的具体结构进行调整，上述调整必然会涉及相关非标准的零部件。根据萨某智能装备公司提交的设计输出文件记录的记载，输出文件中亦包含非标准的元器件制定或应用验收准则以及特殊元器件的图纸等。而且根据本领域对设备研发过程的通常理解，非标准的零部件的定制一般是在研发过程中逐步确定，零部件的相关尺寸参数也需根

据研发的具体方案作适应性调整。然而，萨某智能装备公司的研发证据并没有体现此类过程。最后，仅从萨某智能装备公司文字记载的研发进程来看，其研发过程不仅过于简单，而且研发时长也较短，在缺乏其他证据支撑的情况下，关于萨某智能装备公司经该研发过程就完成了涉案发明专利的研发并成功应用于其对外销售的轮胎成型机难以令人信服。退一步讲，假使如萨某智能装备公司所称其具有较强的研发能力且前期已具有一定的研发基础，因而其能够在短时间内研发完成涉案专利技术方案，则萨某智能装备公司也应当举证证明其所称的较强研发能力和研发基础，但萨某智能装备公司并未就此提交证据证明。在萨某智能装备公司未证明其有较强研发能力且具有较为扎实、成熟的研发基础的情况下，其文字记载的研发过程不足以证明其独立研发完成了涉案专利技术方案。

四、结语

三案的原告某荷兰公司成立于 1945 年，系全球知名轮胎机械设备制造商，而被告萨某智能装备公司成立于 2009 年，系国内领先的轮胎机械设备制造商，萨某智能装备公司所属的萨某集团与某荷兰公司同为全球知名橡胶机械企业，该两公司间的专利权属纠纷受到业内广泛关注。三案判决进一步明晰了技术秘密权利人基于侵害技术秘密主张专利权权属案件的审理思路，明确了各方主体在此类案件中的证明责任，对于技术秘密及专利权的司法保护均具有积极意义，亦体现了平等保护外国企业的知识产权，切实维护各类企业的合法权益的司法态度。

最高人民法院二审合议庭成员：岑宏宇　佘朝阳　陈瑞子

（编写人：岑宏宇*　诸方卉**　审稿人：丁文严）

* 岑宏宇，法学硕士，中华人民共和国最高人民法院知识产权法庭，三级高级法官。

** 诸方卉，法学硕士，中华人民共和国最高人民法院知识产权法庭，法官助理。

福州百某自动化科技有限公司
与
上海点某建筑技术有限公司、
张某彬
侵害实用新型专利权纠纷案

——侵权人对外宣称的经营业绩可以作为计算损害赔偿的依据

【裁判摘要】

专利权利人主张以侵权人对外宣传的经营规模作为损害赔偿计算依据，侵权人抗辩该经营规模属于夸大宣传，并非经营实绩，但未提交证据证明其实际侵权经营规模的，人民法院可以将该对外宣传的经营规模作为损害赔偿计算依据。

【案件基本信息】

1. 诉讼当事人

上诉人（原审原告）：福州百某自动化科技有限公司（以下简称福州百某自动化科技公司）

被上诉人（原审被告）：上海点某建筑技术有限公司（以下简称上海点某建筑技术公司）

被上诉人（原审被告）：张某彬

2. 案件索引与裁判日期

一审：上海知识产权法院（2019）沪 73 知民初 21 号判决（2020 年 9 月 18 日）

二审：最高人民法院（2021）最高法知民终1066号判决（2022年5月23日）

3. 案由

侵害实用新型专利权纠纷

【简要案情】

福州百某自动化科技公司系专利号为201320534267. X、名称为“结固式锚栓”的实用新型专利权利人，其认为，上海点某建筑技术公司及其法定代表人张某彬共同制造、销售、许诺销售的锚栓配件侵害了涉案专利权，故向上海知识产权法院提起诉讼，请求判令上海点某建筑技术公司及张某彬停止侵权并连带赔偿损失及维权合理开支共计250万元。一审法院认为，被诉侵权技术方案落入涉案专利权保护范围，但上海点某建筑技术公司及张某彬提出的抵触申请抗辩成立，故其不构成侵权。

一审法院于2020年9月18日作出（2019）沪73知民初21号判决，驳回福州百某自动化科技公司的诉讼请求。

福州百某自动化科技公司不服，向最高人民法院提起上诉，请求撤销一审判决并依法改判支持福州百某自动化科技公司全部诉讼请求。

【案件焦点】

如何确定上海点某建筑技术公司和张某彬应当承担的侵权赔偿责任。

【裁判结果】

最高人民法院经审理认为，上海点某建筑技术公司及张某彬有关抵触申请抗辩不能成立，可以认定具体实施侵权技术方案的上海点某建筑技术公司和提供该技术方案的张某彬共同实施了侵害涉案专利权行为。被诉侵权产品是上海点某建筑技术公司和张某彬积极推广的所谓第三代点挂安装技术产品配件，上海点某建筑技术公司和张某彬在2017年宣称其累计施工面积已达200万平方米以上，且其通过宣传册和官方网站对相关工程案例进行了宣传展示，上海点某建筑技术公司副总经理在2019年2月24日仍通过微信朋友圈对第三代点挂施工工程进行宣传展示。上海点某建筑技术公司和张某彬对上述事实虽持有异议，认为200万平方米为夸大宣传，相关工程案例为借鉴合作方的案例，且相关工程并未使用被诉侵权产品。但是，上海点某建筑技术公司和张某彬并未提交有效反证证明其实际施工量，其主张夸大宣传依据不足；上海点某建筑技术公司和张某彬亦不提交其实际使用的锚栓配件，其主张未使用被诉侵权产品与事实不符，不能成立。因上海点某建筑技术公司和张某彬明确表示不提交被诉侵权产品销售数据和财务账册，故本案可以根据福州百某自动化科技公司的主张和提供的证据认定上海点某建筑技术公司和张某彬的侵权获利。基于上述对外宣传经营规模，参考福州百某自动化科技公司主张的每平方米所需被诉侵权产品平均用量约为 5 根、专利产品销售单价为 3. 57 元、3. 27 元不等以及合理利润率认定赔偿数额，上海点某建筑技术公司和张某彬侵权获利应不低于 250 万元。综合考虑上海点某建筑技术公司和张某彬经营规模，因其侵权时间长、侵权范围广、侵权恶意明显，以及福州百某自动化科技公司为本案支出的律师费、公证费等合理维权费用等因素，判决撤销一审判决，改判上海点某建筑技术公司和张某彬停止侵权并对福州百某自动化科技公司 250 万元赔偿主张予以全额支持。

【裁判摘要评析】

本案结合被诉侵权人对外宣称的经营业绩确定侵权行为规模，并在此基础上综合确定赔偿数额，体现了人民法院加强知识产权保护、加大损害赔偿力度的司法导向，有效指引市场主体在商业活动中遵循诚信原则。本案裁判积极运用知识产权诉讼证据规则中的举证妨碍制度，依法适用酌定赔偿加大赔偿力度，对于破解知识产权侵权诉讼“举证难、赔偿低”问题提供了有益探索和可循路径。此外，涉案专利产品虽为小部件、单价不高，但小专利也能获得高判赔，提示任何人都应尊重他人创新成果。本案在综合确定损害赔偿数额时重点考虑以下因素。

一、诚实信用是民事诉讼的基本原则

《知识产权民事诉讼证据规定》第 1 条规定，知识产权民事诉讼当事人应当遵循诚信原则，依照法律及司法解释的规定，积极、全面、正确、诚实地提供证据。该条规定是对《民事诉讼法》规定的诚信原则的重申，强调当事人在举证、质证过程中的诚实信用，增强案件事实查明的准确性，提高案件审理效率，对当事人权利的保障和民事诉讼秩序的维护具有重要意义。人民法院在知识产权民事诉讼中，普遍面临权利人取证难、举证难问题，导致案件事实查明难度大。在此情形下，人民法院有必要在

“谁主张，谁举证”举证原则基础上，根据当事人的主张及待证事实、证据持有情况、举证能力等，强化行使释明权，引导各方当事人积极、全面、正确、诚实举证，积极运用举证妨碍制度、事实推定制度等，促使当事人诚信诉讼，推动知识产权诉讼诚信体系建设。

二、举证妨碍制度适用条件

《关于审理侵犯专利权纠纷案件司法解释（二）》第27条规定，权利人因被侵权所受到的实际损失难以确定的，人民法院应当依照专利法的规定，要求权利人对侵权人因侵权所获得的利益进行举证；在权利人已经提供侵权人所获利益的初步证据，而与专利侵权行为相关的账簿、资料主要由侵权人掌握的情况下，人民法院可以责令侵权人提供该账簿、资料；侵权人无正当理由拒不提供或者提供虚假的账簿、资料的，人民法院可以根据权利人的主张和提供的证据认定侵权人因侵权所获得的利益。该条规定根据专利权人的初步举证以及侵权人掌握相关证据的情况，将有关侵权人获利的举证义务分配给侵权人，其中“初步证据”可以包括侵权人自己对侵权获利乃至公司整体营利的宣传资料、网站介绍、公司年报等，对权利人的举证要求不宜过严。2020年修正的《专利法》第71条第4款已将该条规定上升为立法。因第71条第1款取消了赔偿数额的确定顺序，当事人可以自行选择更有利于其自身权利保护的赔偿数额计算方法，故上述第71条第4款新增规定亦作相应调整，不再以权利人实际损失难以确定为前提，同时进一步完善了适用举证妨碍制度的前提条件，一般由侵权人掌握的侵权产品的产销数量、销售价格、成本费用、利润水平等与侵权行为相关的获利事实，权利人无力举证的，可适用举证妨碍制度。

《知识产权民事诉讼证据规定》第31条则进一步规定，当事人提供的财务账簿、会计凭证、销售合同、进出货单据、上市公司年报、招股说明书、网站或者宣传册等有关记载，设备系统存储的交易数据，第三方平台统计的商品流通数据，评估报告，知识产权许可使用合同以及市场监管、税务、金融部门的记录等，可以作为证据，用以证明当事人主张的侵害知识产权赔偿数额。该条规定对证明上述事实的证据作出列举，旨在引导当事人正确收集证据，促进知识产权损害赔偿计算精细化的实现。

侵权人如对权利人提交的上述证据持有异议，应提交反证证明其真实经营状况，否则，人民法院可以根据权利人提交的证据作出对侵权人不利的事实认定。

三、依法适用酌定赔偿，加大损害赔偿力度

酌定赔偿是法官在一定事实和数据基础上，根据具体案情酌定实际损失或侵权所得的赔偿数额，其不受法定赔偿最高或者最低的限制。在计算赔偿所需的部分数据确有证据支持的基础上，可以根据案情运用自由裁量权确定计算赔偿所需的其他数据，酌定公平合理的赔偿数额。关于具体计算赔偿数额的方法，《关于审理专利纠纷案件规定》第 20 条规定，权利人因被侵权所受到的实际损失可以根据专利权人的专利产品因侵权所造成销售量减少的总数乘以每件专利产品的合理利润所得之积计算。权利人销售量减少的总数难以确定的，侵权产品在市场上销售的总数乘以每件专利产品的合理利润所得之积可以视为权利人因被侵权所受到的实际损失。侵权人因侵权所获得的利益可以根据该侵权产品在市场上销售的总数乘以每件侵权产品的合理利润所得之积计算。侵权人因侵权所获得的利益一般按照侵权人的营业利润计算，对于完全以侵权为业的侵权人，可以按照销售利润计算。依照该条规定的指引，在权利人侵权产品销售单价和利润数据均缺失的情形下，人民法院可以根据侵权产品的销售数量结合专利产品的销售单价确定利润率，并综合考虑在案其他事实，确定公平合理的赔偿数额。

司法实践中，因权利人举证能力受限导致的侵权赔偿数额低是知识产权民事诉讼长期以来面临的困境，侵权人举证不积极反而获利的现象较为突出。为着力破解“举证难”问题，人民法院应当积极运用举证妨碍、调查取证、事实推定等制度和方法，以诚信诉讼为指引，以精细化赔偿为导向，提高损害赔偿数额计算的科学性和合理性，充分弥补权利人损失，依法加大损害赔偿力度。

最高人民法院二审合议庭成员：徐燕如　刘晓梅　庞敏

（编写人：刘晓梅* 审稿人：丁文严）

---

* 刘晓梅，法学硕士，中华人民共和国最高人民法院知识产权法庭，三级高级法官。

深圳市朗某科技股份有限公司
与
广州友某数码科技有限公司、
杭州某广告有限公司
侵害发明专利权纠纷案

——“通知—删除”规则在专利侵权纠纷中的认定

【裁判摘要】

有效通知一般包括知识产权权利证明及有效的权利人信息、能够实现准确定位的被诉侵权商品或服务信息、构成侵权的初步证据、要求采取的具体措施、通知真实性的书面保证等。认定有效通知应考虑权利类型、作为网络服务提供者的电子商务平台经营者的监管能力以及平台性质。转通知是电子商务平台经营者承担的最低义务，转通知后是否还需要进一步采取必要措施，仍需要结合通知内容作出判断。

【案件基本信息】

1. 诉讼当事人

再审申请人（一审被告、二审上诉人）：杭州某广告有限公司（以下简称某广告公司）

被申请人（一审原告、二审被上诉人）：深圳市朗某科技股份有限公司（以下简称朗某科技公司）

二审上诉人（一审被告）：广州友某数码科技有限公司（以下简称友某数码科技公司）

2. 案件索引与裁判日期

一审：广州知识产权法院（2016）粤 73 民初 1028 号判决（2017 年 9

月 27 日）

二审：广东省高级人民法院（2018）粤民终 427 号判决（2019 年 2 月 20 日）

再审：最高人民法院（2019）最高法民申 5954 号裁定（2021 年 11 月 1 日）

3. 案由

侵害发明专利权纠纷

【简要案情】

朗某科技公司系名称为“用于数据处理系统的快闪电子式外存储方法及其装置”实用新型专利的专利权人。朗某科技公司在某电子商务平台上友某数码科技公司的店铺购买了四枚优盘。友某数码科技公司认可被诉侵权产品由其出售。2016 年 7 月 1 日，朗某科技公司将友某数码科技公司及某广告公司诉至法院。2016 年 7 月 7 日，朗某科技公司就友某数码科技公司的侵权行为向某广告公司发出律师函，请求某广告公司撤销前述侵权产品并删除涉嫌侵权的网页内容。2016 年 7 月 8 日，某广告公司签收了前述律师函。2016 年 7 月 29 日，某广告公司回函，称：“投诉收悉，由于投诉所涉情况已在诉讼中，平台会在收到法院判决后第一时间按照法院判决维护贵方权益”。2016 年 8 月 8 日，朗某科技公司向某广告公司提交了侵权对比分析表。2016 年 8 月 9 日，某广告公司通知友某数码科技公司，朗某科技公司进行了投诉。友某数码科技公司收到转通知后回复“我司正在准备材料中，准备好后第一时间发过去”。某广告公司于 2016 年 8 月 10 日对朗某科技公司发送的通知的链接进行了核实，链接中均显示商品已下架。2017 年 4 月 6 日，友某数码科技公司的网店上仍有被诉侵权产品在展示，朗某科技公司办理了公证。一审法院认为，某广告公司作为网络服务提供者，未采取必要措施，造成损失扩大。判令某广告公司对友某数码科技公司应承担的赔偿额中的 20, 000 元承担连带赔偿责任。某广告公司及友某数码科技公司不服，提起上诉。二审判决驳回上诉、维持原判。某广告公司不服，向最高人民法院申请再审。

【案件焦点】

1. 针对不同的权利类型与不同性质的平台，“通知—删除”规则中的“通知”标准是否应有差别；

2. 认定“通知—删除”规则中的“有效通知”的标准；

3. 转通知能否视为“通知—删除”规则中的必要措施。

【裁判结果】

最高人民法院审查认为，有效通知一般包括知识产权权利证明及有效的权利人信息、能够实现准确定位的被诉侵权商品或服务信息、构成侵权的初步证据、要求采取的具体措施、通知真实性的书面保证等。认定有效通知应考虑权利类型、作为网络服务提供者的电子商务平台经营者的监管能力以及平台性质。不同权利类型的侵权判断难易程度不同，电子商务平台经营者的监管能力不同，对不同平台的监管难度也存有差异。因此，针对不同的权利类型与不同性质的平台和电子商务平台经营者，发出有效通知的标准也会有差别。对于涉及专利权的通知，在平台治理规则的框架下，有效通知可以包括技术特征或设计特征比对表、实用新型或外观设计专利权评价报告等材料。电子商务平台经营者应积极履行转通知的义务，当通知达到能够转送的最低限度时就应当完成转送。只要通知载明了权利人的基本信息、权利凭证、能够实现准确定位的被诉侵权商品或服务信息、要求电子商务平台采取的具体措施，以及构成侵权的初步证据。电子商务平台经营者就应当履行转送义务，而无须对侵权的初步证据进行审查。朗某科技公司提交的侵权对比表符合某广告公司制定的知识产权平台治理规则，也符合此前投诉的惯例。在朗某科技公司发出的律师函记载了投诉产品及位置信息，并附有朗某科技公司的专利证书、说明书以及登记簿的情况下，即使作为平台经营者的某广告公司认为该侵权初步证据的证明力尚未达到有效通知的标准，亦应给出回复，以实现信息交流的顺畅。因此，二审判决认定朗某科技公司的涉案通知构成有效通知并无不当。转通知是电子商务平台经营者承担的最低义务，转通知后是否还需要进一步采取必要措施，仍需要结合通知内容作出判断。某广告公司虽然履行了转通知义务，但并不能因此证明其采取了必要措施。友某数码科技公司未提出不侵权的反通知，某广告公司也不能据此证明其无须采取任何措施已能够较大可能防止侵权行为发生。对于友某数码科技公司自动下架后又上架的行为，相对于朗某科技公司，由某广告公司承担监管责任的社会成本更低。如果需要权利人持续关注平台内经营者是否就同一产品重复上架，则可能使权利人陷入循环往复的投诉，“通知—删除”规则也将形同虚设。而某广告公司作为电子商务平台经营者可以通过平台治理规则有效避免此种情形。同时，某广告公司作为电子商务平台经营者对重复侵权行为应负有更高的注意义务，避免平台内经营者利用此类手段规避法律。而且，某广告公司未提供证据证明朗某科技公司提交公证书证明被诉侵权商品再次上架后，其进一步采取了必要措施避免损失进一步扩大。故最高人民法院裁定驳回了某广告公司的再审申请。

【裁判摘要评析】

近年来，我国电子商务迅猛增长，交易活跃。电子商务引发的知识产权侵权纠纷持续增长。网络服务提供者或称电子商务平台经营者作为纠纷的一方当事人是此类侵权纠纷的特殊之处。知识产权各部门法均未对网络服务商的民事责任作明确规定，仅有《民法典》《电子商务法》等有所涉及。其中“通知—删除”规则是重要的规范指引。

一、“通知—删除”规则的标准：“一刀切”还是“差异化”

“通知与移除”规则由美国《千禧年数字版权法》首创。我国借鉴了这一规则，并最先引入版权法领域。2006 年颁布的《信息网络传播权保护条例》率先规定了特定网络服务提供者的“通知—删除”义务。此后，在《侵权责任法》起草过程中，网络侵权纠纷引起社会各界重视，立法者专条规定了网络侵权民事责任，并写入了“通知—删除”规则，《民法典》颁布后，亦保留了这一规则。但《侵权责任法》和《民法典》并未区分“通知—删除”规则的适用范围，从文义解释的角度，应当认为在版权、商标、专利等各类知识产权民事纠纷中都要适用。然而，长期以来，对于不同类型的纠纷中能否适用统一的“通知—删除”规则存有争议。司法实践中，通常认为在不同的知识产权领域采取差异化的“通知—删除”规则具有合理性，可以从以下两个方面区分纠纷的不同样态及其对制度的不同需求。

（一）主体的差异性

网络侵权千头万绪，一个重要的原因在于网络服务类型的多样化。网络服务提供者介入直接侵权的程度也不相同。传统的网络服务提供者主要分为网络接入服务提供者、缓存服务提供者、宿主服务提供者以及信息搜索服务提供者。其中，网络接入服务提供者、缓存服务提供者属于提供信息介入通道的，世界上多数国家都不要求此类提供底层技术服务的网络服务提供者承担因内容引起的侵权责任。争议集中发生在宿主服务和信息搜索服务中，这两类服务看似分类清晰，实则包含在服务内容方面差异巨大的不同主体。特别是随着云计算、网络操作系统（OS）、云控浏览器、微信小程序等服务的兴起，宿主服务的提供者中既有类似于淘宝网的电子商务平台，也有视频分享网站。这些网络服务提供者提供网络服务的方式是不同的，这直接决定了网络服务商对信息具有不同的监控能力。而网络服务商应当承担的监管责任显然与其监控能力有关。例如，信息流动过程中的发布者往往承担更为严格的监管责任。因此，针对不同主体类型的纠纷应当采用不同标准的“通知—删除”规则。

（二）权利类型的差异性

《侵权责任法》并未规定“通知—删除”规则的程序。2019 年颁布的《电子商务法》第 42～43 条规定了通知与反通知的程序。根据《电子商务法》的上述规定，“通知—删除”规则是指权利人认为其知识产权受到侵害，而通知网络服务提供者，网络服务提供者接到合格通知后，就要实施删除、屏蔽、断开链接、终止交易和服务等必要措施。如果采取必要措施后，出现了反通知，应基于特定条件终止必要措施。从我国目前的“通知—删除”规则来看，宜针对不同的权利类型采用不同的标准。

首先，在不同权利类型的纠纷中，网络服务提供者判断侵权成立的难度不同。知道侵权而不予以制止是网络服务提供者承担侵权责任的依据。因此，网络服务提供者需要对通知进行实质审查，并据此判断侵权是否成立。但对于不同权利类型的纠纷，判断侵权是否成立的审查成本以及所需信息都是不同的。例如，在有些发明专利以及实用新型专利侵权纠纷中，专利保护范围需要在控辩双方进行权利要求的解释后方能确定，而且，专利侵权包含字面侵权和等同侵权，在等同侵权的认定过程中，需要具备法律专业知识的人准确适用法律作出判断，而非处理海量信息的网络服务提供者能够轻易完成。相反，认定作品是否抄袭、商标是否被假冒则是较为容易的任务。

其次，在不同权利类型的纠纷中，必要措施对产业的影响不同。我国目前的“通知—删除”规则，反通知是在采取必要措施之后发生效力，即通知到达就要采取必要措施。这个规则源于版权法。对于作品而言，删除或断开链接后再行恢复不会影响作品的声誉。但对于诸如淘宝网等电子商务平台，由于平台设置了复杂的积分规则，因此，每个商品链接都关系到商家的累积销量、消费者评价、浏览记录和广告投入，这些会成为影响商家利润的有效流量，删除或者断链对于商家的影响巨大。一旦承载着商誉的流量链接被移除，重新培植恢复流量的成本很高。

综上所述，不同应用场景中的网络服务提供者对信息的监控能力差异较大，不同权利类型侵权判断的难度也不同，错误删除的影响也有差异，因此，缘起于版权法领域的“通知—删除”规则移植到其他知识产权部门法时，应当作适应性修改，“一刀切”的标准不符合实际需求，也难以实现制度功能。在不同的纠纷类型中，“通知—删除”规则应当适用不同的标准。

本案纠纷围绕淘宝网等传统的电子商务平台展开，下文将进一步探讨在此类纠纷下“通知—删除”规则中的“有效通知”与“必要措施”。

二、专利侵权纠纷中的“有效通知”

《电子商务法》第 42 条规定，通知应当包括构成侵权的初步证据。《信息网络传播权保护条例》第 14 条也规定通知需要包含侵权的初步证据。但关于何为有效通知，法律却没有给出明确的规定。最高人民法院曾在利用信息网络侵害人身权益的司法解释中规定了有效通知的三要素，[1] 包括用以确定被投诉的主体要素、用以确定必要措施的行为要素、用以确定投诉

〔1〕 参见《关于审理利用信息网络侵害人身权益民事纠纷案件适用法律若干问题的规定》（2014 年通过）第 5 条，2020 年修正后，本条被删除。

成立的缘由要素。但行为要素中仅要求提供能够定位侵权内容的相关信息，投诉人并不负有说明侵权成立的义务。同样，缘由要素中也仅规定提供要求删除相关信息的理由，但并不要求提供证明该理由成立的证据。因此，在人身权侵权纠纷中有效通知的要求相对较低。人身权侵权纠纷中的标准能否适用于专利侵权纠纷，尚待探讨。因此，专利侵权纠纷中专利权人应当提交包括侵权初步证据的通知，但尚无明确的法律或司法解释对合格的初步证据给出明确指引。

（一）我国司法案例的梳理

针对有效通知的标准过于原则的问题，司法实践积累了部分案例，形成了一系列裁判规则。

在浙江天某网络有限公司（以下简称天某公司）与威海嘉某生活家电有限公司（以下简称嘉某家电公司）侵害发明专利权纠纷案中，嘉某家电公司对被诉侵权行为进行了投诉，向某网知识产权保护平台上传了包含专利侵权分析报告和技术特征比对表在内的投诉材料，但某网最终没有审核通过，仍要求嘉某家电公司填写落入专利侵权保护范围技术点。最终法院判令天某公司承担连带责任。该案成为具有先例作用的指导案例。在该案中，法院对有效通知作出如下认定："通知是指被侵权人就他人利用网络服务商的服务实施侵权行为的事实向网络服务提供者所发出的要求其采取必要技术措施，以防止侵权行为进一步扩大的法律行为。通知既可以是口头的，也可以是书面的。通常，通知内容应当包括权利人身份情况、权属凭证、证明侵权事实的初步证据以及指向明确的被诉侵权人网络地址等材料。符合上述条件的，即应视为有效通知。"[1]

在杭州某广告有限公司与建某贸易有限公司、肇庆市衡某实业有限公司侵害发明专利权纠纷案中，法院查明，本案被投诉的某知识产权专区中，对权利人投诉的填写有专门的指引，其中如果专利类型是发明专利或实用新型专利，则要求填写：专利的相关信息、被投诉方名称以及对应的侵权产品链接、"技术特征比对表"，并在"结论"栏中填写技术特征比对

[1] 参见浙江省高级人民法院民事判决书，（2015）浙知终字第186号。

结果。若结论是“等同”，要求在“备注”中具体说明技术点等同的依据，如手段、功能、效果等基本相同的说明。最终法院认定网络服务提供者要求专利权人提供技术特征比对表并说明侵权的原因是合理的。

在东莞市裕某电子科技有限公司与深圳晶某国际科技有限公司、北京某电子商务有限公司侵害发明专利权纠纷案中，法院认定某平台的网络服务提供者在收到诉讼材料后实施删除行为，完成了必要措施，应当免责。因此，在该案中，投诉人提起诉讼的通知构成有效通知。[1]

综上所述，司法实践中通常认为专利权人提交了专利侵权报告以及技术特征比对表的通知即视为满足了“构成侵权的初步证据”，包含上述材料的通知视为有效通知。

（二）“通知—删除”规则中通知的制度功能

关于“通知—删除”规则的正当性，通常有如下解释：一是社会成本最低说，即网络环境下网络服务提供者承担侵权防范义务的社会成本最低。电子商务环境下，网络技术的应用使信息传播的速度以及传播的数据量级有了根本性的变化，对于侵权者而言复制和销售的成本都大幅降低。有必要进一步采取防范侵权的措施，否则将降低社会创新的动力。同时，电子商务环境下，电子商务平台有能力对在线交易进行事后的审查和监控，电子商务平台能够帮助权利人追查侵权行为的实施者，也能通过采取技术措施停止侵权行为，电子商务平台是具有侵权风险防范能力的关卡。与侵权泛滥导致权利人放弃电子商务途径交易相比，增加电子商务平台的注意义务显然是社会成本更低的选择。因此，“通知—删除”规则是对权利人与网络服务提供者进行利益平衡后作出的制度设计。二是政策选择说。《民法典》第1195条仅规定了网络服务提供者承担连带责任，但并未将网络服务提供者成立的侵权行为归入帮助、教唆或者无意思联络的共同侵权中。因此，此种连带责任是基于公共政策选择而设定的。三是权利人保护说。北京知识产权法院在某计算有限公司案件中指出，建立网络服务提供者配合通知发送人维权的法律机制，是为了促使其与权利人合作，以便有效地制

[1] 参见广东省深圳市中级人民法院民事判决书，（2018）粤03民初1830号。

止网络侵权行为的扩大。[1] 而且，为了促使网络服务提供者产生与权利人合作的意愿，还设计了反通知原则以及错误通知免责的原则。因此，这种观点认为"通知—删除"规则是以权利人为核心进行的制度设计。四是保证责任说。此种观点下，网络服务提供者之所以负有"通知—删除"的义务是源于网络服务提供者与被诉侵权行为实施者之间的网络服务合同，合同约定当然附随有不得传输非法信息的义务。因此，一旦该合同成立，网络服务提供者就处于保证人的地位。[2]

综观上述学说理论，由于保证义务并不基于附随义务当然成立，因此，保证责任说在我国语境下缺乏适用空间。权利人保护说则完全从加强保护的价值取向出发，忽视了互联网产业发展的需要，可能带来显著的利益失衡。而政策选择说则难以获得明确的标准。因此，笔者认为社会成本最低说的解释力最强。

从社会成本最低说出发，设立"通知—删除"规则的目的在于兼顾权利人与网络服务提供者。因此，有效通知的设定标准应当既简便易行又符合网络服务提供者的监管能力。只有在网络服务提供者的监管成本低于权利人的举证成本时，由网络服务提供者承担注意义务才能实现社会成本最低。应当区分权利人发出的"通知"与"有效通知"。对于权利人发出的通知，网络服务提供者应及时转通知，网络服务提供者能够基于通知确知侵权存在的，此时成立"有效通知"，触发风险控制义务，网络服务提供者应当采取必要措施。同时，还需要注意的是，"通知—删除"规则的运行有赖于网络环境下形成的自治生态，网络服务提供者履行"通知—删除"也源于网络自治的治理结构，因此，在解释"通知—删除"规则时应当以尊重互联网自治生态、促进互联网自治发展为出发点。

（三）设定有效通知的考虑因素

基于上文对有效通知应然状态的论证，可以从以下几个方面考虑是否构成有效通知。

---

〔1〕 参见北京知识产权法院民事判决书，（2017）京73民终1194号。

〔2〕 Hilgendorf/Valerius（Fn，2），Rn. 220. 转引自周学峰、李平主编：《网络平台治理与法律责任》，中国法制出版社2018年版，第114页。

网络服务提供者的认知能力。针对信息存储空间服务，网络服务提供者对未经许可在网络中传播信息的侵权行为进行初步核实较为容易，因此，“通知—删除”规则有用武之地。而信息接入服务的网络服务提供者则难以审查其输送的信息内容，因此，不适用“通知—删除”规则。在专利侵权纠纷中，进行侵权判断需要专业的知识和相应技能，网络服务提供者在著作权、商标权纠纷中的认知能力较差，需要适当提高有效通知的标准，以弥补网络服务提供者认知能力的不足。但同时，也需要注意专利侵权纠纷中包含了不同权利类型的纠纷，其中外观设计专利权纠纷中网络服务提供者的认知能力则相对较强。发明专利、实用新型专利因技术领域及权利要求撰写的繁复程度不同，对网络服务提供者的认知能力产生不同的影响。

侵权行为的性质。对仿冒行为和一般侵权行为的辨识难度显然是不同的，同样，对被控侵权行为是构成字面侵权还是等同侵权的辨识难度也不相同。对侵权行为辨识的难度与有效通知的标准成反比例关系。越容易辨识的行为，网络服务提供者的注意义务越高，相应地，权利人发出有效通知的要求就越低。

损害的严重程度。一方面，损害的严重程度与侵权行为的性质有关。仿冒产品与权利人的产品具有完全的替代性，因此仿冒行为比一般侵权行为对权利人的损害更大。另一方面，损害的严重程度也与重复侵权有关。如果同一或者相关联的主体多次侵权或者重复侵权，则其对权利人造成的损失就大，网络服务提供者对此类主体应当提高警惕，相应地，如果通知中能够表明是重复侵权，则无须权利人提供进一步证明侵权成立的证据。

网络服务提供者投入的成本。如前所述，“通知—删除”规则不仅考虑保护权利人，同时也要考虑行业发展。因此，网络服务提供者投入审核的成本以及错误移除导致的成本都将影响有效通知的标准。如果网络服务提供者需要投入大量成本才能识别侵权，或者达到相对可以接受的正确率时，采取司法或者行政程序直接介入的方式更能节约社会成本。

此外，部分网络服务提供者呼吁应当以法院判决或者行政裁决作为有效通知的门槛，以降低恶意投诉。但在我国的语境下，从电子商务平台每年千万级的处理数量，与全国法院系统 20 万件左右的该类案件收案数量来看，哪怕平台纠纷只有1%转入司法或行政系统，对于司法或者行政系统的资源也会产生巨大的挑战。而一旦将有效通知的门槛提高到司法判决或行政裁决，势必迫使权利人转而寻求司法或行政救济，而将“通知—删除”规则作为司法或行政解决纠纷过程中的临时禁令的替代品。[1] 从电子商务知识产权纠纷解决的数量需求和效率需求来看，司法和行政程序显然难以承载电子商务平台转嫁的纠纷。而且，这也会使“通知—删除”规则利用网络服务提供者以较低社会成本防范侵权风险的制度目的落空。

三、专利侵权纠纷下的“必要措施”

（一）转通知是否构成必要措施

根据《电子商务法》，网络服务提供者接到有效通知要采取必要措施并转通知，因此，在我国目前的立法框架下，转通知不是必要措施的一种，而是网络服务提供者实施必要措施的同时必须履行的义务。但“转通知”本身具有独立价值。转通知是网络服务提供者采取的最低限度的行动，否则权利人的投诉行为将失去意义，权利人的维权行为也将难以实现。在不适合直接采取删除措施的情况下，转通知体现了网络服务提供者“警示”侵权人的意图，从而在一定程度上有利于防止损害后果扩大。实践中也有观点认为转通知可以成为“必要措施”，从而使网络服务提供者达到免责条件。[2]

（二）转通知是履行审查义务的表现

根据《电子商务法》的有关规定，我国的“通知—删除”规则的逻辑是权利人通知，网络服务提供者删除、断开链接、转通知，服务对象反通知、转反通知，权利人可以在15日内行政投诉或者起诉，不投诉或者起诉的终止所采取的措施。因此，转通知是为了帮助网络服务提供者进一步确认侵权是否成立，使经营者参与到“通知—删除”规则中，从而减少错误移除的可能性。即转通知是网络服务提供者通过在权利人与经营者之间往复征询对合格通知应当触发何种必要措施进行的审查。该程序类似于德国

---

〔1〕 刘晓春：《〈电子商务法〉知识产权通知删除制度的反思与完善》，载《中国社会科学研究生院学报》2019年第3期。

〔2〕 前文中嘉某家电公司案中浙江省高级人民法院持此种观点，某计算有限公司与北京乐某科技有限公司侵害作品信息网络传播权纠纷案中法院也持这一观点，详见北京知识产权法院民事判决书，（2017）京73民终1194号。

法上的“乒乓程序”。但我国的“乒乓程序”发生在采取必要措施的同时，而非事前确定通知是否有效的阶段。将“乒乓程序”规定在采取必要措施阶段，审查的结果只影响采取何种必要措施以及是否解除必要措施，因此，对权利人的保护较强，同时也加重了网络服务提供者的平台责任。网络服务提供者与经营者在一定程度上是利益共同体，网络服务提供者在自己错误识别侵权的可能性较大的情况下，为了维护网络服务平台的经营秩序，可能会引入第三方评估或者将加重的责任转嫁给权利人或者经营者，例如，要求权利人或者经营者提供保证金。现实的情况是部分网络服务提供者已经开始使用第三方机构对侵权成立与否进行评估。在胡某松与浙江天某网络有限公司（以下简称天某公司）、中山故里电子科技有限公司侵害发明专利权纠纷案中，天某公司认为在收到诉讼材料后已采取了合理必要措施，包括交由浙江省知识产权局下属的维权中心进行专业判断，而浙江省知识产权研究与服务中心认为基于目前的证据尚不足以作出判定咨询结论，需要补充材料。法院认为天某公司已经尽到了合理的注意义务，并无过错。[1] 能够促使网络服务提供者利用第三方评估解决问题不失为一种选择，但也可能存在网络服务提供者进一步转嫁风险和成本的可能。通过提高有效通知的标准，减少网络服务平台采取移除的出错概率也可能是另一种选择。将转通知的规则前移至确定是否有效通知阶段，赋予网络服务提供者要求权利人补充材料的义务，如前文嘉某家电公司案件的判决所言，权利人的投诉不应当成为黑洞，网络服务提供者如果认为其根据通知难以识别侵权，不应置之不理，而应要求权利人补正材料，同时完成转通知，根据权利人与经营者之间的通知与反通知最终确定是否构成有效通知。

最高人民法院再审合议庭成员：佟姝　戴怡婷　毛立华

（编写人：戴怡婷*　审稿人：丁文严）

---

〔1〕 参见广州知识产权法院民事判决书，(2017) 粤73民初2693号。

* 戴怡婷，法学硕士，中华人民共和国最高人民法院第一巡回法庭，三级高级法官。

荆州市恒某农业科技有限公司
与
甘肃金某农业科技有限公司、
郑州市华某种业有限公司
侵害植物新品种权案

——杂交种授权亲本的品种权保护

【裁判摘要】

1. 在玉米育种生产实践中，使用不同的亲本通过杂交选育相同或者极近似品种的概率通常很小。如果品种权人能够证明被诉侵权的杂交种与使用授权品种作为父、母本杂交选育的杂交种构成基因型相同或者极近似品种，可以初步推定被诉侵权的杂交种使用授权品种作为亲本的可能性较大。

2. 未经许可重复使用授权品种繁殖材料作为父本或者母本生产其他品种繁殖材料的侵权生产者销售其生产所得繁殖材料的行为，系其侵权生产行为的自然延伸，势必导致侵权损害结果的进一步扩大。品种权人请求判令侵权生产者停止销售的，人民法院应予支持。

3. 品种权人能够证明生产者之外的销售者明知所售繁殖材料系由他人未经许可重复使用授权品种繁殖材料作为父本或者母本生产所得，请求判令其停止销售的，人民法院可以认定该销售者构成帮助侵权，并判令其停止销售。

【案件基本信息】

1. 诉讼当事人

上诉人（一审原告）：荆州市恒某农业科技有限公司（以下简称恒某农业科技公司）

被上诉人（一审被告）：甘肃金某农业科技有限公司（以下简称金某农业科技公司）

被上诉人（一审被告）：郑州市华某种业有限公司（以下简称郑州华某种业公司）

2. 案件索引与裁判日期

一审：河南省郑州市中级人民法院（2021）豫 01 知民初 638 号判决（2021 年 10 月 18 日）

二审：最高人民法院（2022）最高法知民终 13 号判决（2022 年 10 月 20 日）

3. 案由

侵害植物新品种权

【简要案情】

“T37”和“WH818”玉米植物新品种的申请日均为 2015 年 3 月 22 日，授权日均为 2019 年 1 月 31 日，品种权号分别为 CNA20150367.6 和 CNA20150368.5。上述植物新品种的品种权人为湖北省荆州市荆州区恒某种业发展中心（以下简称恒某种业中心）、中国种某集团有限公司（以下简称中国种某集团）。2019 年 11 月 29 日，恒某种业中心转型升级成立恒某农业科技公司。中国种某集团授权恒某农业科技公司可单独就侵害其共有的品种权的行为提起诉讼。恒某农业科技公司使用上述“T37”“WH818”品种作为父、母本选育的“彩甜糯 6 号”通过国家玉米品种审定。

恒某农业科技公司申请公证证据保全，取得了金某农业科技公司在“惠农网”经营的店铺中销售的被诉侵权玉米种子，公证购买的链接商品名称为“甜糯玉米种子大面积专业种植户专用品种，5 袋起批，单件 10.00 元每袋”，商品图片显示为“彩甜糯 866”。取得被诉侵权玉米种子实物外包装标注了郑州华某种业公司的名称、地址、电话及网址，包装袋上所附二维码经扫描后显示的“喜某蔬菜研究中心”为郑州华某种业公司的微信公众号。一审期间，双方商定后选择北京玉米种子检测中心对被诉侵权“彩甜糯 866”种子与农业农村部审定品种标准样品“彩甜糯 6 号”进行 DNA 指纹图谱鉴定，鉴定意见显示在 40 个比较位点中差异位点数为 0。恒某农业科技公司认为，金某农业科技公司销售，郑州华某种业公司生产、销售的“彩甜糯 866”种子重复使用“T37”“WH818”作为亲本生产的繁殖材料，侵害了授权品种的品种权，故向河南省郑州市中级人民法院提起诉讼，请求判令两公司停止侵害，共同赔偿经济损失 20 万元及合理费用 2 万元。

一审法院于 2021 年 10 月 18 日作出（2021）豫 01 知民初 638 号判决，认为恒某农业科技公司并未提供证据证明只有通过“T37”与“WH818”两个品种繁殖才能获得“彩甜糯 6 号”，故判决驳回恒某农业科技公司的诉讼请求。

恒某农业科技公司不服，向最高人民法院提起上诉，认为恒某农业科技公司已经提交证据证明被诉侵权的“彩甜糯 866”与“彩甜糯 6 号”极近似或相同的情况下，应当由被诉侵权人举证证明其还可以通过其他不同亲本组合得到与“彩甜糯 6 号”同一种基因型杂交品种。一审法院要求恒某农业科技公司提供证据证明构成举证责任分配错误。故请求撤销原审判决，将案件发回重审或改判支持恒某农业科技公司一审诉讼请求。

【案件焦点】

1. 玉米授权品种与使用授权品种生产的杂交种的亲子关系认定；

2. 销售重复使用授权品种繁殖材料生产的另一品种繁殖材料的侵权认定。

【裁判结果】

最高人民法院经审理认为，被诉侵权玉米种子与“彩甜糯 6 号”属于基因型相同或极近似品种，可以初步推定其使用与“彩甜糯 6 号”相同的父、母本这一事实具有高度可能性。实施侵权生产行为的行为人不得销售其生产所得的繁殖材料，是制止生产者侵权行为、防止损失扩大的应有之义。故改判郑州华某种业公司停止生产、销售“彩甜糯 866”种子，并全额支持对郑州华某种业公司的赔偿请求。对于郑州华某种业公司、金某农业科技公司未经审定推广主要农作物种子的违法行为，依法移送农业农村行政主管部门处理。

【裁判摘要评析】

本案涉及杂交种授权亲本的品种权保护问题。杂交种是在严格选择亲本和控制授粉条件下产生的各类杂交组合的 F_1 植株群体。杂交种的基因型是高度杂合的，群体内又具有不同程度的同质性，表现出很高的生产力。杂交品种通常只种植 F_1，即利用 F_1 的杂交优势。杂交品种不能稳定遗传，F_2 将发生基因型分离，杂合度升高，引起产量下降。[1] 因此，一般而言，杂交种在生产上需要重复使用亲本的繁殖材料。杂交种授权亲本的品种权保护问题主要涉及我国 2015 年修订和 2021 年修正的《种子法》第 28 条的部分规定。本案裁判在缺少玉米亲子鉴定的国家或行业标准的情况下，结合玉米育种规律适时转移举证责任，为品种权人提供了有力保护。同时，对于实施销售行为的生产者，考虑其销售行为是生产行为的自然延续，判令生产者同时停止销售行为，进一步扩展了植物新品种权的保护环节。

一、杂交种亲本品种权保护的相关规定及问题

品种权的保护范围主要通过两个维度进行界定，即品种权的客体和品种权控制的行为。前一维度解决品种权保护什么的问题，后一维度解决品种权人可以控制哪些行为的问题。我国植物新品种权法律制度中，对杂交种亲本的品种权保护主要规定于 2015 年修订和 2021 年修正的《种子法》第 28 条中，即除法律、行政法规另有规定外，任何单位或者个人未经植物新品种权所有人许可，不得为商业目的将该授权品种的繁殖材料重复使用于生产另一品种的繁殖材料。上述规定表明：第一，该类侵权行为的构成以“商业目的”为要件。非为商业目的的行为，如为培育新品种或为品种权申请、品种审定、品种登记等目的而需要使用授权品种的繁殖材料，不构成侵权。第二，该类侵权行为表现为在生产中需要重复使用授权亲本的繁殖材料。由于杂交种本身没有成为稳定的自交系，为生产杂交种的繁殖材料，需要重复使用亲本，包括父本、母本的繁殖材料。第三，对于重复

---

〔1〕 唐浩主编：《植物品种特异性·一致性·稳定性测试总论》，中国农业出版社 2017 年版，第 10-11 页。

使用授权亲本生产杂交种繁殖材料的行为，我国现行法律制度中仅将生产行为规定为侵权行为，而对于销售等行为并未明确规定为构成侵权。对于品种权人而言，依据现行法律规定，应从生产环节入手进行维权。

《种子法》规定的上述内容来源于我国《植物新品种保护条例》第6条。《植物新品种保护条例》是按照《国际植物新品种保护公约》（以下简称UPOV公约）1978年文本框架设计的。我国于1999年3月23日向UPOV递交申请加入公约1978年文本，并于1999年4月23日成为UPOV第39个成员国。UPOV公约旨在为植物育种创新提供一种独立于专利制度的专门保护制度，具有广泛的国际影响力，目前有效的是1978年文本和1991年文本。我国目前尚未加入UPOV公约1991年文本。对于品种权的保护范围，UPOV公约1991年文本相较于1978年文本作出了较大的修改。涉及本案讨论的问题，前后文本也作出了较大的修改。具体而言，1978年文本关于保护的范围在公约第5条第3款规定利用品种作为变异来源而产生的其他品种或这些品种的销售，均无须征得育种者同意。但若为另一品种的商业生产重复使用该品种时，则必须征得育种者同意。1991年文本第五章育种者权利中的第14条第5款a项之iii规定，对于需要反复利用受保护品种进行生产的品种，第1~4款规定也可以适用。其中第14条第1款规定，除第15条和第16条另有规定，涉及受保护品种繁殖材料的下列活动需要育种者授权：（i）生产或繁殖；（ii）为繁殖而进行的种子处理；（iii）提供销售；（iv）售出或其他市场销售；（v）出口；（vi）进口；（vii）用于上述目的（i）至（vi）的原种制作。从上述规定可以看出，我国2015年修订和2021年修正的《种子法》在该问题上的规定与1978年文本大致相同，仅将生产行为明确纳入品种权人控制的行为范畴。而1991年文本中需要获得育种者许可的行为类型大大增加。[1]对于需要重复使用受保护品种生产的品种，除另有规定外，不仅其生产行为需要获得育种者许可，其销售、许诺销售等行为同样需要获得育种者许可。1991年文本的规定为品种权人从生产、销售、许诺销售、进口等不同环节入手进行维权提供了可能。

---

〔1〕李菊丹：《国际植物新品种保护制度研究》，浙江大学出版社2011年版，第251页。

对杂交种亲本的品种权保护必然涉及两个问题：如何查明亲子关系，以及行为人的哪些行为应予以禁止。对于前一问题——授权品种为生产另一品种繁殖材料的亲本是认定该侵权行为的关键事实，该事实的判断具有较强的专业性，而实践中缺少相关亲子关系鉴定的国家或行业标准。对于后一问题，我国《种子法》对未经许可销售使用授权亲本生产的杂交种的行为未作明确规定。

二、杂交种亲本品种权保护中亲子关系的查明

（一）育种技术发展与品种界定的沿革

从品种权保护的法律制度角度来看，世界各国有关植物新品种保护的专门立法和相关国际公约在如何界定品种上有两种做法：一种是在选择和杂交育种为主的传统育种技术下，明确以表型作为区分不同品种的要素。如 UPOV 公约 1978 年文本以“基本特性”作为确定是否具备“特异性”“一致性”的标准，其第 6 条第 1 款 d 项规定，受保护的该品种的基本特性必须是稳定的。即经过重复繁殖，或在育种者规定的特定繁殖周期中的各个周期结束时，品种的基本特性仍与原来所描述的一致。另一种是在生物育种技术发展后，从基因型和基因型组合角度来定义植物品种。如 UPOV 公约 1991 年文本第 1 条中对“品种”的定义包含“以某一特定基因型或基因型组合表达的特征来确定”“至少表现出上述的一种特性，以区别于任何其他植物群”。与 UPOV 公约 1991 年文本修订同一时期制定的《欧共体植物品种保护条例》（1994 年）在品种的界定上基本保持了与 UPOV 公约 1991 年文本相同的规定，同时特别指出上述所指的基因型或基因型组合表达的特征，在同一品种组成成分中可能不会变化也可能会变化，只要是由该基因型或基因型组合导致的变化程度就属于同一品种。〔1〕美国 1970 年制定的《植物品种保护法》关于特异性的规定是“至少有一个或者多个具有识别性的外形、生理或其他由遗传性原因导致的明显特征”。我国 2015 年修订和 2021 年修正的《种子法》对于品种的定义也是基于“形态特征和生物学特性一致，遗传性状相对稳定”。这两种定义植物品种的做法从强调品

〔1〕 李菊丹：《国际植物新品种保护制度研究》，浙江大学出版社 2011 年版，第 153 页。

种所表达出来的表型特征，发展到将基因型和基因型组合引入品种的定义，反映了对于认识基因型信息与表型特征关系的DNA分子技术不断发展。虽然目前而言，难以精确、全面地认识基因型和基因型组合信息与植物品种表型特征之间的对应关系，但生物育种技术极大地推动了植物育种创新，也对植物新品种的专门法保护带来了挑战，对于品种定义的变化直接反映了技术发展给法律制度带来的影响。

（二）亲本品种权保护中亲子关系的查明

技术发展和制度变革也对品种权司法保护中的侵权认定产生了重大影响。具体而言，在侵权诉讼中如何确定被诉侵权种子属于授权品种的繁殖材料，或者属于使用授权品种繁殖材料作为亲本生产而来的，不仅与如何认识植物品种相关，也与技术发展密切相关。

按照目前我国种子法对于品种的定义，品种是指经过人工选育或者发现并经过改良，形态特征和生物学特性一致，遗传性状相对稳定的植物群体。可见，通常而言，不同品种之间通过特征、特性加以区分。最高人民法院2006年制定并于2020年修正的《审理侵害植物新品种权纠纷案件的规定》第2条第2款规定，被诉侵权物的特征、特性与授权品种的特征、特性相同，或者特征、特性的不同是因非遗传变异所致，人民法院一般应当认定被诉侵权物属于生产、繁殖或者销售授权品种的繁殖材料。按照上述规定，被诉侵权物是否属于授权品种的繁殖材料，应审查特征、特性是否相同，以及特征、特性的不同是否因非遗传变异所致。在本案涉及的具体情形中，需要判断被诉侵权种子与授权品种作为亲本生产的另一品种在形态特征和生物学特性上是否一致。还要认识到，品种权的客体繁殖材料是活体，审批机关批准的品种权申请文件记载的特异性为保护范围，难以全面、准确地反映作为客体的繁殖材料的生物遗传特性，申请品种的全部遗传特性都包含在繁殖材料中，应以繁殖材料来确定品种权保护范围。[1]因此，对于特征、特性是否相同的判断，往往需要结合专门知识，采取田间观察检测法等进行测定。随着分子生物学的发展，一些品种建立了分子

〔1〕 李剑：《审理植物新品种纠纷案件基本问题辨析》，载《人民司法（应用）》2008年第7期。

标记的行业标准，可以采用基因指纹图谱等分子标记检测法方便、快捷地对于是否为基因型相同品种进行鉴定，在诉讼中得到广泛应用。采用基因指纹图谱等分子标记检测是通过基因型相同的事实推定待测样品和对照样品的特征、特性相同，且排除了种植环境、气候等因素对表型的影响，极大提高了侵权案件的审理效率。

分子标记技术在品种权保护中的运用依赖于建立授权品种高精准 DNA 身份数据库，〔1〕还要建立能够区分相同品种和不同品种的分子标记国家或行业标准。目前，对于某些尚无基因指纹图谱等分子标记检测的国家标准或行业标准的品种，在认定相关待证事实时，应当综合分析全部证据，运用民事诉讼中的证明标准进行认定。对于本案中涉及的玉米杂交品种与亲本品种的亲子关系的鉴定，缺少国家或行业标准。一般而言，在实际玉米育种生产中，使用不同的亲本通过杂交选育得到相同或者极近似品种的概率很小。鉴于此，如果品种权人能够证明被诉侵权的杂交种与使用授权品种作为父、母本杂交选育的杂交种构成基因型相同或者极近似品种，可以初步推定被诉侵权杂交种使用授权品种作为亲本的可能性较大，此时应转由被诉侵权人提供证据证明其实际并未使用品种权人所主张的授权品种作为亲本，在被诉侵权人并未提供证据或者提供的证据不足以推翻上述初步认定的，可以认定被诉侵权杂交种使用了授权品种作为亲本。本案中，经双方一审期间商定选择北京玉米种子检测中心鉴定，被诉侵权玉米种子与农业农村部审定品种标准样品“彩甜糯 6 号”在 40 个比较位点中差异位点数为 0，可以得出被诉侵权玉米种子与使用“WH818”“T37”作为亲本获得的杂交品种“彩甜糯 6 号”属于基因型相同或极近似品种，可以初步推定被诉侵权玉米种子与杂交品种“彩甜糯 6 号”属于同一品种，因此也就可以认定被诉侵权种子使用了与审定品种“彩甜糯 6 号”相同父本、母本这一事实具有高度可能性。郑州华某种业公司否认该事实，但在本案审理期间未能举出相反证据证明被诉侵权玉米种子是通过其他亲本繁育的相反

〔1〕 李菊丹：《国际植物新品种保护制度的变革发展与我国应对》，载《知识产权》2020 年第 1 期。

证据，应承担对其不利的后果。

三、授权亲本品种权保护中对杂交种生产、销售行为的规制

2015 年修订和 2021 年修正的《种子法》均仅将重复利用授权品种生产另一品种的生产行为明确规定为侵权行为。对于后续销售行为是否构成侵权行为，品种权人是否有权予以制止，可以从以下两个方面考虑：

第一，关于生产者实施的销售行为。对于重复使用授权亲本的繁殖材料生产另一品种繁殖材料的生产者而言，其销售上述另一品种的繁殖材料的行为属于同一侵权主体重复使用授权品种生产行为的自然延伸和必然结果，如不制止生产者的销售行为势必导致侵权生产行为造成的损害结果进一步扩大。从逻辑上看，在生产行为已经构成侵权行为的情况下，如果不制止生产者的销售行为实际相当于允许侵权结果持续存在，有违公平原则。故品种权人有权请求制止的行为应当包括该生产者销售重复使用授权品种繁殖材料得到的另一品种的繁殖材料。

第二，关于仅实施销售行为的主体。如前文所述，按照 2015 年修订和 2021 年修正的《种子法》规定，在一般情况下，生产者之外的其他人后续销售重复使用授权亲本繁殖材料生产的另一品种的繁殖材料并不为法律所禁止。但是，在整体民事法律体系中，仍有相关法律可以对上述行为进行一定程度的规制，例如《民法典》中关于帮助侵权、共同侵权的规定可以对生产者之外的其他人的后续销售起到规制作用。具体而言，如果销售者与生产者分工协作，共同实现重复使用授权品种繁殖材料生产另一品种繁殖材料，构成共同侵权；或者虽然不存在通谋的分工协作，但在明知销售的是未经植物新品种权所有人许可而重复使用授权品种繁殖材料生产得到的另一品种的繁殖材料，仍然销售上述另一品种的繁殖材料的，其销售行为实质上是为生产者重复使用授权品种繁殖材料生产另一品种繁殖材料提供帮助，导致侵权行为的损害结果持续发生，也可能构成帮助侵权。在上述情况下，品种权人也有权依据共同侵权、帮助侵权的相关规定，请求销售者停止销售行为。

本案中，生产者郑州华某种业公司还销售了上述另一品种“彩甜糯886”的繁殖材料，郑州华某种业公司还应承担停止销售行为的责任。由于

在案证据尚不能证明金某农业科技公司知道其销售的种子系郑州华某种业公司在未取得品种权人授权的情况下重复使用授权品种繁殖材料生产的，金某农业科技公司依法不构成帮助侵权，无须承担侵权责任。

四、结语

涉及的亲子关系认定在现阶段缺少国家或行业标准，如果因为缺少相关标准而不认定这一事实，将导致对品种权人的保护落空。本案裁判结合育种规律，以杂交种相同则所使用亲本相同的育种规律推定被诉侵权种子与授权品种存在亲子关系，适时转移举证责任，强化了对品种权人的保护。同时，对实施生产行为的主体，制止其销售行为，也提供了有利于品种权人的保护。

最高人民法院二审合议庭成员：罗霞　雷艳珍　刘晓梅

（编写人：雷艳珍*　审稿人：丁文严）

---

* 雷艳珍，法学博士，中华人民共和国最高人民法院知识产权法庭，三级高级法官。

四川金某化工股份有限公司
与
山东华某化工股份有限公司、
宁波厚某管理咨询有限公司等
侵害技术秘密纠纷案

——技术秘密侵权中共同侵权的认定

【裁判摘要】

1. 共同实施侵权行为主观过错包括三种主要情形：其一，共同故意实施的行为；其二，共同过失实施的行为；其三，故意行为与过失行为结合实施的行为，即数个行为人虽主观过错程度不一，但各自行为相结合而实施的行为，造成他人损害的，也可以构成共同侵权行为。以上三种情形，具备其一，即可认定构成共同实施侵权行为。

2. 构成共同故意实施被诉侵权行为不以各参与者事前共谋、事后协同行动为限，各参与者彼此之间心知肚明、心照不宣，先后参与、相互协作，亦可构成共同故意实施被诉侵权行为。各被诉侵权人具有侵害技术秘密的意思联络，主观上彼此明知，各自先后实施相应的侵权行为形成完整的技术秘密侵权行为链，客观上分工协作的，属共同故意实施侵权行为，应当判令各被诉侵权人对全部侵权损害承担连带责任。

3. 当制造者使用的技术秘密为制造特定产品所不可或缺的重要条件且该产品为使用该技术秘密所直接获得的产品时，因其销售该产品的行为显属同一侵权主体实施制造行为的自然延伸和必然结果，权利人主张该制造者停止销售使用该技术秘密所直接获得的产品的，人民法院可予支持。

4. 在权利人证明相应技术秘密载体存在的情况下，对权利人提出的要

求侵权人销毁持有的技术秘密载体的诉讼请求，人民法院一般应予支持。人民法院可以综合考虑载体的性质、技术秘密的内容等情况对侵权人销毁其持有的技术秘密载体的具体方式以及履行期予以指明。被诉侵权生产系统既是承载技术秘密的重要载体，也是侵权人可能继续实施侵权行为的重要工具，销毁承载有该技术秘密的被诉侵权生产系统既是停止侵害的应有之义，亦可有效预防侵权人继续使用其上所承载的技术秘密以及在该生产系统上使用该技术秘密中的生产工艺。销毁有关设备的方式包括但不限于拆除。

【案件基本信息】

1. 诉讼当事人

上诉人（一审原告）：四川金某化工股份有限公司（以下简称金某化工公司）

上诉人（一审被告）：山东华某化工股份有限公司（以下简称华某化工公司）

上诉人（一审被告）：宁波厚某管理咨询有限公司（原宁波远某化工集团有限公司，以下简称宁波厚某管理咨询公司）

上诉人（一审被告）：宁波安某环境化工工程设计有限公司（原宁波市某研究设计院有限公司，以下简称宁波设计院公司）

上诉人（一审被告）：尹某大

2. 案件索引与裁判日期

一审：四川省成都市中级人民法院（2017）川 01 民初 2948 号判决（2021 年 12 月 27 日）

二审：最高人民法院（2022）最高法知民终 541 号判决（2022 年 12 月 26 日）

3. 案由

侵害技术秘密纠纷

【简要案情】

三聚氰胺［(NH_2) $3C_3N_6H_6$］又名蜜胺（或密胺），是一种用途广泛的有机化工原料。根据其合成工艺和反应条件的不同，蜜胺的制造方法可以分为高压液相淬冷法、低压液相淬冷法和低压气相淬冷法。金某化工公司拥有采用加压气相淬冷法年产5万吨三聚氰胺生产系统的技术（以下简称涉案技术秘密）并将其作为技术秘密保护，该技术解决了现有技术中低压气相淬冷法存在的生产效率低、电力消耗高等问题，实现了单一生产线三聚氰胺产能的大幅提升，提高了生产效率，降低了生产成本。尹某大系金某化工公司涉案技术秘密的主要研发人员之一。2011年10月16日，华某化工公司与宁波厚某管理咨询公司、宁波设计院公司签订大型三聚氰胺项目技术转让、服务建设工程设计合同（以下简称工程设计合同），建设华某化工公司10万吨/年三聚氰胺项目。该项目分两期建设，至2014年4月30日，华某化工公司的10万吨/年三聚氰胺项目（一期）（以下简称三聚氰胺一期项目）建成并进入试生产阶段，该条生产线达产后达到5万吨/年的三聚氰胺生产能力。金某化工公司认为，尹某大未经许可将涉案技术秘密披露给宁波厚某管理咨询公司、宁波设计院公司、华某化工公司使用，该四者侵害了其技术秘密，构成共同侵权且侵权获利巨大，故向一审法院提起诉讼，要求华某化工公司等四被告停止侵权，连带赔偿金某化工公司经济损失及合理费用合计9800万元，其中停止侵权的诉讼请求包括要求华某化工公司销毁侵权生产系统、停止销售使用涉案技术秘密生产的蜜胺产品。

一审法院于2021年12月27日作出（2017）川01民初2948号判决，判决：（一）自判决生效之日起，尹某大、华某化工公司、宁波厚某管理咨询公司、宁波设计院公司立即停止披露、使用、允许他人使用金某化工公司的商业秘密，停止侵害的时间持续到涉案技术图纸、资料记载的技术信息已为公众知悉之日止；（二）自判决生效之日起，尹某大、宁波厚某管理咨询公司、宁波设计院公司立即销毁记载有金某化工公司商业秘密的载体资料；（三）自判决生效之日起15日内，华某化工公司赔偿金某化工公司经济损失及合理开支共计5000万元，尹某大对其中的120万元承担连带赔偿责任，宁波设计院公司、宁波厚某管理咨询公司对其中的500万元承担连带赔偿责任；（四）驳回金某化工公司的其他诉讼请求。

金某化工公司、华某化工公司、宁波厚某管理咨询公司、宁波设计院公司、尹某大均不服一审判决，分别向最高人民法院提起上诉。金某化工公司上诉请求，改判华某化工公司等四被告连带赔偿其经济损失及合理费用合计 9800 万元，华某化工公司销毁侵权生产系统并停止销售使用涉案技术秘密生产的蜜胺产品。华某化工公司上诉认为其不构成侵权，请求撤销一审判决，改判驳回金某化工公司要求华某化工公司停止侵权并承担连带赔偿责任的诉讼请求。

【案件焦点】

1. 华某化工公司、宁波厚某管理咨询公司、宁波设计院公司、尹某大是否构成共同侵权；

2. 华某化工公司、宁波厚某管理咨询公司、宁波设计院公司、尹某大的连带赔偿责任应如何承担；

3. 技术秘密侵权案件中制造者的停止销售责任；

4. 技术秘密侵权人销毁技术秘密载体的责任及其承担方式。

【裁判结果】

最高人民法院经审理认为，华某化工公司、宁波厚某管理咨询公司、宁波设计院公司、尹某大（以下简称华某化工公司等被诉侵权人）主观上存在意思联络，客观上形成分工协作，共同实施了侵害涉案技术秘密的行为，造成了不可分割的损害后果，且损害后果与该四者实施的侵权行为之间均具有直接的因果关系，构成共同侵权，应当承担连带责任。华某化工公司等被诉侵权人各自实施的侵权行为均是共同侵权中不可或缺的一环，该四者的行为缺一不可且均造成了同一损害后果，该损害后果与该四者的行为之间均具有直接的因果关系，故理应就共同侵权行为所造成的损失全额承担连带赔偿责任。无论是尹某大从宁波厚某管理咨询公司、宁波设计院公司处实际已获取的 95 万元非法获利，还是宁波厚某管理咨询公司、宁波设计院公司因工程设计合同所获价款均不足以反映该三者与华某化工公司共同实施的侵权行为所造成的最终损害后果，故该三者实际所得获利或所获合同对价并不能作为该三者分别应承担的连带赔偿限额的依据。一审法院在认定华某化工公司等被诉侵权人构成共同侵权的基础上，考虑各被诉侵权人各自的实际获利及各自行为对损害后果的影响，分别确定各被诉侵权人承担连带赔偿责任比例的认定有所不妥，应予纠正。因此，判决：（一）撤销一审判决。（二）自判决生效之日起，华某化工公司等被诉侵权人立即停止披露、使用、允许他人使用涉案技术秘密，停止侵害的时间持续至涉案技术秘密信息已为公众知悉之日止，其中上述华某化工公司的停止使用包括立即停止销售使用涉案技术秘密所生产的三聚氰胺产品。（三）华某化工公司等被诉侵权人以金某化工公司确认或者负责本案执行的人民法院可以验证的方式，销毁记载有涉案技术秘密的载体，包括：（1）自判决生效之日起10日内，宁波厚某管理咨询公司、宁波设计院公司、尹某大销毁各自所持有的记载有涉案技术秘密的技术资料；（2）自判决生效之日起90日内，华某化工公司销毁其10万吨/年三聚氰胺项目（一期）中涉及涉案技术秘密的设备（销毁的方式包括但不限于拆除有关设备中包含涉案技术秘密的部分）并销毁其持有的记载有涉案技术秘密的技术资料。（四）自判决生效之日起10日内华某化工公司等被诉侵权人连带赔偿金某化工公司经济损失及合理开支9800万元。（五）驳回华某化工公司等被诉侵权人的上诉请求。

【裁判摘要评析】

本案裁判涉及侵害技术秘密纠纷中共同侵权的认定。《民法典》第1168条规定："二人以上共同实施侵权行为，造成他人损害的，应当承担连带责任。"〔1〕根据本条规定，构成共同侵权需要满足以下要件：一是侵权主体的复数性，即共同侵权行为的主体必须是两个以上。二是共同实施侵权行为。从主观过错角度看，这里的共同实施侵权行为主要包括三种情形：其一，共同故意实施的行为，这属于典型的共同侵权行为。其二，共同过失实施的行为，即基于共同的疏忽大意或者过于自信的过失而造成他人的损害，也可以构成共同侵权行为。其三，故意行为与过失行为结合实施的行为，即数个行为人虽主观过错程度不一，但各自行为相结合而实施的行为，造成他人损害的，也可以构成共同侵权行为。以上三种情形，具备其一，即可认定构成共同实施侵权行为。三是受害人具有损害，且损害具有

〔1〕本案中适用的为原《侵权责任法》第8条。

不可分割性。四是各行为人的侵权行为均与损害后果之间具有因果关系。在共同侵权行为中，有时各个行为人的侵权行为对造成损害后果的原因力可以有所不同，但必须存在法律上的因果关系，如果某个行为人的行为与损害后果之间没有因果关系，则不应与其他行为人构成共同侵权。毋庸讳言，本案中的侵权主体的复数性显而易见。本案关于共同侵权的核心争议在于华某化工公司等被诉侵权人共同实施侵权行为的主观过错、损害后果以及侵权行为与损害后果之间的因果关系的认定。

一、关于华某化工公司等被诉侵权人共同实施侵权行为的主观过错

本案中，华某化工公司等被诉侵权人构成共同故意实施侵权行为，即主观上彼此明知，行为上分工协作。具体分析如下。

（一）关于尹某大的行为

尹某大系涉案技术秘密的主要研发人员之一，能够直接接触到涉案技术秘密。从一审查明事实以及尹某大在相关刑事案件的多份讯问笔录中的供述可知，其与时任宁波厚某管理咨询公司、宁波设计院公司高级管理人员的项某裕、项某桥早在2002年就已相识；在2012年2月至7月期间，项某裕、项某桥分别联系尹某大，要求尹某大提供金某化工公司的三聚氰胺生产技术用于给华某化工公司设计年产5万吨三聚氰胺制备装置并许以相应高额报酬，后项某桥从尹某大的笔记本电脑上拷贝了金某化工公司的相关技术资料；项某桥又于2013年将宁波设计院公司设计完成的华某化工公司三聚氰胺项目的设计图纸拷贝给尹某大，让尹某大帮助检查，并在2013年、2014年安排尹某大多次前往华某化工公司进行现场检查指导、操作培训、故障排除等。尹某大在2012年1月未办理离职手续，亦未告知其留存有三聚氰胺生产图纸、资料的情况下，就停止在金某化工公司工作，其在与项某裕、项某桥接触时亦尚在约定的保密期内，亦明知宁波厚某管理咨询公司、宁波设计院公司与华某化工公司的合作情况，且其作为涉案技术秘密的主要研发人员之一，明知涉案技术信息属于金某化工公司的技术秘密，仍然将涉案技术秘密披露给华某化工公司、宁波厚某管理咨询公司、宁波设计院公司使用，收取相应报酬，并使用涉案技术秘密提供后续技术指导。尹某大是涉案技术秘密的提供者，亦是华某化工公司、宁波厚某管理咨询公司、宁波设计院公司实际使用涉案技术秘密过程中的技术指导者。以上事实足以证明尹某大实施了违反保密义务披露涉案技术秘密给华某化工公司、宁波厚某管理咨询公司、宁波设计院公司并允许该三者使用涉案技术秘密的行为，其还违反保密义务自己使用涉案技术秘密为他人使用涉案技术秘密提供技术指导，其行为已构成2017年修订的《反不正当竞争法》规定的侵犯商业秘密行为。尹某大主观上明知其披露、允许使用和自己使用的行为是在促成华某化工公司、宁波厚某管理咨询公司、宁波设计院公司后续实施相关侵权行为，系本案共同实施侵权行为中的关键人物和基础环节。

（二）关于宁波厚某管理咨询公司、宁波设计院公司的行为

宁波厚某管理咨询公司、宁波设计院公司与华某化工公司签订工程设计合同后，在明知尹某大是涉案技术秘密主要研发人员之一的情况下，仍以高额利诱的非法手段从尹某大处获取涉案技术秘密，然后由宁波厚某管理咨询公司作为名义上的技术提供者向华某化工公司转让涉案技术并由宁波设计院公司进行所谓的工程化设计，用于华某化工公司三聚氰胺一期项目并从中获取经济利益，该二者构成非法收买并转卖涉案技术秘密，实施了以不正当手段获取涉案技术秘密并披露、使用、允许他人使用涉案技术秘密的行为，已构成2017年修订的《反不正当竞争法》第9条第1款第1项、第2项规定的侵犯商业秘密行为，属于本案共同实施被诉侵权行为的始作俑者和中间渠道及名义上的技术提供者。宁波厚某管理咨询公司、宁波设计院公司对该二人的行为是明知的，该二人的行为系公司职务行为且体现了两公司的意志，该二公司应对该二人的行为对外承担民事责任。该二人在从尹某大处非法获取涉案技术秘密时为宁波厚某管理咨询公司、宁波设计院公司的高级管理人员，该二人在2005年12月16日至2019年12月10日期间亦为宁波厚某管理咨询公司的股东。在2016年4月26日法院进行证据保全时，该二公司共用办公场所，且也正是由项某桥代表宁波厚某管理咨询公司参与了保全过程。从尹某大在讯问笔录中的供述亦可知，该二人在2012年起接触尹某大的起因就是宁波厚某管理咨询公司、宁波设计院公司与华某化工公司签订了工程设计合同后，为履行该合同方从尹某大

处获取金某化工公司的技术资料并用于华某化工公司三聚氰胺项目的设计、建设。在案证据也已能够证明尹某大被扣押笔记本电脑中“华某”文件夹内的电子数据是宁波厚某管理咨询公司、宁波设计院公司为华某化工公司设计被诉侵权项目期间该二公司与尹某大之间的往来技术资料。宁波厚某管理咨询公司作为工程设计合同中的名义技术提供方，显然知晓其自身要提供给华某化工公司的技术的来源以及具体内容，但其一方面否认作为其高级管理人员的项某裕、项某桥与尹某大接触联络、非法获取技术资料等行为与公司有关；另一方面又始终未提交证据证明其提供给华某化工公司的与涉案技术秘密构成实质相同的技术资料的正当来源，其抗辩不仅自相矛盾而且明显有违常理。同样，在华某化工公司涉案三聚氰胺一期项目建设期间，项某桥、项某裕也是宁波设计院公司的高级管理人员，而且宁波厚某管理咨询公司、宁波设计院公司在履行与华某化工公司的工程设计合同过程中存在紧密联系。根据在案证据显示，尹某大的笔记本电脑中存有华某化工公司三聚氰胺项目的相关图纸，结合尹某大在刑事案件中关于项某桥让其修改图纸的供述，足以认定宁波设计院公司在为华某化工公司进行所谓的工程化设计的过程中曾让尹某大就相关图纸进行了检查与修改，宁波设计院公司作为其主张的工程化设计方理应知晓其提供给华某化工公司的相应图纸的设计情况。因此，基于在案证据亦足以认定宁波设计院公司对相应的技术来源是明知的。

（三）关于华某化工公司的行为

华某化工公司系涉案三聚氰胺一期项目的最终使用者、最大获益者，且在案证据足以证明华某化工公司的涉案三聚氰胺一期项目的技术图纸、资料来源于宁波厚某管理咨询公司和宁波设计院公司。华某化工公司在一审中一方面主张其相应技术系善意受让自宁波厚某管理咨询公司、宁波设计院公司，另一方面又主张其具有自主研发被诉侵权生产系统的能力，华某化工公司的该抗辩本身自相矛盾，亦与本案查明事实明显不符。同时，在案证据亦足以证明华某化工公司对其使用的技术实际来源于金某化工公司是明知的。理由如下：第一，在被诉侵权生产系统设计、建造过程中，华某化工公司明确了解行业内三聚氰胺生产技术的情况，明知金某化工公司涉案技术秘密的来源方即北京烨某科技有限公司享有加压气相淬冷法三聚氰胺生产技术且已有 5 万吨/年装置成功运行。第二，华某化工公司并未提交证据证明其自身在被诉侵权行为发生前已掌握单一生产线年产 5 万吨三聚氰胺的相应技术。第三，华某化工公司作为大型化工企业并计划建设涉及巨额投资的涉案三聚氰胺大型化工工程项目，其在与宁波厚某管理咨询公司、宁波设计院公司签订工程设计合同前，理应对行业内三聚氰胺生产技术现状进行相应调查、对项目进行可行性研究，理应知晓其拟签订合同的相对方是否拥有合同所涉及的技术、是否具有相应的设计能力，而非按华某化工公司所主张的其只是与宁波厚某管理咨询公司、宁波设计院公司签订合作协议，由宁波厚某管理咨询公司提供技术、宁波设计院公司负责工程设计，对其他事项一概不问不知。本案各被诉侵权人均未提供证据证明宁波厚某管理咨询公司、宁波设计院公司在与华某化工公司签订合同之前拥有单一生产线年产 5 万吨三聚氰胺技术的研发或项目设计历史或者已经实际合法掌握了单一生产线年产 5 万吨三聚氰胺生产技术。据此，可以推定华某化工公司在与宁波厚某管理咨询公司、宁波设计院公司签订工程设计合同时，对该二公司自身并不掌握相应技术是应知的。第四，由尹某大在相关刑事案件中的供述亦可印证华某化工公司对于宁波厚某管理咨询公司、宁波设计院公司用于涉案三聚氰胺一期项目的实际技术来源是明知的。根据相关讯问笔录的记载，尹某大多次供述其曾多次前往华某化工公司为技术人员提供培训并解决相关技术问题，在与华某化工公司交流过程中尹某大发现华某化工公司知晓其曾经是金某化工公司的总工程师。基于本案现有证据，即便华某化工公司在与宁波厚某管理咨询公司、宁波设计院公司签署工程设计合同时并不知晓该二者并不掌握单一生产线年产 5 万吨三聚氰胺的相应技术或者不知道相应技术的来源，但之后华某化工公司在实际已知悉技术来源于金某化工公司的情况下，仍予接受且并未停止使用，即已构成明知，并不影响对其主观过错和侵权构成及责任承担的认定。总之，华某化工公司主观上亦明知其使用的技术方案的实际来源，已构成 2017 年修订的《反不正当竞争法》第 9 条第 2 款规定的视为侵犯商业秘密行为，其虽处于本案共同实施侵权行为的末端环节，但如前所述，其也是涉案技术秘密的最终使用者和最大获益者。

根据以上分析，本案华某化工公司等被诉侵权人之间具有侵害涉案技术秘密的共同意思联络，主观上彼此明知，彼此先后实施相应的侵权行为形成了完整的侵害涉案技术秘密的侵权行为链，客观上已形成分工协作，属于共同故意实施被诉侵权行为。需特别指出的是，构成共同故意实施被诉侵权行为并不以各参与者事前共谋、事后协同行动为限，各参与者彼此之间心知肚明、心照不宣，先后参与、相互协作，亦可构成共同实施被诉侵权行为。本案中，华某化工公司等被诉侵权人实施共同侵权行为的过程即属于后者情形，其各自实施的行为均属于实施共同侵权行为的关键环节且为不可或缺的组成部分。

退一步讲，本案即便不认定华某化工公司主观上亦明知其使用的技术方案实际来源于金某化工公司，至少也可以认定其明显应知有关技术方案实际来源于金某化工公司。如前所述，故意行为与过失行为结合实施的行为也可以构成共同侵权行为，也就是说，宁波厚某管理咨询公司、宁波设计院公司、尹某大的故意行为与华某化工公司的过失行为结合起来，仍然构成共同侵权行为，对于华某化工公司而言，其作为涉案技术秘密的最终使用者和最大获益者，这并不影响其对外应当承担的共同侵权责任的认定，至于是否影响共同侵权人内部责任的划分，则应另当别论。

二、关于损害后果

无损害，则无救济，如果没有损害，根本不可能成立侵权责任。[1] 损害后果系判断侵权责任的重要因素之一，如没有共同的损害结果，则就缺少共同承担侵权责任的基础。本案中，华某化工公司等被诉侵权人共同故意实施侵害金某化工公司的涉案技术秘密的行为显然已造成了损害后果，即金某化工公司原本因涉案技术秘密而享有的竞争优势被削弱，其潜在或预期可得的市场份额丧失。根据 2017 年修订的《反不正当竞争法》第

---

〔1〕 黄薇主编：《中华人民共和国民法典侵权责任编释义》，法律出版社 2020 年版，第 18 页。

17 条第 3 款的规定，侵权获利可以作为计算损害赔偿的依据，因而华某化工公司等被诉侵权人的侵权获利本身即已构成侵权损害的后果，当然侵权损害后果并不仅限于侵权获利。就华某化工公司等被诉侵权人而言，该四者共同实施侵权行为的获利主要体现为华某化工公司销售三聚氰胺产品所获得的利益。在判断华某化工公司等被诉侵权人因共同实施被诉侵权行为的获利时，应当从该四者共同实施行为的整体出发予以考量，而不能孤立地从各被诉侵权人在各环节各自实施的侵权行为单独考量进而割裂地判断获利情况，其中宁波厚某管理咨询公司、宁波设计院公司、尹某大在各自实施涉案侵权行为中分别所获得的利益可以被华某化工公司销售三聚氰胺产品所获得的利益涵盖。华某化工公司销售三聚氰胺产品的获利增长系该四者共同实施被诉侵权行为时所共同期望达到的结果且在实施之初就已完全预见得到。

具体而言，首先，该四者共同故意实施侵权行为的初衷及目的在于使华某化工公司生产三聚氰胺的产量大幅增长进而使其销售获利也因此增长，该四者共同实施侵权行为后实际上也达到了上述目的。因此，虽然该四者在各自实施侵权行为的环节中有着不同的行为方式、不同的获利形式及不同的实际获利份额，但从共同实施侵权行为的整体来看，该四者共同实施被诉侵权行为的获利最终主要是体现在销售三聚氰胺产品的获利上，而且实现此获利亦是该四者共同追求的结果。相应地，金某化工公司潜在或预期可得的市场份额就会丧失，其相关获利必然受到影响，故其经济损失系因华某化工公司等被诉侵权人使用涉案技术秘密制造涉案三聚氰胺一期项目的生产系统、使用该生产系统及涉案技术秘密中的工艺方法生产、销售三聚氰胺产品而产生。其次，华某化工公司等被诉侵权人在实施共同侵权行为之初均已完全预见到因共同故意实施被诉侵权行为的损害后果，以及华某化工公司销售获利大幅增长的结果。就宁波厚某管理咨询公司、宁波设计院公司、尹某大而言，该三者均明知涉案三聚氰胺一期项目的生产规模即单一生产线年产 5 万吨三聚氰胺，均明知该项目的建设目的是提高华某化工公司的三聚氰胺年产量且该项目的建成势必会有效提高三聚氰胺产品的年产量，亦明知华某化工公司将通过销售涉案三聚氰胺产品营利，更明知华某化工公司与金某化工公司具有竞争关系，涉案技术秘密的披露、使用或者允许他人使用必然会损害金某化工公司原本在该行业内享有的竞争优势。尹某大作为涉案技术秘密的主要研发人员之一，明知涉案技术秘密系金某化工公司的重要技术秘密，理应充分了解涉案技术秘密给金某化工公司所带来的竞争优势。宁波厚某管理咨询公司、宁波设计院公司亦明确知晓涉案技术秘密在行业内的价值。因此，该三者在实施侵权行为之初已完全预见到侵权行为可能造成的损害后果以及华某化工公司销售涉案三聚氰胺产品的获利。就华某化工公司而言，其为提升自身三聚氰胺的年产量，其在明知来源非法的情况下，仍然非法获取、使用涉案技术秘密并用于其三聚氰胺一期项目，涉案技术秘密的使用所带来的三聚氰胺产量的大幅提升、销售三聚氰胺获利的大幅增长不仅是华某化工公司已完全预见的结果，更是其积极追求的目标。

综上所述，本案侵权损害后果主要体现在华某化工公司销售涉案三聚氰胺产品的获利，且该损害后果具有不可分割性。

三、关于侵权行为与损害后果之间的因果关系

如前所述，本案中，尹某大违反与金某化工公司的保密约定，披露涉案技术秘密并允许他人使用涉案技术秘密，系共同侵权行为得以实施的基础环节，同时其使用涉案技术秘密为其他被诉侵权人提供技术指导，亦是共同实施侵权行为中的关键人物；宁波厚某管理咨询公司、宁波设计院公司以高额利诱的非法手段获取并披露、使用、允许他人使用涉案技术秘密，系共同实施侵权行为的始作俑者和中间渠道及名义上的技术提供者；华某化工公司非法获取、使用涉案技术秘密，并通过使用涉案技术秘密生产三聚氰胺产品后进行销售，其为共同实施侵权行为的最终环节和最大获益者。该四者实施的侵权行为环环相扣、缺一不可，与损害后果之间均具有直接的因果关系。

本案对于侵害技术秘密的共同侵权的认定具有典型意义，即各被诉侵权人主观上存在意思联络，客观形成分工协作，共同实施了侵害涉案技术秘密的行为，造成了不可分割的损害后果，且损害后果与该四者实施的侵权行为之间均具有直接的因果关系的，构成共同侵权。

最高人民法院二审合议庭成员：岑宏宇　徐红妮　孔立明

（编写人：岑宏宇*　诸方卉**　审稿人：丁文严　姚俊萍）

---

* 岑宏宇，法学硕士，中华人民共和国最高人民法院知识产权法庭，三级高级法官。

** 诸方卉，法学硕士，中华人民共和国最高人民法院知识产权法庭，法官助理。

武威市搏某种业有限责任公司
与
河北华某种业有限公司
侵害技术秘密纠纷案

——杂交种亲本的商业秘密保护

【裁判摘要】

1. 作物育种过程中形成的育种中间材料、自交系亲本等，不同于自然界发现的植物材料，是育种者付出创造性劳动的智力成果，承载有育种者对自然界的植物材料选择驯化或对已有品种的性状进行选择而形成的特定遗传基因，该育种材料具有技术信息和载体实物兼而有之的特点，且二者不可分离。通过育种创新活动获得的具有商业价值的育种材料，在具备不为公众所知悉并采取相应保密措施等条件下，可以作为商业秘密依法获得法律保护。

2. 育种材料生长依赖土壤、水分、空气和阳光，需要田间管理，权利人对于该作物材料采取的保密措施难以做到万无一失，其保密措施是否合理，需要考虑育种材料自身的特点，应以在正常情况下能够达到防止被泄露的防范程度为宜。制定保密制度、签署保密协议、禁止对外扩散、对繁殖材料以代号称之等，在具体情况下均可构成合理的保密措施。

【案件基本信息】

1. 诉讼当事人

上诉人（一审被告）：武威市搏某种业有限责任公司（以下简称搏某种业公司）

被上诉人（一审原告）：河北华某种业有限公司（以下简称华某种业公司）

2. 案件索引与裁判日期

一审：甘肃省兰州市中级人民法院（2020）甘01知民初61号判决（2021年7月15日）

二审：最高人民法院（2022）最高法知民终147号判决（2022年11月2日）

3. 案由

侵害技术秘密纠纷

【简要案情】

2015年11月1日，“万糯2000”玉米品种被授予植物新品种权，品种权号为CNA20120515.0。“万糯2000”品种是华某种业公司以“W67”为母本、“W68”为父本杂交培育而来。其中，“W68”是用“万6”选系与“万2”选系杂交后，经自交6代选育而成。2017年1月，华某种业公司制定保密管理制度，规定公司用于开发培育的种子亲本及研发种子样品、研发技术资料、种子繁殖材料等属于公司秘密，需采取相应的保密措施，不得泄露。华某种业公司还分别与“万糯2000”玉米植物新品种的育种者、公司高管、委托制种企业签订保密协议，约定后者有义务保守华某种业公司的商业秘密。2020年9月21日，华某种业公司向人民法院申请诉前证据保全，对搏某种业公司繁育的玉米进行取样。一审庭审中，华某种业公司申请对封条处书写“总厂”字样的保全样品与“W68”进行品种真实性鉴定。2021年6月17日，北京玉米种子检测中心出具的检验报告记载，待测样品，即封条处书写“总厂”字样的保全样品与“万糯2000”的父本“W68”标准样品比较位点数40，差异位点数0，检验结论为极近似或相同。华某种业公司认为搏某种业公司侵害了其玉米植物新品种“万糯2000”的亲本自交系“W68”的技术秘密，起诉要求搏某种业公司承担停止侵权、赔偿经济损失及维权合理开支等侵权责任。

一审法院认定搏某种业公司在其生产经营活动中使用“W68”技术信息的行为构成侵权，判决搏某种业公司停止侵权，赔偿经济损失及合理开支共计150.5万元。搏某种业公司不服，向最高人民法院提起上诉，请求撤销一审判决并驳回华某种业公司的诉讼请求，主要上诉理由包括：只有与亲本相关的育种技术信息才属于《反不正当竞争法》保护的商业秘密，“W68”作为亲本不属于商业秘密的保护客体。“W68”已经为公众所知悉，不属于商业秘密。华某种业公司并没有采取足够的保密措施防止“W68”为他人知悉。对于亲本繁殖材料的保护条件过于宽松，会损害植物新品种保护制度，阻碍植物新品种创新。

【案件焦点】

1. 杂交种的亲本是否属于商业秘密保护的对象；
2. 如何判断杂交种的亲本是否为公众所知悉；
3. 如何认定是否符合商业秘密构成要件的相应保密措施；
4. 如何理解商业秘密保护与植物新品种保护之间的关系。

【裁判结果】

最高人民法院经审理认为，杂交玉米植物新品种“万糯2000”的亲本“W68”具有商业价值，不为所属领域的相关人员普遍知悉和容易获得，且经权利人采取了相应的保密措施，符合商业秘密的构成要件。首先，作物育种过程中形成的育种中间材料、自交系亲本等，承载了与之不可分离的技术信息，是育种者付出创造性劳动的智力成果，具有商业价值，可以作为商业秘密保护的客体。其次，“W68”在被诉侵权行为发生时不为公众所知悉。“W68”仅是育种材料的编号，代号的公开并不会导致其所指育种材料承载的遗传信息的公开。由于“W68”的育种来源“万2”选系和“万6”选系本身难以获得，子代选择又具有不确定性，故育种来源的公开并不能导致“W68”为公众所知悉。鉴于从子代分离出亲本并培育亲本并非易事，“万糯2000”公开销售并不导致其亲本“W68”丧失秘密性。因此本案中“W68”具有秘密性。最后，华某种业公司已建立起内部保密制度，在委托制种过程中亦做了相应的保密约定，已对其技术秘密采取了“相应的保密措施”。搏某种业公司作为被诉侵权方无法证明被诉侵权种子是其合法获得或者通过自主繁育取得，应认定被诉侵权种子是搏某种业公司采取不正当手段获取“W68”后扩繁生产而来的，构成对华某种业公司商业秘密的侵害。一审法院认定搏某种业公司停止侵权、赔偿损失及合理开支的裁判结果认定事实清楚，适用法律正确。因此，二审判决驳回上诉，维持原判。

【裁判摘要评析】

本案系最高人民法院审理的第一起涉及杂交种亲本的商业秘密保护案件，判决明确了育种中间材料、自交系亲本作为商业秘密保护的条件。对育种中间材料、自交系亲本给予商业秘密保护，对于综合运用多种知识产权保护手段保护育种成果，有效激励育种原始创新、持续创新，构建多元化、立体式的育种成果综合法律保护体系具有重要意义，对于加大育种创新主体合法权益保护力度，促进种业振兴具有积极作用。本案的核心争议是杂交品种自交系亲本的商业秘密保护条件，以下将围绕二审判决中有关育种材料亲本商业秘密保护的几个关键问题，即杂交种亲本是否属于商业秘密保护的对象，是否为公众所知悉（秘密性）的判断，合理保密措施的认定、商业秘密保护与植物新品种保护之间的关系等方面，对裁判理由作进一步分析。

一、杂交种的亲本可以成为商业秘密保护的对象

根据《反不正当竞争法》第 9 条第 4 款的规定，商业秘密是指不为公众所知悉、具有商业价值并经权利人采取相应保密措施的技术信息、经营信息等商业信息。根据《关于审理侵犯商业秘密民事案件规定》第 1 条第 1 款规定，与技术有关的结构、原料、组分、配方、材料、样品、样式、植物新品种繁殖材料、工艺、方法或其步骤、算法、数据、计算机程序及其有关文档等信息，人民法院可以认定构成《反不正当竞争法》第 9 条第 4 款所称的技术信息。育种创新是一个漫长的过程，育种者通过人工选育或者改良，不断培育出具有优良性状的新品种。育种过程中形成的育种材料，自交系亲本等，不同于自然界发现的植物材料，其承载有育种者对自然界植物材料选择驯化或者对已有品种的性状进行选择而形成的特定遗传基因，是育种者付出创造性劳动的智力成果，具有技术信息和载体实物兼而有之的特点，且二者不可分离。育种活动获得的具有商业价值的育种材料，在具备不为公众所知悉并采取相应保密措施等条件下，可以作为商业秘密依法获得法律保护。

二、育种中间材料、自交系亲本是否具有秘密性的判断

商业秘密与其他知识产权最根本的差异和核心属性就是其秘密性。《关于审理侵犯商业秘密民事案件规定》第3条进一步明确："权利人请求保护的信息在被诉侵权行为发生时不为所属领域的相关人员普遍知悉和容易获得的"，可以认定为该信息不为公众所知悉。搏某种业公司在本案中主张华某种业公司委托种子繁育公司制种的行为导致"W68"成为商品被公开销售，"万糯2000"的审定公告对"W68"的名称及其来源予以了披露，"W68"已经为公众所知悉。对于这些主张，二审法院围绕自交系亲本"W68"具有技术信息和载体实物兼而有之的特点，对在侵权行为发生时"W68"是否处于普遍知悉和容易获得的事实进行了详细审查评述。

育种材料作为载体承载了与之不可分离的技术信息，对育种材料的实际控制是利用特定遗传信息的前提。脱离育种材料本身，仅仅公开品系代码或者育种来源，并不会导致育种材料所承载的技术信息进入公有领域。本案中，审定公告公示的选育报告中披露了"W68"的来源，是否使"W68"处于普遍知悉和容易获得的状态并因此丧失秘密性，是需要审查的重要问题。首先，作物育种的选育方法有多种，各有优缺点，具体哪一种最适合，由所用的种质材料、技术手段等因素决定。玉米杂交种选育"难在选系，重在组配"，"万2"选系和"万6"选系作为选育单位的亲本作物材料，按照育种领域的惯例并不进行公开销售，公众难以获得。他人缺乏育种来源就无法进行选择育种。本案中无证据证明"W68"的育种源于公开的、容易获得的育种材料。其次，杂交育种涉及杂交亲本的选配、杂交技术与杂交方式的确定、杂交后代的选择等育种程序，需要大量的选种制种工作，杂交的结果并不唯一。在获得"万2"选系和"万6"选系选育自交系亲本后，通过杂交创造变异的群体，随后在变异的群体中选择变异，自交后稳定变异，最后形成纯系品种的选育过程中，F1子代后的各世代要经历选择变异和稳定变异的环节。育种者在优良单株、株系的选择过程中保留何种性状和特征均具有一定程度的不确定性。不同的育种人对同一个亲本来源选择育种得到的纯系品种通常并非唯一。可见，披露育种来源以及亲本代码并不能证明该亲本属于容易获得的育种材料并因此丧失秘密性。

产品销售有可能导致该产品丧失秘密性，关于“万糯 2000”公开销售的事实是否可以推定其亲本“W68”丧失秘密性需要审查通过“万糯2000”获取其亲本“W68”的难度。根据《关于审理侵犯商业秘密民事案件规定》第 14 条的规定，通过自行开发研制或者反向工程获得被诉侵权信息的，人民法院应当认定不属于《反不正当竞争法》第 9 条规定的侵犯商业秘密行为。反向工程是获取产品技术信息的一种方式，公众进行反向工程的难易程度与其所付出的代价呈正相关性，难度越高，公众需付出的成本便越高，进而具备非公知性的可能性也就越高。如该技术信息仅涉及产品的尺寸、结构、材料、部件的简单组合等内容，进入市场后相关公众通过观察产品即可直接获得的技术信息就不具有秘密性。尽管玉米杂交种是由其亲本杂交育种获得，但是基于玉米杂交繁育特点和当前的技术条件，从杂交种反向获得其亲本的难度很大。从子代分离出亲本并培育亲本并非普通育种者不付出创造性的劳动就容易实现。不通过对“万糯 2000”进行专业的测序、分离，难以获得其亲本，更难以保证获得的亲本与“W68”完全相同。在搏某种业公司未提供任何证据证明通过“万糯 2000”可以容易获得其亲本“W68”的情况下，不能仅从已公开销售“万糯2000”的事实就得出“万糯 2000”亲本“W68”丧失秘密性的结论。

三、合理保密措施的认定

商业秘密权利人应采取切实可行的措施以防止商业秘密的泄露，如果没有对相关的商业秘密信息采取相应的合理保密措施，就不能主张将该信息作为商业秘密保护。《关于审理侵犯商业秘密民事案件规定》第 6 条对商业秘密定义中的“相应保密措施”进行了细化。[1] 保密措施的认定应结合

---

〔1〕《关于审理侵犯商业秘密民事案件规定》第 6 条规定：“具有下列情形之一，在正常情况下足以防止商业秘密泄露的，人民法院应当认定权利人采取了相应保密措施：（一）签订保密协议或者在合同中约定保密义务的；（二）通过章程、培训、规章制度、书面告知等方式，对能够接触、获取商业秘密的员工、前员工、供应商、客户、来访者等提出保密要求的；（三）对涉密的厂房、车间等生产经营场所限制来访者或者进行区分管理的；（四）以标记、分类、隔离、加密、封存、限制能够接触或者获取的人员范围等方式，对商业秘密及其载体进行区分和管理的；（五）对能够接触、获取商业秘密的计算机设备、电子设备、网络设备、存储设备、软件等，采取禁止或者限制使用、访问、存储、复制等措施的；（六）要求离职员工登记、返还、清除、销毁其接触或者获取的商业秘密及其载体，继续承担保密义务的；（七）采取其他合理保密措施的。”

具体技术领域的特点，本案结合育种材料亲本的有关特点，提出了“相应保密措施”认定的具体思路。

商业秘密纠纷中对于是否采取保密措施应以合理作为限度。作为育种材料，必须施以合理的种植管理，植物生长依赖土壤、水分、空气和阳光，需要进行光合作用等，而且制种需要具有一定的规模。在进行田间管理中，对于该作物的保密措施难以做到万无一失，对于合理保密措施的认定不宜过于严苛，只需要达到正常情况下能够防止被泄露的防范程度即可。华某种业公司建立了公司内部的保密制度，规定公司育种技术资料、育种样品以及育种亲本等繁殖材料属于公司秘密，不得泄露，并分别与“万糯2000”玉米植物新品种的育种者、公司高管等有关人员签订保密协议，约定其在任职期间及离职后都应保守华某种业公司的商业秘密。此外，在委托他人繁育种子的过程中，华某种业公司与被委托人签订保密协议，要求对繁育品种以代号称之，被委托人按计划生产的合格种子全部交给华某种业公司，不得截留和自行销售。同时要求对华某种业公司提供的自交系负责保密，不得向外扩散。被委托人在委托村民委员会制种的繁育合同中，也约定了亲本种子不外流、不自留。考虑到育种材料自身的特点，在进行田间管理中，权利人对于该作物材料采取的保密措施难以做到万无一失，综合考虑杂交育种的行业惯例、繁育材料以代号称之、制种行为的可获知程度等因素，华某种业公司采取的上述保密措施，在正常情况下足以避免亲本被他人非法盗取、获得及不正当使用，符合商业秘密法定构成要件的“相应保密措施”。

四、育种材料商业秘密保护与植物新品种保护的关系

植物新品种保护的是经过人工选育或改良后具备新颖性、特异性、一致性、稳定性，并有适当的命名的植物新品种。商业秘密保护的是不为公众所知悉、具有商业价值并经权利人采取相应保密措施的技术信息、经营信息等商业信息。有观点认为，由于商业秘密给予的保护是不附加期限的，在权利人不采取植物新品种法律制度寻求保护的情况下，以保护商业秘密的方式给予育种材料亲本无期限的保护，是对植物新品种保护制度的削弱。那么，就育种材料亲本的保护而言，植物新品种保护制度与商业秘密保护制度是何关系？本案判决指出，育种创新成果保护并非只有植物新品种保护一条途径，“法律并未限制作物育种材料只能通过植物新品种保护而排除商业秘密等其他知识产权保护，对作物育种材料给予商业秘密等其他知识产权保护不会削弱植物新品种保护法律制度，而是相辅相成、相得益彰的关系”。这一鲜明立场有助于育种主体综合运用知识产权保护制度，维护合法权益，积极开展创新活动。

杂交种的亲本等育种中间材料符合商业秘密保护要件的，可以受到《反不正当竞争法》的保护。这是鼓励育种创新的要求，也是加强知识产权保护的应有之义。植物新品种和商业秘密两种制度在权利产生方式、保护条件、保护范围等方面都存在差异。权利人应根据实际情况选择不同的保护方式。对育种材料给予商业秘密保护，并不妨碍他人通过独立研发等合法途径来繁育品种，也并不妨碍科研活动的自由。

五、结语

本案分析了育种材料亲本商业秘密的保护条件和保护路径，明晰了秘密性、保密措施的认定等方面的裁判思路，回答了育种创新成果保护领域的诸多共性问题，对于促进育种材料研发创新，助力种业高质量发展将发挥积极作用。

最高人民法院二审合议庭成员：罗霞　刘晓梅　雷艳珍

（编写人：罗霞*　徐世超**　审稿人：丁文严　姚俊萍）

---

* 罗霞，法学博士，中华人民共和国最高人民法院知识产权法庭，二级高级法官。

** 徐世超，法学和管理学双学士，中华人民共和国最高人民法院知识产权法庭，三级法官助理。

优某（上海）机械有限公司
与
李某保、周某等
侵害技术秘密纠纷案

——关于技术秘密诉讼“诚信原则”的理解与适用

【裁判摘要】

1. 诉讼诚信原则是破解技术秘密案件事实查明难的重要依托。首先，诉讼诚信构建应以中立裁判为基础。在案件事实真伪不明的情况下，法院应当能动司法、主动作为，通过现场勘验、证据调取等方式探知技术事实，构建当事人对裁判中立的诉讼诚信根基。其次，应当准确认定当事人的诉讼非诚信行为。对技术查明中损毁重要证据并阻碍勘验的证明妨碍行为，应依法处罚并纳入事实认定的重要方面考虑。

2. 在侵害技术秘密案件中，权利人原则上应当在一审法庭辩论结束前明确其所主张的技术秘密具体内容。但是如果权利人有证据证明其在一审法庭辩论结束后提出的内容仅是对其主张的技术秘密具体内容的解释和说明，并未超出或改变其所主张的技术秘密内容，则这种解释和说明不会损害各方当事人的权利，有利于人民法院在充分理解技术秘密内容的基础上作出公正裁判，通常不会违反诚信原则。

【案件基本信息】

1. 诉讼当事人

上诉人（一审原告）：优某（上海）机械有限公司（以下简称优某机械公司）

被上诉人（一审被告）：李某保

被上诉人（一审被告）：周某

被上诉人（一审被告）：曹某

被上诉人（一审被告）：上海路某机械有限公司（以下简称路某机械公司）

被上诉人（一审被告）：寿光市鲁某木业股份有限公司（以下简称鲁某木业公司）

2. 案件索引与裁判日期

一审：上海知识产权法院（2017）沪 73 民初 716 号判决（2019 年 1 月 29 日）

二审：最高人民法院（2019）最高法知民终 7 号判决（2021 年 4 月 22 日）

3. 案由

侵害技术秘密纠纷

【简要案情】

优某机械公司是一家制造、销售优选锯产品的公司，该公司享有“边测量边锯切的设计”的技术信息（以下简称涉案技术秘密），李某保、周某等人从优某机械公司离职后成立了路某机械公司，并利用涉案技术秘密制造、销售 S200、V200 优选锯产品。鲁某木业公司从路某机械公司处购买了 S200 优选锯产品并用于生产经营活动。据此，优某机械公司向上海知识产权法院起诉，请求判令上述被告停止侵权并赔偿损失。李某保、周某、路某机械公司认可被诉侵权产品系路某机械公司制造和销售，但辩称优某机械公司主张的涉案技术秘密保护范围不确定、属于公知的技术信息；被诉侵权产品使用的技术方案与涉案技术秘密实质不同。鲁某木业公司辩称，其仅是被诉侵权产品的购买者和使用者，不应承担侵权责任。该案中当事人委托鉴定机构就涉案技术秘密信息是否为公众所知悉、被诉侵权产品所使用技术方案是否与涉案技术秘密实质相同出具了数份结果不同的鉴定报告。一审法院亦委托鉴定机构对此进行了鉴定，认为没有证据表明被诉侵权产品使用了涉案技术秘密。

一审法院于 2019 年 1 月 29 日作出（2017）沪 73 民初 716 号判决，驳回优某机械公司的诉讼请求。

优某机械公司不服一审判决，向最高人民法院提起上诉，请求撤销一审判决；改判支持优某机械公司全部诉讼请求；一审、二审诉讼费用由曹某、李某保、周某、路某机械公司和鲁某木业公司承担。

【案件焦点】

1. 当事人是否违反民事诉讼中的诚信原则，包括优某机械公司庭审中对涉案技术秘密内容作出不同解释的行为，鲁某木业公司无正当理由毁损已查封证据的行为。

2. 被诉侵权产品的技术事实查明，包括被诉侵权产品是否使用涉案技术秘密、被诉侵权产品数量等事实问题，以及一审法院的委托鉴定能否采信，是否需要进一步查明技术比对事实。

【裁判结果】

最高人民法院经审理认为：

（一）关于当事人的诉讼行为是否违反诚信原则的认定

针对优某机械公司对涉案技术秘密的先后不同陈述是否违反诚信原则的问题，本案判决指出，优某机械公司是从不同角度阐述涉案技术秘密的工艺流程和锯切模式，有利于庭审充分理解技术秘密内容，在未超出或改变一审庭审所主张技术秘密范围的情况下，不违反诚信原则。针对鲁某木业公司无正当理由故意毁损被查封 S200 优选锯产品的证明妨碍行为，本案指出，鲁某木业公司擅自报废处理被查封的机器设备，致使人民法院无法通过对被查封的机器设备进行勘验的方式查明相关案件事实，其行为妨碍了案件审理，扰乱了正常诉讼秩序，依法应予制裁，对鲁某木业公司作出了罚款 10 万元的决定。

（二）关于本案技术事实查明问题

在当事人提交的不同鉴定机构出具的鉴定意见各异的情况下，一审法院委托北京国创鼎城司法鉴定所出具鉴定报告，但是告知当事人参与的司法鉴定人与最终实际参与的司法鉴定人并不一致，存在程序瑕疵。考虑到涉案技术秘密涉及抽象公式算法和锯切工艺流程，一审鉴定设计的实验方案过于简单，实验数据不足以全面、客观地反映出被诉侵权产品的技术信息，并且存在程序瑕疵，本案一方面通过多次庭审逐步确定涉案技术秘密的实质内涵，另一方面在技术调查官的参与下，对公证封存的优选锯产品进行现场勘验，在勘验查明涉案技术问题的基础上，推翻了一审鉴定意见，认定被诉侵权产品使用了涉案技术秘密。为查明被诉侵权产品数量，本案分别向上海海关和上海市奉贤区税务局调取证据，并在此基础上综合考虑涉案技术秘密的性质、创新程度、研究开发成本、商业价值、能带来的竞争优势、技术贡献度以及侵权人的主观过错、侵权情节等因素确定了赔偿数额。据此，判决撤销原判；改判路某机械公司停止侵犯优某机械公司涉案技术秘密的行为，路某机械公司赔偿优某机械公司经济损失500万元及合理开支100万元。

【裁判摘要评析】

侵害技术秘密纠纷案件通常涉及复杂的技术事实与法律问题，技术秘密查明、侵权事实比对、赔偿数额确定等是审判难点，当事人的诉讼博弈加大事实查明难度，而这正是技术秘密侵权案件的典型特点。强化诉讼诚信原则，是对当事人辩论原则和诉讼博弈的限制，并通过这一有效限制确保技术事实的查明。《民事诉讼法》第12条规定了当事人的辩论原则。但是如果只有辩论原则，缺乏诚信原则约束，当事人提供的证据及言辞中的虚假信息将导致法院难以探知案件真实。尤其是在技术秘密案件审判中，诉讼的博弈性突出，技术秘密固有的秘密性导致信息不对称，如果诚信原则被虚化、弱化，任由当事人博弈则容易导致技术事实真伪不明。

由此，在技术秘密案件审判中严格适用诚信原则、建构诉讼诚信，是引导当事人诚信诉讼、破解技术事实查明难题的关键所在。一方面，“两造对抗”下的诉讼诚信构建应当以中立裁判、能动司法为基础，构建当事人对中立裁判的诉讼诚信基础。另一方面，法院应当准确认定当事人的诉讼非诚信行为，并通过法律原则和规则的准确适用，引导当事人回归诉讼理性。

一、技术秘密诉讼诚信原则之适用基础

公正司法方能取信于民，能动司法方能赢得人心。构建技术秘密纠纷中的诉讼诚信基础，法院应当做到中立裁判、能动司法。诉讼诚信原则应当视为对当事人、法院具有共同要求。从立法修正历史来看，2012 年《民事诉讼法》修正第二次审议稿新增“当事人行使权利应当遵循诚实信用原则”条款，[1] 并将主体明确限定为当事人。但是，最终通过的《民事诉讼法》第 13 条规定：“民事诉讼应当遵循诚实信用原则。”2023 年《民事诉讼法》修改后，第 13 条的表述变更为“民事诉讼应当遵循诚信原则”。即立法未对主体作限定。因此，应当理解为民事诉讼中的诚信原则适用于各方主体，既包括法院，又包括当事人及诉讼参与人。其中，人民法院在审理裁判个案时遵守“公正合理、诚实善良”[2] 之要求，做到不偏不倚、能动司法，既是取信双方当事人的重要方法，又能指引当事人自觉遵守诚信原则之要求。

在技术秘密纠纷审判中，因涉及复杂技术和工艺信息，加之技术秘密信息的秘密性、价值性和保密性，当事人诉讼博弈使得技术事实查明难度加大。在诉讼博弈与非诚信行为交织格局下，坚持中立裁判、能动司法，获取当事人信任并进而建构诉讼诚信倍显关键。

具体到本案，围绕涉案技术秘密是否构成不为公众所知悉的技术信息、被诉侵权产品是否侵犯涉案技术秘密，各方当事人出具了数份结论不一的鉴定报告。一审法院亦根据优某机械公司的鉴定申请，委托鉴定机构出具报告，但是存在告知参与的司法鉴定人与最终实际参与的司法鉴定人不一致的程序瑕疵，以及鉴定实验方案过于简单，实验数据不足以全面、客观反映被诉侵权产品技术信息的实体问题。

也就是说，本案所涉关键技术事实的多份鉴定报告存在结果矛盾，技术事实存在查明难题。为全面、客观地查实被诉侵权产品的技术事实，最高人民法院在技术调查官的参与下，现场组织各方当事人对一审法院查封的存放于鲁某木业公司工厂的 S200 优选锯产品、优某机械公司封存的 V200 优选锯产品进行勘验。其中鲁某木业公司未经许可私自毁损已查封证

[1] 李适时：《全国人民代表大会法律委员会关于〈中华人民共和国民事诉讼法修正案（草案）〉修改情况的汇报——2012 年 4 月 24 日在第十一届全国人民代表大会常务委员会第二十六次会议上》，载《中华人民共和国全国人民代表大会常务委员会公报》2012 年第 5 期。

[2] 王琦：《民事诉讼诚实信用原则的司法适用》，载《中国法学》2014 年第 4 期。

据，导致无法现场勘验。对优某机械公司封存的V200优选锯产品，通过14次锯切实验，采取综合分析、相关实验之间的纵向结果比对分析、单项锯切结果分析等方法，证明该款优选锯产品的锯切方式和结果遵循了涉案技术秘密的工艺流程，并且实现了涉案技术秘密的技术效果，与涉案技术秘密实质相同。本案通过与双方当事人共同进行现场勘验，充分保障当事人诉讼权利，既查明了案件技术事实，又强化了司法公正可视可感，奠定诉讼诚信之基础。

同时，在赔偿数额的认定方面，技术秘密侵权纠纷存在实际损失、侵权获利、许可费合理倍数三种确定的计算方式，但是被诉侵权产品销量往往存在举证难情况。在权利人已经尽力举证的基础上，本案通过向海关、税务部门调取被诉侵权产品的销售数据，其中税务部门提供的销项数据，虽然未显示具体型号，但结合本案相关发票证据，可以基本确认其中所涉优选锯型号及销售数量。在此基础上，本案综合考虑涉案技术秘密的性质、创新程度、研究开发成本、商业价值、能带来的竞争优势、技术贡献度以及侵权人的主观过错、侵权情节等因素确定路某机械公司赔偿优某机械公司经济损失500万元及合理开支100万元。

本案中法院通过主动作为、调取证据，在查明案件事实同时避免了权利人过重举证负担，从长远来看可以倒逼被诉侵权方放弃诉讼博弈策略，诚信公开被诉侵权产品的实际数量，助力知识产权赔偿难题的实质性化解。

二、技术秘密诉讼非诚信行为之类型化

从诚信原则的适用来看，诚信原则可区分为诚信和恶信的正反两个维度，[1] 而诉讼诚信原则的正向维度要求当事人诚实不欺，并遵守真实义务、诉讼促进义务、事实阐明义务等，[2] 诉讼诚信原则的正向维度可以作为引导性规范，但是缺乏强制力，还需从反向维度着手。从诉讼诚信原则的反向维度来看，即针对诉讼恶信或称非诚信行为，可以通过抽象概念阐

---

〔1〕 徐国栋：《诚实信用原则二题》，载《法学研究》2002年第4期。

〔2〕 刘敏：《论诚实信用原则对民事诉讼当事人的适用》，载《河南社会科学》2014年第2期。

释的逻辑三段论方法适用，但是存在抽象概念适用的模糊性和裁量范围过大的弊端。拉伦茨先生指出："与抽象概念相反，作为思考形式的类型之认识价值在于：其能够清楚显现——并维持彼此有意义地相互结合的——包含于类型中的丰盈的个别特征。"〔1〕通过将诉讼非诚信行为进行类型化，可确保诉讼非诚信行为的精准、有效识别，减少模糊性、不确定性。

关于诉讼非诚信的类型化存在不同认识。有学者认为，应包括禁止以欺骗方法形成不正当诉讼状态，禁反言，禁止滥用诉讼权利，诉讼权能滥用和丧失。〔2〕亦有学者主张，对非诚信行为应当归纳为禁止滥用诉权、禁止滥用诉讼权利、禁反言三类情形。〔3〕全国人大常委会法工委同志编写民事诉讼法释义丛书将其概括为禁止当事人不正当诉讼行为、禁止诉讼权利滥用、禁止反言、禁止虚假陈述、禁止作假证五类情形。〔4〕

我们认为，可参考上述观点将诉讼非诚信行为之类型分为禁止诉权滥用、禁止诉讼程序权利滥用、禁反言、禁止证明妨碍、禁止不正当诉讼行为。具体而言，禁止诉权滥用之类型涉及对诉权本身的行使要求，具体包括恶意诉讼、虚假诉讼等行为。禁止诉讼程序权利滥用则涉及对诉讼程序权利的滥用，具体包括管辖权滥用、无理由拒绝送达等行为。禁反言涉及对当事人前后矛盾的诉讼行为，因损害了对方当事人的诉讼信赖利益而应予否定。禁止证明妨碍涉及对证明案件事实证据的妨碍，具体包括故意损毁证据、隐匿证据等行为。禁止不正当诉讼行为涉及通过欺骗、滥用等不正当方式行使的诉讼行为，作为诉讼非诚信行为的兜底类型。

本案涉及禁反言和禁止证明妨碍两类型诉讼非诚信行为的识别。首先，对于禁反言的判断。李某保、周某、路某机械公司在本案中主张，优某机械公司在一审鉴定、二审提交上诉状时，多次变更涉案技术秘密内容，违反了诚信原则。本案经审查指出："在侵害技术秘密案件中，权利人

---

〔1〕［德］卡尔·拉伦茨：《法学方法论》，陈爱娥译，商务印书馆2003年版，第347页。

〔2〕张卫平：《民事诉讼中的诚实信用原则》，载《法律科学（西北政法大学学报）》2012年第6期。

〔3〕刘敏：《论诚实信用原则对民事诉讼当事人的适用》，载《河南社会科学》2014年第2期。

〔4〕吴高盛主编：《〈中华人民共和国民事诉讼法〉释义及实用指南》，中国民主法制出版社2012年版，第87-88页。

原则上应当在一审法庭辩论结束前明确所主张的技术秘密具体内容，对于一审法庭辩论结束后提出的技术秘密内容，人民法院一般不予审查。但是，如果权利人有证据证明其在一审法庭辩论结束后提出的内容仅是对主张的技术秘密具体内容的解释和说明，并未超出其主张的技术秘密的内容，也没有改变其所主张的技术秘密内容，则这种解释和说明不会损害各方当事人的权利，有利于人民法院在充分理解技术秘密内容的基础上作出公正裁判，通常不会违反诚信原则。”同时，考虑到优某机械公司对涉案技术秘密的解释是随着诉讼程序的深入，对相关技术工艺从不同角度阐述的，相互之间不存在矛盾，亦符合所属行业的通常理解，因此构成对涉案技术秘密的进一步解释和说明，并未违反诚信原则。

其次，对于禁止证明妨碍的判断。二审中，最高人民法院拟对一审法院已查封的 S200 优选锯产品进行现场勘验，却意外得知，鲁某木业公司已擅自将已查封证据按报废处理，导致无法进行现场勘验。当法院要求鲁某木业公司提供曾经操作过 S200 优选锯产品的操作人员以供现场质询时，其仍无正当理由予以拒绝。鲁某木业公司未经法院许可私自毁损已查封证据的行为，应当视其构成举证妨碍，违反诚信原则。据此，最高人民法院依据《民事诉讼法》第 111 条[1]等相关规定，对鲁某木业公司处以罚款 10 万元。

三、技术秘密诉讼非诚信行为之法律适用

技术秘密纠纷中诚信原则的适用不仅在于类型化识别，还应通过准确的法律适用，对非诚信行为给予否定性法律评价，以构建守信激励和失信惩戒的有效责任机制。值得注意的是，《民事诉讼法》第 13 条仅规定了诉讼诚信的基本原则，而关于诉讼非诚信行为的具体规则，则散布于相关法律条文中。在法律原则和具体规则并存情况下，建构诉讼诚信应当进行准确法律适用，既要防止原则的逃逸适用，又要把握诚信原则的具体内涵，以实现诉讼非诚信行为的合法、有效规制。

首先，应当明确规制诉讼非诚信行为的法律适用逻辑，即关于诚实信

---

〔1〕 2023 年《民事诉讼法》修正后，本条变更为第 114 条。以下同。

用原则与规制诉讼非诚信行为具体规则的适用关联。法律原则的适用，应当“穷尽法律规则，方得适用法律原则”〔1〕。对于诉讼非诚信行为的诸多类型，如果存在相应规制法律规则，则应当适用规则而不能适用原则。只有在法律规则不存在的情况下，方能适用法律原则。

其次，存在诉讼诚信具体规则的情况下，应当径行适用具体责任规则以惩戒失信。对于本案损毁证据行为的法律后果，涉及损毁证据行为的责任规则和被损毁证据所涉证明事项的认定。一方面，关于损毁证据行为的责任规则，根据《民事诉讼法》（2017 年修正）第 111 条规定，对于当事人伪造、毁灭重要证据，妨碍人民法院审理案件的行为，人民法院可以根据情节轻重予以罚款、拘留；构成犯罪的，依法追究刑事责任。本案依法对鲁某木业公司损毁重要证据的行为作出罚款，彰显了人民法院惩戒失信诉讼行为的鲜明态度。另一方面，关于被损毁证据所涉证明事项的认定，根据《知识产权民事诉讼证据规定》第 25 条规定，在无正当理由毁灭证据的情况下，人民法院可以推定对方当事人就该证据所涉证明事项的主张成立。本案鲁某木业公司无正当理由毁损已查封的证据的行为导致 S200 优选锯产品的现场勘验无法进行。考虑到另案生效判决已经认定路某机械公司生产的另一型号的 B200 优选锯产品使用了涉案技术秘密，优某机械公司已尽到相应举证责任，并且路某机械公司未就 S200 优选锯产品采用了与 B200 优选锯产品不同的技术方案提出实质性抗辩和有力证据，本案判决认为 S200 优选锯产品使用的技术信息与涉案技术秘密构成实质相同具有“高度盖然性”，构成侵权。

最后，在穷尽诉讼诚信具体规则的情况下，才能直接适用诚信原则。在诚信原则的适用中，应当通过说理将其具体化。拉伦茨即指出：“法律原则并不是一种——一般性的案件事实可以涵摄其下的，同样——非常一般的规则。毋宁其无例外地须被具体化。”〔2〕 在第 82 号指导案例深圳歌某服饰股份有限公司（以下简称歌某服饰公司）与王某永、杭州银某百货有限

〔1〕 舒国滢：《法律原则适用中的难题何在》，载《苏州大学学报（哲学社会科学版）》2004 年第 6 期。

〔2〕 ［德］卡尔·拉伦茨：《法学方法论》，陈爱娥译，商务印书馆 2003 年版，第 348 页。

公司侵害商标权纠纷案[1]中，法院通过解释“以非善意取得的商标权对歌某服饰公司（在先权利人）的正当使用行为提起的侵权之诉”构成违反诚信原则之滥用行为，从而在缺乏具体规则适用的情形下，确保诚信原则具体化的准确适用。

党的二十大报告指出，要“弘扬诚信文化，健全诚信建设长效机制”。在知识产权诉讼非诚信行为突出的背景下，在技术秘密案件审判中准确适用诚信原则、惩戒制裁背信行为，不仅有助于探知技术疑难案件中的技术真实，更是强化技术审判中知识产权法治保障的因应之策。本案作为最高人民法院2021年发布的反垄断和反不正当竞争典型案例，彰显了人民法院激励守信、惩戒失信的鲜明司法导向。从长远来看，建构知识产权诉讼诚信，还需坚持全方位治理、全流程推进，既应注重法院能动司法、中立裁判，以奠定诉讼信任之基础，又应精准识别、准确适用责任规则，以有效规制非诚信行为。两方面相辅相成，方能助力实现推动构建知识产权诉讼诚信体系的目标。

最高人民法院二审合议庭成员：朱理　傅蕾　张晓阳

（编写人：傅蕾*　许耀乘**　审稿人：丁文严）

---

[1] 最高人民法院民事判决书，（2014）民提字第24号。

* 傅蕾，法学博士，中华人民共和国最高人民法院民事审判第三庭，三级高级法官。

** 许耀乘，法学博士，中华人民共和国最高人民法院第六巡回法庭，四级法官助理。

上海华某电力设备制造有限公司
与
武汉泰某变压器开关有限公司
垄断协议纠纷案

——因专利侵权纠纷达成的和解协议的反垄断审查

【裁判摘要】

因专利侵权纠纷达成的和解协议，如与涉案专利权保护范围缺乏实质关联，所涉产品超出涉嫌侵权的产品范围，其核心并不在于保护和行使专利权，而是以行使专利权为掩护，实际上追求分割销售市场、限制商品生产和销售数量、固定价格等效果的，可以认定为横向垄断协议。

【案件基本信息】

1. 诉讼当事人

上诉人（一审原告）：上海华某电力设备制造有限公司（以下简称华某电力设备制造公司）

被上诉人（一审被告）：武汉泰某变压器开关有限公司（以下简称泰某变压器开关公司）

2. 案件索引与裁判日期

一审：湖北省武汉市中级人民法院（2019）鄂 01 民初 6137 号判决（2020 年 12 月 28 日）

二审：最高人民法院（2021）最高法知民终 1298 号判决（2022 年 2 月 22 日）

3. 案由

垄断协议纠纷

【简要案情】

2015年10月，泰某变压器开关公司起诉华某电力设备制造公司侵害其“一种带屏蔽装置的无励磁开关”发明专利权（专利号为ZL200610019247.3，以下简称涉案专利权，该案以下简称2015年专利侵权纠纷）。涉案专利权利要求1记载：“一种带有屏蔽装置的无励磁分接开关，包括有上、下支座，上、下支座间穿装有转轴并连接绝缘体，转轴一端与操作机构相连，在转轴上安设有动触头，动触头的周向对应安设有与其配置的静触头，其特征在于在静触头组的外周套装有筒状的屏蔽罩，在屏蔽罩的内侧或/和外侧设置绝缘筒。”涉案专利说明书记载：该发明涉及一种用于变压器中的带有屏蔽装置的无励磁分接开关，是对现有无励磁分接开关的改进。2016年1月，双方经协商达成一致，自行签署“调解协议”（未经法院确认，实为和解协议），约定：华某电力设备制造公司仅能生产特定种类的无励磁分接开关，对其他种类的无励磁分接开关只能通过泰某变压器开关公司供货转售给下游客户，且销售价格要根据泰某变压器开关公司的供货价格确定；在海外市场，华某电力设备制造公司为泰某变压器开关公司持股的公司做市场代理，不得自行生产或代理其他企业同类产品，且销售价格与泰某变压器开关公司的供货价格一致。同月，泰某变压器开关公司向法院申请撤回2015年专利侵权纠纷案的起诉，并获得准许。2017年1月，泰某变压器开关公司以华某电力设备制造公司违反涉案和解协议为由，向湖北省武汉市江夏区人民法院提起诉讼，请求判令华某电力设备制造公司承担违约责任并支付违约金（该案以下简称2017年合同违约纠纷）。2017年4月，武汉市江夏区人民法院认定：华某电力设备制造公司制造并销售给西某武汉公司无励磁分接开关违反涉案和解协议的约定，构成违约，判决华某电力设备制造公司向泰某变压器开关公司支付违约金783,600元；2017年9月，湖北省武汉市中级人民法院二审维持上述判决。2019年6月，华某电力设备制造公司向一审法院提起本案诉讼，主张涉案和解协议属于2008年施行的《反垄断法》第13条第1款第1项、第2项、第3项[1]规

[1] 2022年《反垄断法》修正后，这三项变更为第17条第1项、第2项、第3项。以下同。

定的固定商品价格、限制商品生产销售数量、分割销售市场的横向垄断协议，请求确认涉案和解协议无效，判令泰某变压器开关公司赔偿华某电力设备制造公司经济损失 798,626 元及维权合理支出 10 万元。

一审法院认为，首先，泰某变压器开关公司与华某电力设备制造公司签订涉案和解协议的目的在于了结双方之间 2015 年专利侵权纠纷，协议条款围绕专利侵权纠纷所指被诉侵权产品的生产与销售以及避免双方专利侵权纠纷再次发生。其次，根据涉案和解协议约定的权利、义务内容分析，协议并未针对无励磁开关产品固定变更价格、限制生产销售数量及分割市场等事项进行约定，不能认定为《反垄断法》第 13 条所规制的垄断协议。最后，根据涉案和解协议履行效果分析，涉案调解协议如若履行，并不具有《反垄断法》第 13 条所规制的垄断效果。综上所述，一审法院认为，涉案和解协议不属于垄断协议，判决驳回华某电力设备制造公司的全部诉讼请求。

华某电力设备制造公司不服，提起上诉，请求撤销一审判决，改判支持华某电力设备制造公司一审的全部诉讼请求。

【案件焦点】

1. 涉案和解协议是否构成《反垄断法》明文禁止的横向垄断协议；

2. 泰某变压器开关公司拥有并行使涉案专利权能否排除涉案和解协议的违法性；

3. 涉案和解协议应否认定全部无效；

4. 华某电力设备制造公司主张的损害赔偿及合理开支应否予以支持。

【裁判结果】

最高人民法院经审理认为，涉案和解协议与涉案专利权的保护范围缺乏实质关联性，其核心并不在于保护专利权，而是以行使专利权为掩护，实际上追求排除、限制竞争的效果，属于滥用专利权。涉案和解协议构成分割销售市场、限制商品生产和销售数量、固定商品价格的横向垄断协议，违反《反垄断法》强制性规定。因此，判决撤销一审判决，确认涉案和解协议全部无效，改判泰某变压器开关公司赔偿华某电力设备制造公司本案合理开支 10 万元。

【裁判摘要评析】

本案分析了涉及专利权许可的横向垄断协议的反垄断审查标准，入选2022年“人民法院反垄断典型案例”。专利权是一种合法垄断权，经营者合法行使专利权的行为不受《反垄断法》限制，但是经营者滥用专利权排除、限制竞争的行为则受到《反垄断法》规制。本案判决在横向垄断协议的认定、专利权行使能否排除和解协议违法性的判断、涉及横向垄断协议的合同效力的认定等问题的处理思路和论证说理上具有较强的参考意义，对审查专利侵权案件当事人达成的和解协议是否违反《反垄断法》作出了探索，对于规范专利权人合法行使权利、提高全社会的反垄断法治意识具有积极意义。

一、《反垄断法》所明文禁止的横向垄断协议的认定

特定协议构成《反垄断法》第13条第1款所明文禁止的横向垄断协议，需要具备如下三个条件：协议的主体属于具有竞争关系的经营者；协议内容符合《反垄断法》第13条第1款明文规定的形式要求；协议具有排除、限制竞争的效果。具体分析如下。

第一，关于华某电力设备制造公司、泰某变压器开关公司之间是否存在《反垄断法》上的竞争关系。《反垄断法》第13条第1款意义上的竞争关系是指在生产或者销售过程中处于同一阶段的两个或两个以上的经营者提供具有替代关系的产品或者服务，或者具有进入同一产品或者服务市场的现实可能性。本案中，华某电力设备制造公司、泰某变压器开关公司均生产、销售无励磁分接开关，两者应当属于生产、销售同一产品的经营者，且根据查明的华某电力设备制造公司、泰某变压器开关公司的开关销售情况，双方均具有一定的市场影响力。涉案和解协议中包含华某电力设备制造公司委托泰某变压器开关公司生产特定类型开关本体的约定，并不能改变两者之间在同类产品上的竞争关系。因此，双方之间存在反垄断法意义上的竞争关系。

第二，关于涉案和解协议是否符合《反垄断法》第13条第1款第1项至第3项规定的形式要求。《反垄断法》第13条第1款规定：“禁止具有竞争关系的经营者达成下列垄断协议：（一）固定或者变更商品价格；（二）限制商品的生产数量或者销售数量；（三）分割销售市场或者原材料采购市场；(四) 限制购买新技术、新设备或者限制开发新技术、新产品；(五) 联合抵制交易；(六) 国务院反垄断执法机构认定的其他垄断协议。”在认定经营者之间达成的协议是否符合《反垄断法》第13条第1款明文列举的横向垄断协议的形式时，不宜将协议内容与该款所列的五种类型的横向垄断协议机械对照，而应当对协议内容进行整体分析，对相关协议条款的内容及其关联性、对市场竞争产生的实际或者潜在的排除、限制竞争效果等进行综合考量。

首先，涉案和解协议具有分割销售市场的内容。涉案和解协议第1条将无励磁分接开关按照型式划分为笼形开关和其他型式开关两类，相应的无励磁分接开关国内市场被划分为笼形无励磁分接开关市场和其他型式无励磁分接开关市场。该条明确约定，华某电力设备制造公司不得自行制造或委托除泰某变压器开关公司以外任何第三方制造（或向其购买）除笼形开关以外的所有型式如条形、鼓形、筒形、鼠笼形等的无励磁分接开关本体及相关零部件。同时，涉案和解协议第5条将无励磁分接开关按照生产企业划分为泰某变压器开关公司所参股的泰某联合公司生产的开关和其他企业生产的开关，相应的无励磁分接开关海外市场被划分为泰某联合公司生产的开关的市场和其他企业生产的开关的市场。该条明确约定，华某电力设备制造公司不得在海外市场自行生产泰某变压器开关公司所参股的泰某联合公司的同类产品，也不得代理其他企业同类产品。显然，上述约定分割了无励磁分接开关的销售市场：在国内市场，华某电力设备制造公司只能自己生产和销售笼形开关，笼形开关以外的所有无励磁分接开关均由泰某变压器开关公司控制；在海外市场，华某电力设备制造公司只能销售泰某联合公司的产品，排除、限制了华某电力设备制造公司及其他生产同类产品的企业在无励磁开关市场的竞争。因此，应当认定涉案和解协议第1条、第5条约定的内容符合《反垄断法》第13条第1款第3项明文规定的横向垄断协议的形式要求。

其次，涉案和解协议具有限制商品生产和销售数量的内容。涉案和解协议的第1条、第5条以停止生产、限制特定品种商品销售数量的方式限制华某电力设备制造公司产品的生产数量、销售数量，由此可能导致相关商品的供应量减少、商品价格上涨，进而最终损害消费者的利益。因此，应当认定涉案和解协议第 1 条、第 5 条约定的内容也符合《反垄断法》第 13 条第 1 款第 2 项明文规定的横向垄断协议的形式要求。

再次，涉案和解协议具有固定商品价格的较大可能性。涉案和解协议第 1 条约定，华某电力设备制造公司承接除笼形开关以外的无励磁分接开关的订单，开关本体需按照协议约定价格委托泰某变压器开关公司制造后向华某电力设备制造公司供货，泰某变压器开关公司、华某电力设备制造公司每两年就无励磁开关委托生产价格进行一次重新确认。在产品价格协议达成一致以前，除指定交易外，“其他所有牵引变配套开关报价，华某电力设备制造公司先落实泰某变压器开关公司开关本体价格后再自行决定报价，并向泰某变压器开关公司报价与购买其开关本体。”显然，涉案和解协议中所约定的虽然是华某电力设备制造公司委托泰某变压器开关公司生产产品的价格，但涉案和解协议已经约定华某电力设备制造公司不得自行制造或委托除泰某变压器开关公司以外任何第三方（或向其购买）除笼形开关以外的无励磁分接开关本体及相关零部件，因此在生产方或供货方唯一的情况下，成本、利润率相对确定，直接导致华某电力设备制造公司对外销售商品的价格与华某电力设备制造公司委托泰某变压器开关公司生产产品的价格挂钩，具有固定销售价格的较大可能性。

同时，涉案和解协议第 5 条还约定，在海外无励磁分接开关市场，泰某变压器开关公司对华某电力设备制造公司的售价为华某电力设备制造公司对用户的实际售价。由于涉案和解协议限定华某电力设备制造公司在海外市场只能销售泰某联合公司的产品，在供货方唯一的情况下，华某电力设备制造公司对外销售价格已经被泰某变压器开关公司限定。此外，涉案和解协议第 10 条约定，就替代进口开关及特种开关，泰某变压器开关公司、华某电力设备制造公司之间，如果一方告知另一方价格信息，被告知方成交价格不能低于主动告知方。这就意味着，在替代进口开关及特种开关上，双方的自主定价权互相制约，极易达成价格同盟。因此，应当认定涉案和解协议第 1 条、第 5 条、第 10 条约定的内容具有固定商品价格的较大可能性，符合《反垄断法》第 13 条第 1 款第 1 项明文规定的横向垄断协议的形式要求。

最后，关于涉案和解协议的整体评价。涉案和解协议以第 1 条、第 5 条、第 10 条为核心，约定停止生产特定品种商品、限制特定品种商品销售、协调及固定价格，并辅之以信息联络、违约惩罚等手段，强化了分割销售市场、限制商品生产和销售数量、固定商品价格的效果。因此，涉案和解协议符合《反垄断法》第 13 条第 1 款第 1 项至第 3 项规定的形式要求。

第三，关于涉案和解协议是否具有排除、限制竞争的效果。首先，关于《反垄断法》第 13 条第 1 款明文列举的五种类型垄断协议竞争效果的举证责任。根据《关于审理因垄断行为引发的民事纠纷案件的规定》第 7 条的规定，对于《反垄断法》第 13 条第 1 款第 1 项至第 5 项规定的垄断协议，原则上可以推定其具有排除、限制竞争的效果，原告无须就此承担举证责任，而由被告对该协议不具有排除、限制竞争的效果承担举证责任。本案中，华某电力设备制造公司、泰某变压器开关公司在无励磁分接开关市场存在竞争关系，涉案和解协议符合《反垄断法》第 13 条第 1 款第 1 项、第 2 项、第 3 项规定的横向垄断协议的形式要求，一旦达成，一般就会产生排除、限制竞争的实际效果或潜在效果，可以推定其具有排除、限制竞争的效果。因此，泰某变压器开关公司应当对涉案和解协议不具有排除、限制竞争的效果承担举证责任。本案中泰某变压器开关公司并无充分证据证明涉案和解协议具有促进竞争的效果且该效果超过了其排除、限制竞争的效果，故应当认定涉案和解协议具有排除、限制竞争的效果。

其次，关于涉案和解协议是否产生排除、限制竞争的实际效果。二审法院认为，对于横向垄断协议，通常情况下，协议参与方的市场份额越高，其排除、限制竞争效果越显著。根据在案证据，泰某变压器开关公司在无励磁分接开关市场上具有较强市场影响力，华某电力设备制造公司亦是重要的无励磁分接开关供应商之一，双方达成分割销售市场、限制商品生产和销售数量、固定商品价格的涉案和解协议一经实施，明显会对市场竞争产生排除、限制效果。无励磁分接开关组件中，本体部分为核心组成部分，其他组件均属于附属配件，涉案和解协议仅对本体部分价格进行约定已经足以影响产品价格。而且，华某电力设备制造公司提交的证据显示，涉案和解协议签署后，泰某变压器开关公司向华某电力设备制造公司发送的指导价格表中无励磁分接开关的单价均要远高于华某电力设备制造公司自身对外的销售价格。双方法定代表人的微信聊天记录也显示，泰某变压器开关公司曾多次向华某电力设备制造公司提出要保持高价。可见，涉案和解协议的实施将导致相关产品价格上涨，损害下游经营者及终端用户的利益。

综上所述，涉案和解协议构成分割销售市场、限制商品生产和销售数量、固定商品价格的横向垄断协议。

二、专利权行使与垄断行为之间的关系

涉案和解协议是双方在2015年专利侵权纠纷案中达成，这里就牵涉到专利权行使与垄断行为之间的关系，即泰某变压器开关公司拥有并行使涉案专利权能否排除涉案和解协议的违法性。对此，二审法院认为：

首先，关于知识产权权利行使与垄断行为之间的关系。《反垄断法》第55条规定："经营者依照有关知识产权的法律、行政法规规定行使知识产权的行为，不适用本法；但是，经营者滥用知识产权，排除、限制竞争的行为，适用本法。"[1] 根据上述规定，权利人依照知识产权法律、行政法规规定行使知识产权的行为原则上并不违反《反垄断法》。但是，权利人逾越其享有的专有权，滥用知识产权排除、限制竞争的，则涉嫌违反《反垄断法》。

其次，关于泰某变压器开关公司行使涉案专利权的行为是否构成滥用知识产权。本案中，双方2015年专利侵权纠纷涉及泰某变压器开关公司所有的"一种带有屏蔽装置的无励磁分接开关"的发明专利权，其技术效果主要在于降低开关制造成本，增强开关使用的稳定性、可靠性，属于对无励磁分接开关的改进，并非无励磁分接开关领域无法回避的基础性专利。涉案专利的权利要求保护的是一种带有特定结构的屏蔽装置的无励磁分接开关，不涉及特定类型或形状的无励磁分接开关，而涉案和解协议以无励磁分接开关的型式划分产品，将其分为笼形、非笼形（包括鼓形、条形、筒形、鼠笼形等）。在海外市场，又以无励磁分接开关的生产企业划分产

---

〔1〕 2022年《反垄断法》修正后，本条变更为第68条。

品，将其分为泰某变压器开关公司所参股的泰某联合公司生产的开关和其他企业生产的开关，并以上述划分为基础对华某电力设备制造公司生产和销售某些特定类型的无励磁分接开关加以限制，但这种限制与涉案专利的权利保护范围并无实质关联。泰某变压器开关公司在一审答辩中也自称，涉案和解协议约定内容已经超出专利侵权纠纷，合同条款也与泰某变压器开关公司涉案专利权脱钩。

再次，华某电力设备制造公司与泰某变压器开关公司在无励磁分接开关市场存在竞争关系，涉案和解协议对无励磁分接开关市场进行划分，并以此对协议所涉及产品，即无励磁分接开关的销售价格、生产数量、销售数量、销售种类、销售地域等加以限制，排除、限制了经营者之间的正常竞争。可见，涉案和解协议与涉案专利权的保护范围缺乏实质关联性，其核心并不在于保护专利权，而是以行使专利权为掩护，实际上追求分割销售市场、限制商品生产和销售数量、固定价格的效果，属于滥用专利权，构成排除、限制竞争的行为。

最后，关于涉案和解协议所涉及产品是否包括涉嫌侵犯专利权的产品。由于涉案和解协议对于所限制生产和销售的产品种类及相关的销售市场的划分并非以涉案专利权的保护范围为划分依据，且和解协议的内容已经超出了 2015 年专利侵权纠纷案件中的争议内容，因此涉案和解协议所涉及的产品是否包含涉嫌侵犯专利权的产品与本案并无直接关联性。

综上所述，泰某变压器开关公司拥有并行使涉案专利权这一事实并不能够排除涉案和解协议的违法性。

三、涉及横向垄断协议的合同效力认定

在认定涉案和解协议的部分条款构成横向垄断协议后，需要进一步判断涉案和解协议是全部无效还是部分无效。

首先，关于涉案和解协议效力问题的法律适用。根据原《合同法》第 52 条第 5 项[1]的规定，违反法律、行政法规的强制性规定的，合同无效。

---

〔1〕 本项现为《民法典》第 153 条第 1 款："违反法律、行政法规的强制性规定的民事法律行为无效。但是，该强制性规定不导致该民事法律行为无效的除外。"以下同。

根据原《合同法解释（二）》第14条的规定，《合同法》第52条第5项规定的“强制性规定”，是指效力性强制性规定。《关于审理因垄断行为引发的民事纠纷案件的规定》第15条规定：“被诉合同内容、行业协会的章程等违反反垄断法或者其他法律、行政法规的强制性规定的，人民法院应当依法认定其无效。但是，该强制性规定不导致该民事法律行为无效的除外。”《反垄断法》的立法宗旨为预防和制止垄断行为，保护市场公平竞争，提高经济运行效率，维护消费者利益和社会公共利益。基于上述立法宗旨，《反垄断法》关于禁止垄断行为的规定原则上应当属于效力性强制性规定。

其次，关于涉案和解协议效力问题的具体分析。涉案和解协议第1条、第5条、第10条违反《反垄断法》第13条关于禁止达成横向垄断协议的规定，而泰某变压器开关公司未主张该协议具有《反垄断法》第15条[1]所规定的豁免事由，因此，涉案和解协议的第1条、第5条、第10条应当认定无效。上述三个条款为涉案和解协议的核心条款，其他条款均属于围绕上述三个条款对双方相关权利义务的约定，其根本目的在于通过对无励磁分接开关市场排除、限制竞争，以实现垄断利益，故涉案和解协议在剥离上述三个条款后缺乏独立存在的意义，应当认定全部无效。

综上所述，涉案和解协议因违反《反垄断法》强制性规定应认定为全部无效。

四、横向垄断协议参与方主张损害赔偿及合理开支的处理

本案中，华某电力设备制造公司主张，涉案和解协议属于无效协议，泰某变压器开关公司因涉案和解协议而取得的财产应当予以返还，并应当承担由此导致的赔偿责任，故请求泰某变压器开关公司赔偿经济损失798,626元及本案维权合理支出10万元。

---

〔1〕 2022年《反垄断法》修正后，本条变更为第20条：“经营者能够证明所达成的协议属于下列情形之一的，不适用本法第十七条、第十八条第一款、第十九条的规定：（一）为改进技术、研究开发新产品的；（二）为提高产品质量、降低成本、增进效率，统一产品规格、标准或者实行专业化分工的；（三）为提高中小经营者经营效率，增强中小经营者竞争力的；（四）为实现节约能源、保护环境、救灾救助等社会公共利益的；（五）因经济不景气，为缓解销售量严重下降或者生产明显过剩的；（六）为保障对外贸易和对外经济合作中的正当利益的；（七）法律和国务院规定的其他情形。属于前款第一项至第五项情形，不适用本法第十七条、第十八条第一款、第十九条规定的，经营者还应当证明所达成的协议不会严重限制相关市场的竞争，并且能够使消费者分享由此产生的利益。”

首先，华某电力设备制造公司所主张的798,626元损害赔偿系执行2017年合同违约纠纷中生效判决时扣划的执行款项。在2017年合同违约纠纷中，生效判决认定涉案和解协议合法、有效，华某电力设备制造公司承担相关违约责任，798,626元为华某电力设备制造公司依据生效判决向泰某变压器开关公司支付的违约金，并非华某电力设备制造公司在本案中所主张的因垄断协议的达成、实施而造成的损失。

其次，《反垄断法》第50条[1]规定："经营者实施垄断行为，给他人造成损失的，依法承担民事责任。"根据该规定，可以主张因垄断行为而受到损害的主体并不包括该垄断行为的实施者。同时，请求损害赔偿救济者，其行为必须正当合法。华某电力设备制造公司作为涉案和解协议的一方，参与达成该横向垄断协议，其自身行为具有违法性。因此，华某电力设备制造公司在本案中有关损害赔偿的请求，缺乏法律依据。至于华某电力设备制造公司主张的因前案诉讼所产生的损失，其可通过针对前案的民事审判监督程序予以解决。

最后，关于华某电力设备制造公司主张的本案合理开支应否得到支持。《关于审理因垄断行为引发的民事纠纷案件的规定》第14条第2款规定："根据原告的请求，人民法院可以将原告因调查、制止垄断行为所支付的合理开支计入损失赔偿范围。"本案中，华某电力设备制造公司所主张的本案维权合理支出10万元系为本案诉讼聘请律师的费用。鉴于横向垄断协议通常具有隐蔽性，支持合理开支有利于垄断协议参与方主动揭发垄断行为，有助于及时发现并制止垄断行为，保护市场公平竞争，维护市场竞争秩序，故二审法院对华某电力设备制造公司主张的本案合理开支予以考虑。华某电力设备制造公司为本案诉讼签订聘请律师合同，约定律师服务费用30万元，其仅以其中已经实际支付的10万元律师费为限主张合理开支。考虑到本案的复杂性以及华某电力设备制造公司代理律师参与本案诉讼的情况，10万元尚属合理。因此，二审法院对于华某电力设备制造公司关于赔偿其本案合理开支10万元的请求予以支持。

---

〔1〕 2022年《反垄断法》修正后，本条变更为第60条第1款。以下同。

五、结语

专利权作为一种合法垄断权，专利权人可以在法律授权的范围内排他性地享有或行使专利权。基于此，专利权人可以在一定时间和一定地域范围内生产或销售某种商品，这种权利是专利制度对创新者的“奖励”。《反垄断法》同样将鼓励创新作为立法目标，虽然并不直接保护创新成果，但通过维护健康有活力的竞争机制，为创新提供良好的竞争环境。

处理专利权行使与反垄断规制的关系，根本在于确定专利权作为一种合法垄断权的边界在哪里。专利权的排他性并不是《反垄断法》预防和制止的对象，如果专利权的获得和行使没有超出权利自身的范围，即使因行使专利权的行为而排除或者限制竞争，一般情况下不会违反《反垄断法》。但是，专利权不能超出其权利自身的范围而被滥用，例如，专利权人与被许可方达成固定商品价格、限制商品生产销售数量的横向垄断协议；在专利许可协议中附加不合理的限制条件或搭售其他非必需专利作为实施许可的条件；药品专利权利人承诺给予仿制药申请人利益补偿，换取仿制药申请人承诺不挑战专利权的有效性或者延迟进入该专利药品相关市场。上述行为超出了专利权自身的范围，构成专利权的滥用。至于专利权的滥用是否违反《反垄断法》，还应具体判断其是否产生排除、限制竞争的效果。

最高人民法院知识产权法庭在国家层面集中审理技术类知识产权案件和垄断上诉案件，这种独特的制度设计能够在保护知识产权的同时，更加密切注意到知识产权滥用问题，同时在涉及知识产权滥用的垄断案件审理中，能够充分发挥专利案件审理经验和技术事实查明优势。本案二审审理中对涉案专利权行使与垄断行为之间关系的查明和澄清，以及对涉案和解协议违法性的认定就是这一制度优势的充分体现。

最高人民法院二审合议庭成员：原晓爽　何隽　薛淼

（编写人：何隽[*]　审稿人：丁文严　姚俊萍）

---

* 何隽，法学博士，中华人民共和国最高人民法院知识产权法庭，三级高级法官。

威海宏某置业有限公司
与
威海市水某集团有限公司
滥用市场支配地位纠纷案

——公用事业经营者隐性限定交易行为及经济损失的认定

【裁判摘要】

1. 反垄断法上的限定交易行为既可以是明示的、直接的，也可以是隐含的、间接的。具有市场支配地位的经营者为供水、供电、供气等公用事业经营者或者其他依法具有独占地位的经营者，对于市场竞争能够施加更大的影响，其在相关交易中只推荐特定交易对象或者只公开特定交易对象的信息，交易相对人基于上述情势难以自由选择其他经营者进行交易的，通常可以初步认定其实质上实施了限定交易行为。

2. 当事人主张因滥用市场支配地位的限定交易行为而遭受的损失的，应当证明限定交易情形下的实际价格高于正常竞争条件下的合理交易价格的差额。当事人未能举证证明上述差额，亦未能提出具体差额计算方法，或者不存在或难以确定可供对比的合理交易价格，导致具体损失数额难以确定的，人民法院可以根据案件具体情况合理酌定赔偿数额。

【案件基本信息】

1. 诉讼当事人

上诉人（一审原告）：威海宏某置业有限公司（以下简称宏某置业公司）

被上诉人（一审被告）：威海市水某集团有限公司（以下简称威海水某集团）

2. 案件索引与裁判日期

一审：山东省青岛市中级人民法院（2021）鲁 02 民初 19 号判决（2021 年 11 月 23 日）

二审：最高人民法院（2022）最高法知民终 395 号判决（2022 年 6 月 23 日）

3. 案由

滥用市场支配地位纠纷

【简要案情】

威海水某集团系威海市市区唯一的城市公共供水企业。2018 年 1 月 17 日威海市住房和城乡建设局网站发布《市水务集团供排水业务办理服务指南》。该服务指南载明新建项目业务办理流程包括受理、设计、交款、施工、通水、验收，并在每一步骤下述明用户须提交的材料、费用、具体办理事项、联系方式等信息，其中设计、收款账户、施工咨询、验收等全流程信息均系威海水某集团及其下属设计院的账户、电话等信息，而没有其他给排水设计施工企业的信息，也并未说明可以由其他企业设计或者施工。

宏某置业公司是一家位于山东省威海市的房地产开发公司，山东省威海市昌某小区旧村改造某区楼盘（以下简称涉案楼盘）由宏某置业公司投资建设。2021 年 1 月，宏某置业公司向一审法院起诉，主张威海水某集团利用其市场支配地位，在宏某置业公司拆除涉案楼盘已经建好的给排水工程之后，限定涉案楼盘的给排水工程只能由威海水某集团的子公司威海市水某集团设计院有限公司和威海市水某集团给排水工程有限公司作为设计、施工单位，从而剥夺了宏某置业公司的自主选择权。宏某置业公司认为，威海水某集团实施了 2008 年施行的《反垄断法》第 17 条第 1 款第 4 项[1]所禁止的限定交易的垄断行为，请求判令威海水某集团赔偿因其实施滥用市场支配地位的行为给宏某置业公司造成的经济损失 230 万元及宏某置业公司因调查、制止垄断行为所支付的合理开支 15 万元。一审法院认定，威海水某集团在威海市区供水、污水设施建设和管理中处于市场支配

---

〔1〕 2022 年《反垄断法》修正后，本项变更为第 22 条第 1 款第 4 项。

地位，但现有证据不能证明威海水某集团存在限定交易行为，判决驳回宏某置业公司诉讼请求。宏某置业公司不服一审判决，向最高人民法院提起上诉。

【案件焦点】

1. 威海水某集团是否实施了限定交易行为；

2. 威海水某集团的损害赔偿责任。

【裁判结果】

最高人民法院经审理认为，威海水某集团系威海市市区唯一的城市公共供水企业，其在山东省威海市市区的城市公共供水服务市场具有市场支配地位。威海水某集团不仅独家提供城市公共供水服务，而且承担着供水设施审核、验收等公用事业管理职责，其在参与供水设施建设市场竞争时，负有更高的不得排除、限制竞争的特别注意义务。威海水某集团在受理给排水市政业务时，在业务办理服务流程清单中仅注明其公司及其下属企业的联系方式等信息，而没有告知、提示交易相对人可以选择其他具有相关资质的企业，属于隐性限定了交易相对人只能与其指定的经营者进行交易，构成限定交易行为。宏某置业公司没有提供证据证明限定交易的实际支出高于正常竞争条件下的合理交易价格，且其自身对涉案给排水设施的拆除重建负有主要责任，其也没有提供可供法院酌定损失的相关因素。因此，判决撤销一审判决，改判威海水某集团赔偿宏某置业公司为调查、制止垄断行为所支付的合理开支 15 万元。

【裁判摘要评析】

本案系人民法院首例认定隐性限定交易行为的垄断案件，入选“2022 年中国法院十大知识产权案件”和 2022 年“人民法院反垄断典型案例”。本案分析了认定限定交易行为的重点在于考察经营者是否实质上限制了交易相对人的自由选择权，为具有市场独占地位的经营者特别是公用企业提供了依法从事市场经营活动的行为指引。同时，本案阐明了限定交易垄断行为造成损失的认定标准和举证责任分配，为类案审理中确定垄断行为的损害赔偿责任提供了参考，也为垄断行为受害者通过提起反垄断民事诉讼积极寻求救济提供了有益启示。

一、公用事业经营者隐性限定交易行为的认定

《反垄断法》第17条第1款第4项所禁止的限定交易行为，是指具有市场支配地位的经营者没有正当理由，直接限定或者以设定交易条件等方式变相限定交易相对人只能与其进行交易，或者只能与其指定的经营者进行交易，排除、限制相关市场的竞争，破坏正常的市场秩序和竞争机制。

本案中，宏某置业公司主张威海水某集团实施限定交易的垄断行为具体表现为：威海水某集团要求宏某置业公司拆除原有给排水工程后，限定由威海水某集团的子公司作为新建给排水工程的设计、施工单位。对此，宏某置业公司提供威海市住房和城乡建设局网站所公开的《市水务集团供排水业务办理服务指南》，证明威海水某集团在该服务指南中只提供了单一的办事通道，实际上已经限定了由其指定的经营者进行新建项目的设计和施工。威海水某集团辩称，该服务指南是威海市人民政府为开展便民服务所制定，其目的在于方便群众而非限定交易对象。对此，威海水某集团提供了2018年之后的当地7个房地产开发项目的给排水情况说明和建筑工程施工合同等材料，拟以此证明在上述服务指南公布之后威海市仍存在其他非由威海水某集团及其下属设计、施工单位承建给排水工程的房地产项目。针对双方当事人诉辩主张的分歧，能否认定威海水某集团实施了限定交易的垄断行为，关键在于其提供上述服务指南是否具有限定交易效果以及是否具有正当理由。

首先，在判断经营者是否限定交易相对人只能与其进行交易或者只能与其指定的经营者进行交易时，重点在于考察经营者是否实质上限制了交易相对人的自由选择权。限定交易行为可以是明示的、直接的，也可以是隐含的、间接的。具有市场支配地位的经营者为公用事业经营者，如供水、供电、供气等公用企业，或者其他依法具有独占地位的经营者，兼具市场经营和行业管理的双重特点，对于市场竞争可以施加的影响更大，其在相关交易中只推荐特定交易对象或者只公开特定交易对象的信息，交易相对人基于上述情势难以自由选择其他经营者进行交易的，则通常可以初步认定该经营者实施了限定交易行为。本案中，威海水某集团不仅在威海市市区独家提供城市公共供水服务，而且承担着供水设施审核、验收等公用事

业管理职责，其在受理供排水业务时，在业务办理服务流程清单中仅注明其公司及其下属企业的联系方式等信息，而没有告知、提示交易相对人可以选择其他具有相关资质的给排水施工企业，属于隐性限定了只能由其指定的设计、施工单位办理新建项目的供排水设计和施工，或者说，由此给交易相对人带来如果不选择其指定的设计、施工单位则在办理供水设施审核、验收等管理手续时可能出现种种不便的隐忧。因此，可以认定威海水某集团具有限定交易的行为。

其次，判断限定交易行为是否产生了排除、限制竞争的效果，应考察其他竞争者进入相关市场的可能性及所受限制。本案中，根据威海水某集团提交的证据，威海市市区在 2018 年之后有 7 个房地产项目非由威海水某集团下属设计和施工单位建设供排水设施。根据上述项目的客户用水抄表明细，其中仅有 3 个项目存在实际用水记录。对于为何仅有如此之少的房地产项目非由威海水某集团及其下属单位设计和施工以及为何仅有如此之少的项目已实际供水，威海水某集团既未提供合理解释，又未提供证明威海市市区还存在其他非由其及其下属单位承建供排水设施的项目。据此可以认定，从 2018 年至 2022 年 4 月，在威海市市区建设的房地产项目中，由威海水某集团下属单位之外的企业承担相关供排水设施的设计和施工的项目数量极少。威海水某集团是威海市市区城市公共供水服务市场的独家经营者，其在城市公共供水服务市场的市场支配力不可避免地影响到供水设施建设市场，其在受理供排水市政业务时仅公开其公司及其下属企业信息的行为不仅排除、限制了其他具有相关资质的设计、施工企业同等参与威海市市区供水设施建设市场竞争的机会，也剥夺了对新建项目存在供排水业务需求的房地产开发企业的自主选择权，造成了其在威海市市区的供水设施建设市场内集中、大量承揽供排水设计和施工的后果，产生了更加明显的反竞争效果。

最后，具有市场支配地位的公用企业经营者的特别注意义务及被诉垄断行为是否具有正当理由。本案中，城市公共供水服务具有公用事业属性，一方面对质量、安全存在更高的要求；另一方面因其通常由政府指定的独家企业经营而具有自然垄断属性。但是，与供水服务密切相关的供水设施建设市场是开放竞争的，满足相关资质要求、遵守国家有关技术标准和规范的企业原则上均应能够进入市场公平竞争。作为公用企业，威海水某集团是威海市市区城市公共供水服务市场的独家经营者，其还承担着威海市市区供水设施审核、验收等供排水市政业务管理职责，在其自身及下属企业参与威海市市区供水设施建设市场竞争时，其负有更高的不得排除、限制竞争的特别注意义务。威海水某集团在其服务指南中列明其公司及其下属企业信息的同时，应当一并以同等方式列明其他具有相应资质的企业信息或者以其他明确、合理的方式表明办理供排水业务的用户可以充分自由地选择其他经营者。威海水某集团主张其在服务指南中提供其公司及其下属企业的信息是提供便民服务并非限定交易，但其有关行为已实质上排除、限制了其他经营者参与威海市市区供水设施建设市场的竞争，威海水某集团的该项主张难以成立。此外，威海水某集团还主张，宏某置业公司主动表示在涉案楼盘给排水工程拆除后向威海水某集团申请报装，并非威海水某集团限制宏某置业公司不能选择其他设计施工单位。威海水某集团通过《市水务集团供排水业务办理服务指南》隐性限定了申请办理供排水业务的用户只能与其指定的设计、施工单位进行交易，宏某置业公司基于情势，并无选择其他设计施工单位的充分自由，上述其向水务集团申请报装的承诺恰恰是威海水某集团从事限定交易行为所产生的后果，并不能作为威海水某集团否定存在限定交易行为的理由，故威海水某集团的该项主张亦缺乏理据。因此，威海水某集团有关其行为具有正当理由的主张均不能成立。

综上所述，威海水某集团实施了限定交易的垄断行为。

二、限定交易行为造成损失的认定

《反垄断法》第 50 条规定："经营者实施垄断行为，给他人造成损失的，依法承担民事责任。"《关于审理因垄断行为引发的民事纠纷案件的规定》第 14 条第 1 款规定："被告实施垄断行为，给原告造成损失的，根据原告的诉讼请求和查明的事实，人民法院可以依法判令被告承担停止侵害、赔偿损失等民事责任。"根据上述法律和司法解释的规定，垄断纠纷中，原告主张损害赔偿的，应当举证证明其损失以及损失与垄断行为之间的因果关系。

本案中，宏某置业公司主张的损失包括直接损失 206 万元（包括拆除旧给排水设施损失 30 万元和给排水设施重新设计施工损失 176 万元）和间接损失 24 万元（包括实际损失发生之日起至宏某置业公司起诉之日的利息）。

首先，涉案楼盘拆除原有不合格的给排水设施重新改建系因宏某置业公司自身行为所致，与本案被诉垄断行为缺乏关联性，且工程拆除也是宏某置业公司自行安排的，故宏某置业公司基于原已建成的给排水设施拆除所提出的直接损失和间接损失赔偿请求，缺乏事实和法律依据。

其次，就给排水设施拆除后的重建而言，威海水某集团存在指定设计、施工单位的限定交易行为，宏某置业公司可能因该限定交易的垄断行为遭受损失，但其全部重建费用并不当然地全部构成因垄断行为而遭受的损失。一般情况下，因限定交易行为而遭受的损失，应当以限定交易的实际支出高于正常竞争条件下的合理交易价格的差额来计算，当事人主张这部分损失的，对此负有举证责任。如果当事人未举证证明上述差额或提出具体差额计算方法，或者不存在或难以确定可供对比的合理交易价格，导致具体损失数额难以确定的，人民法院在特定条件情况下也可以合理酌定赔偿数额。

本案中，宏某置业公司在正常竞争（非垄断）市场条件下所应支出的重建费用，属于其本应支出的合理费用，原则上不应纳入其损失范围。如果宏某置业公司因威海水某集团的限定交易行为支付了超出正常竞争条件下的合理交易价格的额外费用，该额外费用则属于其因垄断行为而遭受的损失，应当纳入赔偿范围。即在宏某置业公司支出的全部重建费用中，原则上其仅可请求威海水某集团赔偿其中限定交易情况下的额外费用部分。对此，宏某置业公司应当举证证明其实际支出的重建费用高于正常竞争条件下的合理交易价格（包括由此计算的差额）。但是，宏某置业公司没有提供证据证明威海水某集团所限定的单位实际设计和施工价格高于其他具有同等资质的设计、施工单位的正常市场价格，宏某置业公司本身对涉案给排水设施的拆除重建负有主要责任，其也没有提供证据证明可供酌定损失的相关因素，本案缺乏酌定损失的必要条件，故对于宏某置业公司要求赔偿经济损失的上诉请求，二审法院难以支持。

《关于审理因垄断行为引发的民事纠纷案件的规定》第 14 条第 2 款规定："根据原告的请求，人民法院可以将原告因调查、制止垄断行为所支付的合理开支计入损失赔偿范围。"本案中，威海水某集团存在限定交易的垄断行为，宏某置业公司所主张的维权支出 15 万元系为本案诉讼聘请律师的费用，上述律师费属于为调查、制止垄断行为所支付的合理开支，对于宏某置业公司该项上诉请求，二审法院全额予以支持。

三、结语

城市供水、供电、供气等公用事业不仅关系到人民群众的基本生存和切身利益，也事关社会公共利益和公共安全。公用事业经营者在提供公共产品或公共服务的同时，常常承担着相关配套设施审核、验收的管理职责。同时，公用事业领域的相关市场通常具有较强的地域性特点。鉴于上述产品特性和市场结构特点，在公用事业领域，限定交易等滥用市场支配地位的垄断行为不仅易发、高发，而且社会反映强烈。本案针对公用事业经营者兼具市场经营者和行业管理者双重身份的特点，阐释了《反垄断法》上的限定交易行为既可以是明示的、直接的，也可以是隐含的、间接的，强调公用事业经营者在参与相关市场竞争时负有更高的不得排除、限制竞争的特别注意义务，不仅体现了"以人民为中心"的反垄断司法理念，也有助于破除各类封闭的行业小市场，推动建设高效规范、公平竞争、充分开放的全国统一大市场。

最高人民法院二审合议庭成员：余晓汉　何隽　薛淼

（编写人：何隽 *　审稿人：丁文严　姚俊萍）

---

* 何隽，法学博士，中华人民共和国最高人民法院知识产权法庭，三级高级法官。

大连致某种业有限公司
与
农业农村部植物新品种复审委员会
及第三人衣某龙
植物新品种权无效行政纠纷案

——委托制种回购不属于品种丧失新颖性的销售行为

【裁判摘要】

导致申请植物新品种权保护的品种丧失新颖性的销售是指行为人为交易目的将品种繁殖材料交由他人处置，放弃自身对该繁殖材料的处置权的行为。育种者为委托他人制种而交付申请品种繁殖材料，同时约定制成的品种繁殖材料返归育种者的，因育种者实质上保留了对该品种繁殖材料的处置权，除非法律另有规定，不会导致申请品种丧失新颖性。

【案件基本信息】

1. 诉讼当事人

上诉人（一审原告）：大连致某种业有限公司（以下简称致某种业公司）

被上诉人（一审被告）：农业农村部植物新品种复审委员会（以下简称植物新品种复审委员会）

一审第三人：衣某龙

2. 案件索引与裁判日期

一审：北京知识产权法院（2021）京73行初3144号判决（2022年8月17日）

二审：最高人民法院（2022）最高法知行终809号判决（2023年3月21日）

3. 案由

植物新品种权无效行政纠纷

【简要案情】

涉案品种是名称为“强硕 68”的玉米植物新品种，申请日为 2009 年 12 月 9 日，授权日为 2014 年 3 月 1 日，品种权人为衣某龙。2008 年 2 月 21 日，辽宁省农作物品种审定委员会颁发“强硕 68”品种审定证书。2008 年 6 月 24 日，甘肃某种业股份有限公司（以下简称甘肃某种业公司）在其原持有的种子生产许可证上变更增加了“强硕 68”玉米品种。2015 年 10 月 20 日，张掖市某种业有限公司（以下简称张掖某种业公司）出具证明函记载：“我公司接受衣某龙的委托，从 2008 年至今为其培育强硕 68 号玉米种子，根据我公司一直以来的生产经营实际，经核算后我公司以每公斤 6.3 元的价格将强硕 68 号玉米种子交付给衣某龙。”甘肃某种业公司与张掖某种业公司为关联公司。

2019 年 1 月 24 日，致某种业公司以“强硕 68”不具备新颖性为由向植物新品种复审委员会提出无效宣告请求。2020 年 12 月 19 日，植物新品种复审委员会作出 2020 年第 25 号品种权无效宣告审理决定，驳回致某种业公司的无效宣告请求，维持“强硕 68”品种权有效。

致某种业公司不服，向北京知识产权法院提起行政诉讼，认为“强硕 68”在 2008 年 2 月 21 日通过辽宁省品种审定后即为授权品种，甘肃某种业公司 2008 年 6 月 24 日在种子生产许可证上变更增加该品种需要得到衣某龙的授权，因此双方必然已经签署生产协议并存在交付“强硕 68”种子的行为，导致“强硕 68”丧失新颖性。张掖某种业公司自 2008 年起为衣某龙培育“强硕 68”种子，至 2009 年 12 月 9 日品种权申请日也已超过一年，导致“强硕 68”丧失新颖性。

【案件焦点】

1. 在种子生产经营许可证上增加申请品种是否能够证明存在导致品种丧失新颖性的销售行为；

2. 育种者委托他人制种交付申请品种繁殖材料并约定回购是否导致该申请品种丧失新颖性。

【裁判结果】

最高人民法院经审理认为，本案的核心在于判断衣某龙是否在申请“强硕 68”植物新品种权的 2009 年 12 月 9 日前一年即 2008 年 12 月 9 日前，在中国境内销售了“强硕 68”种子。

与获得作为一项民事权利的植物新品种权不同，品种审定是通过行政管理程序获得审定证书，通过品种审定并不意味着申请人获得排他性的民事权利。“强硕 68”品种的授权时间是 2014 年 3 月 1 日。甘肃某种业公司于 2008 年 6 月 24 日在其原种子生产许可证上变更增加“强硕 68”时，“强硕 68”尚不属于授权品种，显然不属于《农作物种子生产经营许可管理办法》规定的办理种子生产许可证时需要提交品种权人同意的书面证明的情形。致某种业公司仅以甘肃某种业公司在其原种子生产许可证变更增加了“强硕 68”为由，主张衣某龙与甘肃某种业公司必然签署了生产协议并存在交付“强硕 68”种子的行为，尚缺乏有效证据予以佐证，不足以证明衣某龙存在销售“强硕 68”繁殖材料的事实。

虽然张掖某种业公司 2008 年起接受衣某龙的委托培育“强硕 68”玉米种子，但是衣某龙系委托张掖某种业公司制种并有义务支付制种款回购张掖某种业公司生产的“强硕 68”种子，双方对委托制种并回购的意思表示明确。张掖某种业公司虽然在一定时期内持有、使用了“强硕 68”繁殖材料，但其无权对“强硕 68”繁殖材料进行处置。衣某龙作为委托人并没有放弃对申请品种繁殖材料的处置权，其委托张掖某种业公司生产“强硕 68”并回购的行为不属于销售“强硕 68”繁殖材料的行为。综上所述，致某种业公司提供的证据不足以证明“强硕 68”种子在 2008 年 12 月 9 日前已经在中国境内销售并因此丧失新颖性，被诉决定以及一审判决对“强硕 68”新颖性的认定并无不当。因此，判决驳回上诉，维持原判。

【裁判摘要评析】

本案是最高人民法院审结的首起植物新品种权无效行政纠纷案件，核心争议在于判断涉案品种是否具备新颖性。二审判决系统梳理了植物新品种是否具备新颖性的判断规则及具体适用，保障确有创新的育种成果获得植物新品种权保护，激励育种创新。本文将从植物新品种新颖性的一般审查规则、是否具备新颖性的核心在于销售行为、在种子生产经营许可证上增加申请品种的性质、委托制种回购行为不属于导致品种丧失新颖性的销售行为等方面，对二审判决的裁判理由作进一步分析。

一、植物新品种授权确权阶段新颖性的审查规则及其程序

我国植物新品种权尚未实现单行法保护，其授权确权的审查规则也仍在完善阶段。目前，我国植物新品种授权确权审查的主要依据是《植物新品种保护条例》及其实施细则农业部分和林业部分。农业、林业植物新品种权申请的受理和审查分别由国务院农业农村、林业草原主管部门按照职责分工负责。申请植物新品种权的品种应当具备如下条件：属于国家植物品种保护名录中列举的植物的种或者属，经过人工选育或者发现的野生植物加以改良；具备新颖性；具备特异性；具备一致性；具备稳定性；具备适当的名称。[1]

我国植物新品种的授权审查主要分为初步审查和实质审查两个阶段，初步审查阶段主要是审查申请品种是否具备新颖性、是否属于植物品种保护名录列举的种或者属，以及命名是否适当。实质审查阶段主要是审查申请保护的品种的繁殖材料是否具备特异性、一致性和稳定性。由此可见，是否具备新颖性是申请品种能否进入实质审查阶段的前提，在植物新品种的授权确权审查中占据十分重要的地位。在初步审查阶段，为了便于审批机关针对申请品种的新颖性进行审查，申请人一般应当提交申请品种的说明书，并在说明书中对于申请品种的有关销售情况作出书面说明，例如申请人在申请日以前是否对该申请品种进行过销售。如果进行过销售，则还须进一步说明销售的时间。如果申请人没有提供新颖性的相关说明，审批机关可以依职权收集有关品种新颖性的信息来核查申请品种是否具备新颖性，也可以要求申请人提供有关证据补充说明情况。审批机关经审查发现申请品种缺乏新颖性的，应当要求申请人提供该品种具备新颖性的相应证据。如果申请人在规定时间无法或拒绝提供新颖性的相关证据，该品种申请将会因被视为缺乏新颖性而被驳回。经过初步审查和实质

〔1〕参见《种子法》第25条，《植物新品种保护条例》第13~18条。

审查，具备新颖性、特异性、一致性和稳定性且符合命名规范的植物品种可以被授予植物新品种权。

经授予植物新品种权以后，任何单位或者个人可以书面请求启动植物新品种权的无效程序，植物新品种复审委员会也可以依职权启动植物新品种权的无效程序。被宣告无效的品种权视为自始不存在。

对于依请求启动的无效宣告程序，行政机关一般不承担全面审查品种权有效性的义务，仅针对无效请求人提出无效请求所依据的事实和理由进行审查。如果无效宣告请求人以品种缺乏新颖性为由提出无效请求，需要提交相关证据予以证明。植物新品种复审委员会审查后，如果发现不具备新颖性的事实成立，有权宣告品种权无效，将该无效宣告决定登记和报告，并通知当事人。当事人不服的，可以自收到通知起 3 个月内向人民法院提起诉讼。这里的当事人应当既包括无效宣告请求人，也包括品种权人。[1] 本案中，涉案玉米植物新品种已于 2014 年获得授权，致某种业公司于 2019 年以涉案品种权不具备新颖性为由，向植物新品种复审委员会请求宣告“强硕 68”品种权无效并提交了相应证据。依照前述规定，植物新品种复审委员会根据致某种业公司提交的证据进行审查后认为现有证据不足以认定涉案品种缺乏新颖性，于 2020 年 12 月 19 日作出被诉决定，驳回了致某种业公司的无效宣告请求。致某种业公司不服，于法定期限内向一审法院提起诉讼。

二、判断申请品种是否具备新颖性的核心在于是否存在销售行为

授予品种权的植物新品种应当具备新颖性。新颖性是指，申请品种权的植物新品种在申请日前该品种繁殖材料未被销售，或者经育种者许可，在中国境内销售该品种繁殖材料未超过 1 年；在中国境外销售藤本植物、林木、果树和观赏树木品种繁殖材料未超过 6 年，销售其他植物品种繁殖材料未超过 4 年。[2] 由此可见，判断申请品种是否具备新颖性的核心在于是否存在销售行为以及销售行为的具体时间。如果育种者或者其许可人

---

〔1〕 参见《植物新品种保护条例》第 37 条。

〔2〕《种子法》第 90 条规定：“主要农作物是指稻、小麦、玉米、棉花、大豆。”

在规定的具体时间之前存在针对申请品种的销售行为，将会导致该申请品种因缺乏新颖性而被驳回申请，或者在授予植物新品种权后被宣告无效。

我国 1999 年加入《国际植物新品种保护联盟公约》（以下简称 UPOV 公约）1978 年文本。根据 UPOV 公约 1978 年文本第 6 条的规定，育种者享受保护的条件包括该品种注册保护申请时“（1）该品种尚未经育种者同意在该国领土内提供出售（offered for sale）或在市场销售（market），若该国法律另行规定，则不能超过一年。（2）藤本、林木、果树和观赏植物的品种，包括其根茎，经育种者同意在任何其他国家提供出售或已在市场销售不超过六年，或所有其他植物不超过四年”“与提供出售或在市场销售无关的品种的试种，不影响保护权。以提供出售或市场销售以外的方式成为已知品种的事实，不影响育种者的保护权”。也就是说，经育种者同意提供销售或市场销售的行为，会导致申请品种丧失新颖性。随着生物技术的发展和产业化，基因技术和全球农业、种业合作与竞争加剧，为了更好地应对新形势、保护植物新品种，UPOV 公约在 1978 年文本的基础上颁布了公约 1991 年文本。在 1991 年文本中，关于植物新品种新颖性的规定增加了“为利用该品种的目的”“进行销售或以其他方式交由他人处置”（been sold or otherwise disposed of to others）的描述，[1] 进一步限定了申请品种丧失新颖性的条件，即只有当繁殖材料或收获材料由育种者本人或经其同意，为利用该品种的目的，进行销售或以其他方式交由他人处置时，才会导致新颖性丧失。根据我国现行法律规定，结合我国加入的 UPOV 公约 1978 年文本规定并参考 1991 年文本的相关内容，可以确定申请品种缺乏新颖性的判断标准是育种者是否存在本人或许可他人在申请日之前的一定时期销售申请品种的行为，其关注的是育种者本人是否自愿让渡对该品种的处置权。

本案判决立足于我国现有法律规定，参考 UPOV 公约文本，充分把握相关规定的立法原意，明确指出申请日以前的销售行为是否存在是判断申请

---

〔1〕 UPOV1991 年文本第 6 条规定，在育种者权利申请书提交之日，如果品种的繁殖材料或收获材料在一定期限期满前，未由育种者本人或经其同意为利用该品种的目的进行销售或以其他方式交由他人处置的，该品种应被认为具备新颖性。（The variety shall be deemed to be new if, at the date of filing of the application for breeder's right, propagating or harvested material of the variety has not been sold or otherwise disposed of to others, by or with the consent of the breeder, for purposes of exploitation of the variety.）

品种是否具备新颖性的重要事实。并且，此处的销售行为是指行为人为交易目的而将品种繁殖材料的占有、使用、处分的权利交由他人行使，放弃自身对该繁殖材料的处置权的行为。概言之，导致申请品种丧失新颖性的销售行为本质上是行为人出于交易目的自愿将品种繁殖材料交由他人处置。因此，人民法院在判断行为人的行为是否构成销售行为时，应该重点关注行为人是否自愿让渡了其对该品种繁殖材料的处置权。

三、在种子生产经营许可证上增加申请品种是否证明存在导致品种丧失新颖性的销售行为

种子（繁殖材料）是特殊的商品，确保种子质量关乎国家粮食安全，因此我国法律法规对于种子生产经营有着十分严格的管理制度。以涉案玉米品种为例，其作为主要农作物〔1〕应当通过品种审定，否则不得发布广告、推广、销售，并且生产、经营行为还需要办理种子生产经营许可证。〔2〕

我国《种子法》2015年修订后，形成对主要农作物和主要林木实行品种审定，对部分非主要农作物实行品种登记的管理制度。品种审定是市场准入的行政管理程序，关注品种的产量、品质、抗性的提高，主要解决品种的品质和适宜推广区域等问题。品种登记是完善非主要农作物管理的行政管理程序，主要解决品种身份的问题。植物新品种权则是一种民事权利，通过授予育种者排他的独占权，鼓励育种者进行育种创新。育种者只有获得了其培育品种的植物新品种权，才能取得该授权品种排他的独占权；只有通过了品种审定的主要农作物品种，才可以在适宜的生产区域推广、销售。由于获得植物新品种权的品种权人对该品种享有独占权，所以我国《农作物种子生产经营许可管理办法》规定申请领取种子生产许可证的品种为授权品种的，需要提供品种权人同意的书面证明或品种转让合同，此处

---

〔1〕《种子法》第90条规定："主要农作物是指稻、小麦、玉米、棉花、大豆。"

〔2〕《种子法》第31条、第37条、第38条分别规定"只从事非主要农作物种子和非主要林木种子生产的""农民个人自繁自用的常规种子有剩余的，可以在当地集贸市场上出售、串换""种子生产经营者在种子生产经营许可证载明的有效区域设立分支机构的，专门经营不再分装的包装种子的，或者受具有种子生产经营许可证的种子生产经营者以书面委托生产、代销其种子的"等情况，可以不办理种子生产经营许可证。

规定的“授权品种”是指“获得植物新品种权的品种”而不是“通过品种审定的品种”。

综合上述分析可知，生产经营主体为了依法生产经营主要农作物品种，需要该主要农作物通过品种审定并办理相应的种子生产经营许可证。但是对于尚未取得植物新品种权的审定品种而言，办理相应的种子生产经营许可证无须提交品种权人的书面同意。本案中涉案玉米品种2008年2月21日通过辽宁省审定，2014年3月1日取得植物新品种权，甘肃某种业公司在2008年6月24日在原种子生产许可证[1]上变更增加涉案品种时该品种尚不属于授权品种，不能据此认定衣某龙在2008年6月24日之前向甘肃某种业公司销售涉案品种的繁殖材料。进一步而言，甘肃某种业公司取得涉案品种的原种子生产许可证，仅表明该公司具备了生产涉案品种的条件和资质，也不足以认定该公司在取得原种子生产许可证之日（2008年6月24日）起即存在销售涉案品种的行为。

四、委托制种回购行为不属于导致品种丧失新颖性的销售行为

作物从最初育种到推广、销售是个漫长且复杂的过程，其中可能会发生多次繁殖材料的交付行为。基于前述分析可知，只有育种者自愿让渡处置权的行为才能构成丧失新颖性的销售行为，该销售行为可以是买卖、以物易物等多种形式。但是，当育种者保留申请品种的处置权时，即使其与他人存在为生产、繁殖、储存等目的而交付申请品种的行为，由于其并没有放弃对申请品种的处置权，所以不应当认定该行为属于销售行为。对此，UPOV2009年发布的《关于依据〈国际植物新品种保护公约〉1991年文本制定法律的指南》列举了可以被认为不会造成新颖性丧失的八种情形，其中明确指出，“作为关于由某人代表育种者进行品种繁殖材料繁殖工作的协议的一部分，进行销售或交由他人处置，但条件是该协议规定繁殖后的材料产权返还育种者”，此种情形并不导致申请品种丧失新颖性。因此，个案中不能对所有的交付行为一概而论，而是应当结合具体案件事实

---

〔1〕《种子法》2015年修订后，种子生产许可证、种子经营许可证两证合一为种子生产经营许可证。

准确判断是否存在销售行为。

实践中，经常存在育种者委托他人进行品种的试种、制种现象，即将品种的繁殖材料交由他人来进行生产、繁殖、储存等。对于这种委托制种、交付育种繁殖材料并就此支付一定对价的情况，应当在审理过程中审慎判断其中是否存在销售行为。本案中，育种人衣某龙委托张掖某种业公司制种并交付了生产繁殖材料，同时在协议中还约定支付制种款回购该公司生产的“强硕 68”种子，双方委托制种并回购的意思表示明确。因此，尽管张掖某种业公司在一定时期内持有、使用了“强硕 68”的繁殖材料，但其无权对“强硕 68”的繁殖材料进行处置。换言之，衣某龙并没有为交易目的出售“强硕 68”的繁殖材料，其仍然保留了对该繁殖材料的处置权。基于上述分析，二审法院在系统梳理在案证据后，认为衣某龙的行为不属于销售品种繁殖材料的行为，不会导致涉案品种因此而丧失新颖性。

五、结语

本案二审判决中明确指出应当以申请日前的销售行为是否存在作为判断新颖性的核心，并详细阐明在委托制种回购情形中，育种者实质上保留了对该品种繁殖材料的处置权，除非法律另有规定，[1] 否则不属于导致申请品种丧失新颖性的销售行为。上述裁判理由既符合《种子法》，又符合 UPOV 公约 1978 年文本关于新颖性的判断标准及该公约 1991 年文本对于新颖性的细化规则。本案作为最高人民法院审结的首起植物新品种权无效行政纠纷案件，立足于现有法律规定，充分考虑品种权法律制度的国际框架，细化了植物新品种新颖性的认定标准，具有重要参考价值。

最高人民法院二审合议庭成员：罗霞　胡晓晖　李艳

（编写人：罗霞*　徐世超**　审稿人：丁文严）

---

〔1〕《种子法》第 90 条规定：“……除销售、推广行为丧失新颖性外，下列情形视为已丧失新颖性：1. 品种经省、自治区、直辖市人民政府农业农村、林业草原主管部门依据播种面积确认已经形成事实扩散的；2. 农作物品种已审定或者登记两年以上未申请植物新品种权的……”

* 罗霞，法学博士，中华人民共和国最高人民法院知识产权法庭，二级高级法官。

** 徐世超，法学和管理学双学士，中华人民共和国最高人民法院知识产权法庭，三级法官助理。

南京恒某制药有限公司
诉
江苏省南京市知识产权局
及第三人拜某知识产权有限责任公司
专利行政裁决案

——许诺销售行为的认定标准及是否药品和医疗器械行政审批例外

【裁判摘要】

1. 被诉侵权人销售产品的意思表示内容明确、具体时，即可以认定其存在《专利法》所规定的许诺销售行为。该意思表示缺少有关价格、供货量以及产品批号等可能影响合同成立的内容，并不影响对许诺销售行为的认定。

2. 《专利法》关于药品和医疗器械行政审批的侵权例外仅适用于为了获得仿制药品和医疗器械行政审批所需要的信息而实施专利的行为人以及为前述行为人获得行政审批而实施专利的行为人。后一主体以药品和医疗器械行政审批例外为由提出抗辩时，应当以前一主体的实际存在为前提和条件。后一主体针对不确定的第三人而非实际存在且已与其建立特定交易联系的前一主体许诺销售专利产品的，不具备适用药品和医疗器械行政审批侵权例外的前提和条件。

【案件基本信息】

1. 诉讼当事人

上诉人（一审原告）：南京恒某制药有限公司（以下简称恒某制药公司）

被上诉人（一审被告）：江苏省南京市知识产权局（以下简称南京市知识产权局）

一审第三人：拜某知识产权有限责任公司（以下简称拜某知识产权公司）

2. 案件索引与裁判日期

一审：江苏省南京市中级人民法院（2020）苏01行初261号判决（2021年2月1日）

二审：最高人民法院（2021）最高法知行终451号判决（2022年6月22日）

3. 案由

专利行政裁决

【简要案情】

拜某知识产权公司系专利号为00818966.8、名称为“取代的噁唑烷酮和其在血液凝固领域中的应用”的发明专利权利人。恒某制药公司在其官网、有关展会上展示标有恒某制药公司注册商标的利伐沙班制剂及原料药。拜某知识产权公司向南京市知识产权局提出专利侵权纠纷处理请求，该局裁决恒某制药公司停止侵权。恒某制药公司不服，向江苏省南京市中级人民法院提起行政诉讼。

一审法院于2021年2月1日作出（2020）苏01行初261号判决，驳回恒某制药公司的诉讼请求。恒某制药公司不服，向最高人民法院提起上诉。恒某制药公司对于涉案产品落入涉案专利权的保护范围不持异议，但上诉主张，其没有对涉案产品标注价格和供货量，涉案产品并未处于可以销售的状态，其宣传涉案产品的目的不是销售，而是定向投送，没有销售涉案产品的意思表示，因此不构成许诺销售。同时认为涉案行为属于《专利法》规定的药品和医疗器械行政审批例外情形，依法不属于侵权行为。据此请求撤销被诉决定和一审判决。

【案件焦点】

1. 恒某制药公司实施的行为是否构成许诺销售；

2. 恒某制药公司实施的行为是否属于《专利法》规定的药品和医疗器

械行政审批例外情形。

【裁判结果】

最高人民法院经审理认为，许诺销售行为既可以针对特定对象，又可以针对不特定对象；既可以是提出要约，也可以是提出要约邀请。许诺销售行为作为一种法定的、独立的侵权行为方式，其民事责任承担不以销售是否实际发生为前提。许诺销售系销售者的单方意思表示，并不以产品处于能够销售的状态为基础，只要有明确表示销售意愿的意思表示即可认定存在许诺销售。如果双方已经达成合意，即不再属于许诺销售的范畴，而是属于销售。恒某制药公司在网站和展会上宣传展示的涉案产品面向不特定对象，虽然尚不具备合同的其他必备条款，但仍属于许诺销售行为。恒某制药公司是否有实际的销售行为，销售行为是否违反了药品管理的法律规定，均不影响其构成许诺销售侵权行为的事实。

在适用《专利法》关于药品和医疗器械行政审批例外时应当进行严格解释而非宽泛解释，依法从抗辩主体及其具体行为等方面进行分析认定。《专利法》关于药品和医疗器械行政审批的侵权例外仅适用于为了获得药品和医疗器械行政审批所需要的信息而实施专利的行为人以及为前述行为人获得行政审批而实施专利的行为人。后一主体以药品和医疗器械行政审批例外为由提出抗辩时，应当以前一主体的实际存在为前提和条件。后一主体针对不确定的第三人而非实际存在且已与其建立特定交易联系的前一主体许诺销售专利产品的，不符合适用药品和医疗器械行政审批侵权例外的前提和条件。本案中，恒某制药公司实施的行为是向不特定的第三人许诺销售涉案产品，系以销售为目的而非以获取行政审批所需的信息为目的。恒某制药公司自己也非申请利伐沙班药品需要进行行政审批的主体。所以恒某制药公司的行为不符合适用药品和医疗器械行政审批例外抗辩的条件。

最高人民法院二审判决驳回上诉，维持原判。

【裁判摘要评析】

本案裁判分析了许诺销售行为的认定标准以及药品和医疗器械行政审批例外的适用条件。本案的核心争议是恒某制药公司实施的行为是否构成许诺销售，是否属于《专利法》规定的药品和医疗器械行政审批例外情形。

以下从许诺销售行为的认定、许诺销售与销售的关系、药品和医疗器械行政审批例外的适用条件等方面，对裁判理由作进一步分析。

一、许诺销售行为的认定

《关于审理专利纠纷案件规定》第 18 条规定："许诺销售，是指以做广告、在商店橱窗中陈列或者在展销会上展出等方式作出销售商品的意思表示。"《TRIPS 协定》第 28 条将许诺销售规定为专利权人的专有权。专利权人可以针对通过广告、陈列、展出等形式作出销售侵权产品意思表示的行为主张权利，而不必等到侵权产品的实际销售行为发生后才能主张权利，这有利于专利权人及时制止侵权行为，防止侵权损失的进一步扩大，维护专利权人的合法权益。我国《专利法》2000 年修正时与国际专利制度接轨，增加了"许诺销售"的规定。

判断被诉侵权行为是否构成许诺销售，核心在于被诉侵权行为人销售涉案商品的意思表示是否明确、具体。无论是通过广告、陈列、展出抑或是其他形式和途径，向特定的第三人或者不特定的第三人明确表示出销售商品的意愿，均可成立许诺销售行为。本案中，恒某制药公司在其官网"外销产品（制剂产品）""外销产品（原料药产品）""产品中心"栏目展示涉案产品并在产品上印制标注恒某制药公司注册商标，在展会上展示涉案产品并配有包装盒、包装瓶及产品规格，足以认定恒某制药公司向浏览其官网以及参加展会的不特定的第三人明确传递了销售涉案产品的信息，其销售涉案产品的意思表示明确、具体，构成许诺销售。

二、许诺销售和销售的关系

许诺销售行为的目的虽指向销售行为，但许诺销售行为和销售行为均是法定的独立的侵权行为，许诺销售行为的民事责任承担不以销售行为是否实际发生为前提。有观点认为许诺销售以销售为目的，因此只有具备销售条件才能成立许诺销售，例如需要有现实可供销售的产品或者完成了上市销售的行政审批等。本案中，恒某制药公司主张被诉侵权产品没有标注价格和供货量，尚未达到可以销售的状态，据此主张不构成许诺销售。针对上述抗辩理由，本案判决明确指出，许诺销售并不以产品处于能够销售的状态为基础，只要存在明确表示销售意愿的行为即可认定为许诺销售。

当双方达成合意时，即不再属于许诺销售的范畴，而是属于销售。因此，当销售产品的意思表示内容明确、具体时，即可认定存在许诺销售行为。缺少有关价格、供货量以及产品批号等关于合同成立的条款，并不影响对许诺销售行为的认定。

许诺销售侵权会给专利权人造成损害后果，则法律上具有可责性。有观点认为，侵权人在实施了实际销售行为后才产生损害，许诺销售行为因为没有发生实际销售行为所以并不承担赔偿责任。但是事实上，许诺销售行为一旦发生，因被诉侵权人许诺销售的价格通常低于专利产品的价格，会对潜在消费者产生心理暗示，影响专利产品的合理定价；或导致消费者放弃购买专利产品转而考虑与被诉侵权人联系，造成延迟甚至减少专利产品的正常销售。此外，被诉侵权人许诺销售行为还可能对专利产品的广告宣传效果造成不利影响。可见，许诺销售行为的存在，将会给专利权人造成专利产品的价格侵蚀、商业机会的减少或者延迟等损害，这种损害是可以合理推知的结果。[1] 如前所述，许诺销售和销售分别属于独立的侵权行为，权利被损害就应当有救济，许诺销售行为并不能被豁免承担赔偿责任。当然，在侵权人仅实施了许诺销售行为的情况下，其侵权损害后果可能轻于销售行为实际发生的损害后果，因此在确定具体赔偿金额时应当予以适当考虑。

三、药品和医疗器械行政审批例外的适用条件

我国 2008 年修正《专利法》时在第 69 条第 5 项增加了“药品和医疗器械行政审批例外”规定，即“为提供行政审批所需要的信息，制造、使用、进口专利药品或者专利医疗器械的，以及专门为其制造、进口专利药品或者专利医疗器械的，不视为侵犯专利权”。该例外条款也被称为“Bolar 例外”。药品、医疗器械属于特殊商品，对于其进入市场规定了严格的审批制度，生产厂家为了取得审批需要的数据和其他信息，要进行大量长时间的研究、分析和临床实验等活动。为了在专利权保护期届满后及时推出药品和医疗器械，保障社会公众及时获得价格低廉的药品和医疗器械；同时

---

〔1〕 参见最高人民法院民事判决书，（2020）最高法知民终 1658 号。

避免客观上延长了专利的保护期限，《专利法》增加药品和医疗器械不视为侵犯专利权的规定，允许申请人为了提供行政审批程序所需的信息而实施专利技术方案，确保药品、医疗器械及早合法上市，提高药品可及性，保障社会公众利益。

《专利法》的立法目的是保护专利权人的合法权益，鼓励发明创造，推动发明创造的应用，提高创新能力，促进科学技术进步和经济社会发展。在专利法中，合法的权利保护是原则，法定不侵权的行为是例外。"Bolar 例外"条款所调整的是针对为提供行政审批所需要的信息而实施专利的行为，对其适用情形不应当扩大化，应当依法从抗辩的主体以及构成要件进行分析认定。药品、医疗器械行政审批例外规定，核心在于行为人实施专利的目的是提供行政审批所需要的信息。专利实施行为应当仅围绕行政审批的需求而开展，否则不能适用该例外规定。因此应当存在拟申请行政审批行为的主体及相应的拟申请事项，即明确的申请人以及审批事项，而且行使该抗辩的主体要么是为了获得行政审批所需要的信息的仿制药品和医疗器械的生产者，要么是为上述主体而实施专利的行为人。

"Bolar 例外"涉及的主体是具体明确的，具体是两类：一类是为自己申请行政审批所要求提供的信息而实施专利的行为人；另一类是为了前述行为人申请行政审批提供信息而实施专利的行为人。在以药品和医疗器械行政审批例外为由提出抗辩时，前一主体应当确保其实施专利的行为是围绕行政审批所需要的信息而进行，超出行政审批所需范围的实施行为不能适用该侵权例外规定；后一主体应当以前一主体的实际存在为前提和条件。本案中，没有证据证明恒某制药公司在申请利伐沙班药品，也没有证据证明存在某个具体的行政审批申请者。相反，恒某制药公司主张其宣传的对象是为准备注册申请利伐沙班的企业，故恒某制药公司实际上是向不特定的人作出销售涉案产品的意思表示，通过许诺销售等待仿制药企业与其进行合作，不符合"Bolar 例外"规范的抗辩的主体要件。

本案中，恒某制药公司以其许诺销售行为是针对特定的第三人即想要获得行政审批的仿制药生产商，从而为该仿制药生产商提供行政审批所需要的信息为由，主张适用药品和医疗器械行政审批例外。但是在本案中并不存在特定的申请获得行政审批所需要信息的前一主体，恒某制药公司本身也并非行政审批的申请人。恒某制药公司通过官网、展会向不特定的第三人作出销售涉案产品的意思表示，该许诺销售涉案产品的行为不能适用药品和医疗器械行政审批例外规定。

四、结语

《专利法》药品和医疗器械行政审批例外（Bolar 例外）有关规定的法律适用，既要保障社会公众在专利权届满后的药品和医疗器械可及性，也要避免削弱对专利权人合法权益的保护，依法审慎平衡专利权人、仿制药企、社会公众之间的利益。同时，本案判决依法保护了拜某知识产权公司的合法权益，体现了人民法院对中外当事人一视同仁、平等保护的司法理念。

最高人民法院二审合议庭成员：罗霞　邓卓　雷艳珍

（编写人：罗霞[*]　徐世超[**]　审稿人：丁文严　姚俊萍）

---

[*] 罗霞，法学博士，中华人民共和国最高人民法院知识产权法庭，二级高级法官。

[**] 徐世超，法学和管理学双学士，中华人民共和国最高人民法院知识产权法庭，三级法官助理。

某电脑贸易（上海）有限公司
与
国家知识产权局
及第三人高某股份有限公司
发明专利权无效行政纠纷案

——涉 GUI 人机交互领域专利是否具备创造性的认定

【裁判摘要】

在以提升用户体验度为核心研发目标的 GUI（图形用户界面）人机交互领域，由于基础技术手段较为成熟，其创造性往往体现在应用场景、操控对象、操作手段组合而成的整体对交互体验的影响。因此，如果人机交互技术方案中若干技术特征之间相互协同和依存，整体实现了某一功能并产生了相应效果，应将其作为一个整体进行创造性评述，以防止对该等技术特征进行割裂后，再从现有技术中寻找孤立和零散的对应技术特征，最后通过相互拼凑进行创造性评述。

【案件基本信息】

1. 诉讼当事人

上诉人（一审原告、无效宣告请求人）：某电脑贸易（上海）有限公司（以下简称某电脑贸易公司）

被上诉人（一审被告）：国家知识产权局

一审第三人（专利权人）：高某股份有限公司（以下简称高某公司）

2. 案件索引与裁判日期

一审：北京知识产权法院（2018）京 73 行初 10506 号判决（2020 年 9 月 24 日）

二审：最高人民法院（2021）最高法知行终1号判决（2022年7月26日）

3. 案由

发明专利权无效行政纠纷

【简要案情】

高某公司系专利号为201310491586.1、名称为“计算装置中的活动的卡隐喻”的发明专利权利人。某电脑贸易公司向国家知识产权局提出无效宣告请求，分别以对比文件1和对比文件5作为最接近的现有技术，主张涉案专利不具备创造性。国家知识产权局认为某电脑贸易公司提出的无效理由均不能成立，故作出被诉决定，维持涉案专利权有效。一审、二审法院均认为被诉决定的认定结论正确，据此分别驳回了某电脑贸易公司的起诉与上诉。最高人民法院在该案中认为，在以提升用户体验度为核心研发目标的GUI（图形用户界面）人机交互领域，由于基础技术手段较为成熟，其技术创新往往体现在应用场景、操控对象、操作手段组合而成的整体对交互体验的影响。因此，如果人机交互技术方案中若干技术特征之间相互协同和依存，整体地实现了某一功能并产生了相应效果，应将其作为一个整体与现有技术进行对比。

【案件焦点】

涉案专利是否具备创造性。

【裁判结果】

最高人民法院经审理认为：

（一）关于区别特征的解读

涉案专利权利要求1与涉案对比文件的区别特征均包括：权利要求1还包括特征“对在所述触敏显示屏幕上沿着与所述第一方向不同的第二方向移动所述第一卡或所述第二卡的定向接触进行响应，这通过如下来进行：（i）基于沿着所述第二方向的定向接触来将所述第一卡或第二卡中之一标识为被选择，以及（ii）在所述第二方向上将所选择的第一卡或第二卡从所述触敏显示屏幕上解散，使得相对应的第一应用程序或第二应用程序被关闭”（以下简称区别特征）。区别特征描述了对定向接触进行响应的操作，其包括步骤（i）（ii）。步骤（i）涉及“基于沿着所述第二方向的定向接触来将所述第一卡或第二卡中之一标识为被选择”，其中“定向接触”的含义在区别特征中已明确，为“在所述触敏显示屏幕上沿着与所述第一方向不同的第二方向移动所述第一卡或所述第二卡”，因此步骤（i）实质为沿着第二方向移动隐喻应用程序的两卡之一以将其标识为被选择，其包括定向“移动卡”的操作以及该操作所实现的功能“标识被选择”。步骤（ii）涉及“在所述第二方向上将所选择的第一卡或第二卡从所述触敏显示屏幕上解散，使得相对应的第一应用程序或第二应用程序被关闭”，其包括定向“解散卡”的操作以及该操作所实现的功能“关闭应用程序”。由于步骤（i）（ii）顺序连贯执行，区别特征中的交互操作应理解为定向移动卡以标识选择继而解散所选择的卡以关闭应用程序这一整体连贯操作，在该过程中，卡会随着该操作被移动并被解散。某电脑贸易公司上诉认为，权利要求 1 仅限定了卡沿第二方向移动，并没有限定“手与卡同时沿第二方向移动”。对此，最高人民法院认为，区别特征已明确限定了沿着第二方向移动卡来将卡标识为被选择以及在第二方向上解散所选择的卡以关闭应用程序的操作和效果，涉案专利说明书中“在向上的方向上执行轻击动作来关闭卡”的实施方式并不具有在第二方向上移动卡的步骤，而“将卡向上拖拽离开屏幕来关闭卡”的实施例与区别特征的步骤具有对应性。由此可知，区别特征是基于“将卡向上拖拽离开屏幕来关闭卡”这一实施方式得出，而非基于“将卡向上拖拽离开屏幕来关闭卡”和“在向上的方向上执行轻击动作来关闭卡”两个实施方式概括得出。此时，不能因说明书中存在“在向上的方向上执行轻击动作来关闭卡”这一并列技术方案而忽略权利要求 1 中技术特征的限定作用，进而根据并列技术方案不具有相应效果而否定权利要求 1 中限定的技术特征所实现的效果。因此，某电脑贸易公司的该项上诉理由不能成立。

（二）关于现有技术证据是否给出启示

在以提升用户体验度为核心研发目标的 GUI（图形用户界面）人机交互领域，由于基础技术手段较为成熟，其技术创新往往体现在应用场景、操控对象、操作手段组合而成的整体对交互体验的影响。因此，如果人机交互技术方案中若干技术特征之间相互协同和依存，整体地实现了某一功能并产生了相应效果，应将其作为一个整体与现有技术进行对比，以防止对该等技术特征进行割裂后，再从现有技术中寻找孤立和零散的对应技术特征，最后通过相互拼凑进行创造性评述。具体到本案，区别特征描述了对第二方向上定向接触进行响应的操作，包括两个步骤，其一为基于定向接触将卡标识为被选择，其二为第二方向上将所选择的卡解散以关闭应用程序。该两个步骤按照顺序连贯执行，共同发挥作用，完成了使用卡隐喻应用程序的场景下关闭应用程序的功能，使用户能够方便快捷地关闭应用程序，在创造性评述时应作为整体进行考量，而不能割裂技术特征后再进行对比。涉案对比文件虽公开了使用“擦拭”动作来关闭应用程序、窗口或媒体文件，但其交互操作的应用场景、关闭操作的对象、动作及整体过程均与区别特征限定的方式存在明显区别，均不涉及在使用卡隐喻应用程序的场景下沿着第二方向移动卡、标识所选择的卡以及解散卡以关闭应用程序，故其技术效果也存在明显差异。因此，涉案对比文件均未公开区别特征。公知常识性证据公开了“光标”拖动对象和“手写笔”拖动对象，其公开内容虽能够证明现有技术中存在拖拽移动对象的视觉显示方式，但与区别特征所限定的内容并不相同或相似，故无法据此证明区别特征为公知常识。

综上所述，基于上述对比文件及公知常识性证据，对于本领域技术人员而言，涉案专利权利要求 1 并非显而易见，故涉案专利权利要求 1 具备创造性。最高人民法院据此判决驳回上诉，维持原判。

【裁判摘要评析】

本案所涉专利属于 GUI（图形用户界面）人机交互领域，在安卓和苹果操作系统中的应用范围较广，加之公众对人机交互日常操作手法较为熟悉，涉案当事人均为信息技术领域的知名跨国企业，社会关注度较高。最高人民法院针对智能手机交互技术的研发特点和创新规律，着重指出了割裂技术特征、碎片化评述技术方案，进而以后见之明低估创新程度的判断误区，为准确判断涉案专利是否具备创造性奠定了重要基础。最高人民法院在该案中指出，如果专利技术方案中若干技术特征之间相互依存并具有协同作用，能够实现某一功能并产生相应效果，则在创造性评价中应当考虑该协同作用。

一、图形用户界面的特点和发展规律

图形用户界面（Graphical User Interface，GUI，又称图形用户接口）是指采用图形方式显示的计算机操作用户界面。最初的用户界面产生于计算机领域，主要是命令符用户界面（Command-Line Interface），这种界面不支持鼠标操作，必须由键盘传输指令，计算机接收到指令后，才予执行。这种界面需要输入指令来达到操作目的，因此需要使用者学习并掌握专门的指令内容，然后正确输入能够辨别的指令，才能让计算机执行命令。由于命令型界面难以被理解和不宜操作，于是人们开始探索新的操作界面形式。此后美国研发出了第一个图形用户界面，首次提出以桌面为背景的办公室意象。该界面包含了视窗、图像、菜单等可供操作因素，设置了丰富的文字和字体，实现了所见即所得的直观操作。作为计算机发展的重大成就之一，图形用户界面极大地方便了普通用户对电子产品的使用。人们可直接通过界面完成操作，起初主要通过鼠标点击操作。如今随着操作需求的提升，图形用户界面逐渐被运用于各种电子产品显示屏。智能手机、平板电脑、数字播放器、导航仪、自动柜员机、电子检测仪等产品都开始运用图形用户界面。随着电子产品交互功能的趋同，信息通信企业越来越重视用户界面研发，而GUI人机交互则越来越重视提升用户体验度，其技术创新通常体现在由应用场景、操控对象、操作手段组合而成的整体对交互体验的影响。

二、创造性的判断方法与误区

《专利法》第22条第3款规定，创造性，是指与现有技术相比，该发明具有突出的实质性特点和显著的进步。判断发明是否具有突出的实质性特点，就是要判断对本领域技术人员来说，要求保护的发明相对于现有技术是否显而易见。专利行政与司法实践通常采用“三步法”对此予以审查：第一步，确定最接近的现有技术；第二步，确定发明相对于最接近的现有技术的区别技术特征和发明实际解决的技术问题；第三步，判断要求保护的发明对本领域技术人员来说是否显而易见。在第一步中，最接近的现有技术，是指现有技术中与要求保护的发明最密切相关的一个技术方案，它是判断发明是否具有突出的实质性特点的基础和起点。在第二步中，确定区别特征是为了确定发明实际要解决的技术问题，即根据该区别特征在要求保护的发明中所能达到的技术效果确定发明实际要解决的技术问题。在第三步中，要从最接近的现有技术和发明实际解决的技术问题出发，判断要求保护的发明对本领域的技术人员来说是否显而易见。判断过程中，要确定的是现有技术整体上是否存在某种技术启示，即现有技术中是否给出将上述区别特征应用到最接近的现有技术以解决其存在的技术问题的启示。这种启示会使本领域的技术人员在面对所述技术问题时，有动机改进最接近的现有技术并获得要求保护的发明。如果现有技术给出这种启示，则发明是显而易见的，不具有突出的实质性特点。反之，则是非显而易见的。

三、创造性判断中的整体性原则

就创造性判断而言，应注重整体判断原则。即判断对象始终是“区别特征在要求保护的发明中所能达到的技术效果”而非“区别特征本身所能达到的技术效果”。如果脱离了发明这一整体技术方案及其实际要解决的技术问题，只关注区别特征本身是否相同或近似，通常会陷入割裂技术特征的误区，忽视技术特征之间相互支持、共同作用的协同关系，进而低估发明本应具备的创新程度。

具体到本案，某电脑贸易公司分别选择了对比文件 1、5 公开的技术方案作为最接近的现有技术。被诉决定对涉案专利权利要求 1 与该两份对比文件的区别进行了认定，与争议焦点相关的区别特征为：权利要求 1 还包括特征“对在所述触敏显示屏幕上沿着与所述第一方向不同的第二方向移动所述第一卡或所述第二卡的定向接触进行响应，这通过如下来进行：（i）基于沿着所述第二方向的定向接触来将所述第一卡或第二卡中之一标识为被选择，以及（ii）在所述第二方向上将所选择的第一卡或第二卡从所述触敏显示屏幕上解散，使得相对应的第一应用程序或第二应用程序被关闭”。

某电脑贸易公司上诉主张，区别特征已经被涉案对比文件分别结合公知常识证据所公开，现有技术已给出相应启示，故权利要求 1 不具备创造性。对此，最高人民法院首先对区别特征进行了解读，明确了该技术特征的整体性，即区别特征描述了对定向接触进行响应的操作，其包括步骤（i）（ii）：步骤（i）实质为沿着第二方向移动隐喻应用程序的两卡之一以将其标识为被选择，其包括定向“移动卡”的操作以及该操作所实现的功能“标识被选择”；步骤（ii）涉及“在所述第二方向上将所选择的第一卡或第二卡从所述触敏显示屏幕上解散，使得相对应的第一应用程序或第二应用程序被关闭”，其包括定向“解散卡”的操作以及该操作所实现的功能“关闭应用程序”。由于步骤（i）（ii）顺序连贯执行，区别特征中的交互操作应理解为定向移动卡以标识选择继而解散所选择的卡以关闭应用程序这一整体连贯操作，在该过程中，卡会随着该操作被移动并被解散。

某电脑贸易公司还认为，区别特征描述了人机交互过程，该过程未利用自然规律，不构成技术手段。“卡随手动并产生随着移动而消散的视觉效果”显然也不是区别特征本身能够直接或必然带来的技术效果，仅仅是手指在移动过程中所伴随的视觉效果。手指的移动与卡的选中、关闭以及随动并消散的视觉效果之间没有必然联系。对此，最高人民法院认为，首先，在区别特征所述人机交互过程中，用户操作以隐喻方式呈现的可视元素，借助感知技术实现物理操作和数字对象之间的交互，基于特定触发条件执行设定功能，这一过程利用了自然规律，采用了技术手段，取得了方便快捷地关闭应用程序的技术效果。其次，GUI（图形用户界面）人机交互通过计算机程序实现，其具有涉及计算机程序发明专利的特点，在符合《专利法》规定的情况下，一般采用包含对功能/效果特征进行描述的方式进行限定。此时，不应将相应的功能性特征拆解为动作和功能/效果，进行割裂分析，而应将其作为整体特征予以考量，即区别特征所述步骤（i）（ii）中的移动、解散操作及其实现的功能应作为整体进行评述和判断。某电脑贸易公司关于“手指移动与选中、关闭以及随动和消散的效果无必然联系”的上诉理由不符合本领域技术人员对区别特征的通常理解。因此，某电脑贸易公司该项上诉理由亦不能成立。

基于以上评述可知，在判断现有技术证据是否给出启示时，最高人民法院着重强调了整体性原则在“三步法”中的适用，并明确指出，在以提升用户体验度为核心研发目标的GUI（图形用户界面）人机交互领域，由于基础技术手段较为成熟，其技术创新往往体现在由应用场景、操控对象、操作手段组合而成的整体对交互体验的影响。因此，如果人机交互技术方案中若干技术特征之间相互协同和依存，整体地实现了某一功能并产生了相应效果，应将其作为一个整体与现有技术进行对比，以防止对该等技术特征进行割裂后，再从现有技术中寻找孤立和零散的对应技术特征，最后通过相互拼凑的方式，就技术方案是否具备创造性进行评述。具体到本案，区别特征描述了对第二方向上定向接触进行响应的操作，包括两个步骤，其一为基于定向接触将卡标识为被选择，其二为第二方向上将所选择的卡解散以关闭应用程序。两个步骤按照顺序连贯执行，共同发挥作用，实现了使用卡隐喻应用程序场景下关闭应用程序的功能，使得用户能够方便快捷地关闭应用程序，在创造性评述时应将其作为整体进行考量，而不能割裂技术特征后再进行对比。相关对比文件虽公开了使用“擦拭”动作来关闭应用程序、窗口或媒体文件，但其交互操作的应用场景、关闭操作的对象、动作及整体过程均与区别特征限定的方式存在明显区别，均不涉及“在使用卡隐喻应用程序的场景下沿着第二方向移动卡、标识所选择的卡以及解散卡以关闭应用程序”，其技术效果也与区别特征存在明显差异。因此，涉案对比文件均未公开区别特征。就公知常识性证据而言，其仅公开了“光标”拖动对象和“手写笔”拖动对象，该公开内容虽能证明现有技术中存在拖拽移动对象的视觉显示方式，但与区别特征所限定的“基于第二方向的定向接触标识被选择的卡以及在第二方向上将所选择的卡从屏幕上解散以关闭应用程序”的内容并不相同或相似，故无法据此证明区别特征为公知常识。

四、本案的典型意义

通过对涉案专利是否具备创造性的评述，本案体现了最高人民法院一视同仁地保护外国企业在华知识产权、对重点科技领域加大知识产权司法保护力度、鼓励科技企业持续创新的司法态度，以及推进市场化法治化国际化一流营商环境建设的努力。

最高人民法院二审合议庭成员：岑宏宇　徐红妮　孔立明

（编写人：孔立明[*]　王慧若[**]　审稿人：丁文严）

---

[*] 孔立明，法学硕士，中华人民共和国最高人民法院知识产权法庭，四级高级法官。

[**] 王慧若，法律硕士，中华人民共和国最高人民法院知识产权法庭，二级法官助理。

上海游某网络有限公司
与
国家知识产权局
及第三人完某控股集团有限公司
商标权无效宣告请求纠纷案

——“申请商标注册不得损害他人现有的在先权利”的审查

【裁判摘要】

将作品中的特有名称作为在先权利予以商标法的保护，须满足三个条件：(1) 作品处于著作权保护期限内。(2) 作品名称、作品中的角色名称等具有较高知名度。商标法保护的必要性取决于作品元素的知名度和影响力。(3) 商标使用在相关商品或服务上造成公众混淆误认的可能性较大。

【案件基本信息】

1. 诉讼当事人

再审申请人（一审第三人、二审上诉人）：完某控股集团有限公司（以下简称完某公司）

再审申请人（一审被告、二审上诉人）：国家知识产权局

被申请人（一审原告、二审被上诉人）：上海游某网络有限公司（以下简称上海游某网络公司）

2. 案件索引与裁判日期

一审：北京知识产权法院（2017）京73行初2800号判决（2017年12月25日）

二审：北京市高级人民法院（2018）京行终 6240 号判决（2019 年 1 月 30 日）

再审：最高人民法院（2021）最高法行再 254 号判决（2021 年 12 月 17 日）

3. 案由

商标权无效宣告请求行政纠纷

【简要案情】

第 10572048 号“葵花宝典”商标（以下简称诉争商标）由上海游某网络公司于 2012 年 3 月 5 日提出注册申请，于 2013 年 6 月 7 日核准注册，核定使用服务为第 41 类“在计算机网络上提供在线游戏”等服务。完某公司就诉争商标向原国家工商行政管理总局商标评审委员会（以下简称商标评审委员会）提出无效宣告申请。商标评审委员会 2017 年 3 月 2 日作出商评字〔2017〕第 17732 号《关于第 10572048 号“葵花宝典”无效宣告请求裁定书》（以下简称第 17732 号裁定），认为诉争商标的申请注册损害了金庸《笑傲江湖》小说作品中武学秘籍特有名称的商品化权益，违反了“申请商标注册不得损害他人现有的在先权利”的规定，裁定：诉争商标予以无效宣告。上海游某网络公司不服该裁定，向北京知识产权法院（以下简称一审法院）提起诉讼。一审法院于 2017 年 12 月 25 日作出（2017）京 73 行初 2800 号判决，其中合议庭少数意见认为诉争商标“在计算机网络上提供在线游戏；娱乐”服务上违反“申请商标注册不得损害他人现有的在先权利”的规定，在其他核定使用的服务上未违反该规定，多数意见认为诉争商标未违反该规定。一审判决：撤销第 17732 号裁定。

完某公司和商标评审委员会不服一审判决，提起上诉。北京市高级人民法院（以下简称二审法院）于 2019 年 1 月 30 日作出（2018）京行终 6240 号判决。二审法院认为，“葵花宝典”作为商品化权益予以保护缺乏法律依据，如果未经作品的著作权人许可而将其作品名称或者作品中的角色名称作为商标使用而有可能引人误认的行为，属于《反不正当竞争法》调整的行为。二审判决：驳回上诉，维持原判。

完某公司和国家知识产权局不服二审判决，均向最高人民法院申请再审，请求撤销一审、二审判决，维持第 17732 号裁定。

【案件焦点】

将“葵花宝典”申请注册在第 41 类“在计算机网络上提供在线游戏”等服务上是否违反“申请商标注册不得损害他人现有的在先权利”的规定。

【裁判结果】

最高人民法院经审理认为，首先，在诉争商标申请日之前，《笑傲江湖》小说、基于小说而改编的同名影视作品、小说中的“葵花宝典”名称及金庸已经为广大公众所熟知，具有较高知名度。现有证据不能说明，“葵花宝典”已经变为通用名称。即便相关公众将“葵花宝典”指代从事某一工作或任务的高级攻略或手册，很大程度上仍是借助了《笑傲江湖》小说中“葵花宝典”武学秘籍的特性。而完某公司申请再审期间提交的上海零某市场调查有限公司的调查报告显示，在公众认知中“葵花宝典”与金庸及其作品之间仍存在较高关联性。其次，诉争商标为文字商标，与金庸小说《笑傲江湖》中的武学秘籍名称“葵花宝典”完全相同，核定使用在第 41 类“在计算机网络上提供在线游戏；娱乐；玩具出租”等服务上。诉争商标使用的“在计算机网络上提供在线游戏；娱乐”等服务，属于武侠小说通常的衍生服务范畴。诉争商标使用在上述服务项目上，容易使相关公众误认为上述服务项目与知名小说作品的作者具有关联关系或者已经获得了作者的授权。最后，上海游某网络公司除注册本案诉争商标之外，还注册了多件“笑傲江湖”商标。上海游某网络公司作为从事网络游戏业务的经营主体，明知《笑傲江湖》小说、“葵花宝典”名称在我国具有广泛的知名度，仍使用“葵花宝典”申请注册商标，主观上具有利用相关权利人商业机会和市场优势地位的故意。

综上所述，诉争商标的注册违反了 2001 年修正的《商标法》第 31 条[1]关于“申请商标不得损害他人现有的在先权利”的规定。第 17732 号裁定依法应予维持。一审、二审法院认定事实不清，适用法律错误，再审法院予以纠正。最高人民法院判决：撤销一审、二审判决，驳回上海游某

---

〔1〕 2019 年《商标法》修正后，本条变更为第 32 条。

网络公司的诉讼请求。

【裁判摘要评析】

本案核心争议是诉争商标的申请注册是否违反2001年修正的《商标法》第31条前半段规定即“申请商标注册不得损害他人现有的在先权利”，重点在于对在先权利的理解。本案进一步明确《审理商标授权确权行政案件规定》第22条第2款规定的“作品名称、作品中的角色名称等”获得商标法保护的条件，对恶意注册商标予以有效打击。

一、关于“在先权利”与“商品化权”

关于民事权利和利益。《民法典》总则编第五章在对民事主体享有的民事权利进行列举规定之后，以第126条作为兜底条款，即“民事主体享有法律规定的其他民事权利和利益”。从理论上讲，民事权利与利益有所区别。受到法律保护的不仅有民事权利这部分利益，还包括不属于民事权利但受到保护的其他利益，一般称之为民事权益。《民法典》第126条有几层含义：一是民事主体所享有的民事权益不限于本法所规定的人格权、身份权、物权、知识产权、股权等民事权益。为了适应社会发展，并且为未来新的民事权益的保护提供法律依据，本条作了兜底性规定。二是民事主体所有的其他民事权益必须由法律作出明确规定。人们在社会中所享有的利益很多，为了防止民事权益的泛化，影响民事主体的行为自由，不是所有的利益都适宜由法律加以保护。所以，本法所保护的民事权益必须是法律明确规定的民事权利和利益。[1] 司法实践中对于利益的保护把握比较困难。对于法律明确规定的合法利益，应当严格按照法律的规定予以保护。对于法律未明确规定的正当利益，可以考虑将其涵摄于法定利益之下再行判断是否应予保护。[2]

关于“在先权利”。2001年修正的《商标法》第31条规定了“在先权利”。《审理商标授权确权行政案件规定》第31条规定：“本规定自2017年

---

〔1〕 黄薇主编：《中华人民共和国民法典总则编解读》，中国法制出版社2020年版，第406-407页。

〔2〕 最高人民法院民法典贯彻实施工作领导小组主编：《中华人民共和国民法典总则编理解与适用》（下），人民法院出版社2020年版，第653页。

3 月 1 日起施行。人民法院依据 2001 年修正的《商标法》审理的商标授权确权行政案件可参照适用本规定。"《审理商标授权确权行政案件规定》所依据和解释的《商标法》是 2013 年修正的《商标法》，而基于上述规定，2001 年修正的《商标法》可以参照适用。《审理商标授权确权行政案件规定》第 18 条规定："《商标法》第 32 条规定的在先权利，包括当事人在诉争商标申请日之前享有的民事权利或者其他应予保护的合法权益。诉争商标核准注册时在先权利已不存在的，不影响诉争商标的注册。"2001 年修正的《商标法》第 31 条与 2013 年修正的《商标法》第 32 条内容完全相同，故上述规定可同样用于本案对"在先权利"的判断。从时间节点上看，"在先权利"强调在诉争商标申请日之前享有，且在核准注册时仍存在。从客体范围上看，"权利"和"权益"均属于"在先权利"之列予以保护，只是受保护的权益为"应予保护的合法权益"。商标法上的"先在权利"属于民事权利的范畴。

关于"商品化权"。我国现有法律规范体系中并没有"商品化权"的概念。我国理论界对于"商品化权"对应的术语翻译及概念界定方面均存在争议。[1] 有学者为使概念具有更大的包容性，认为商品化权是指，"基于消费者对于真实人物、虚拟角色、标志、符号等形象或事物的吸引力，从而将上述形象或事物进行二次开发、商业化利用的专有权或许可他人使用的权利"[2]。商品化权的客体不同，保护的路径也不同。比如，日本司法界将商品化权分为三个方面来应对：一是套用民法人格权理论解决自然人姓名和肖像等的商品化问题；二是套用商业标识法和反不正当竞争法解决虚拟角色商品化问题；三是目前仍在争论、寄希望于套用从顾客吸引力角

---

〔1〕"商品化权"是一个舶来词汇，从日本原文转引而来，而日文中的"商品化权"则是于 20 世纪 60 年代从英美法的 merchandising right 直译过来的。参见郑成思：《知识产权论》，法律出版社 2007 年版，第 74 页。在美国，商品化权被区分为虚构性角色的商品化权与真实人物的商品化权，前者称为角色权（right in character），包括文学作品角色（literary character）和卡通角色（cartoon character）的商品化应用；后者称为公开权（right of publicity），即政界、演艺界的名人将自己的形象在商业广告上授权使用的权利。何炼红、邓文武：《商品化权之反思与重解》，载《知识产权》2014 年第 8 期。

〔2〕李梦佳：《论商品化权的基本概念、性质及分类》，载《山东科技大学学报（社会科学版）》2019 年第 1 期。

度出发的财产权理论予以佐证物之影像和名称的商品化问题。[1] 虽然“商品化权”概念并未在法律中明确规定，但也不能囿于名称而得出“商品化权”不受我国法律保护的结论。某项特定的利益是否保护、如何保护，还要与具体的法律规范相结合。

关于“作品名称、作品中的角色名称等”的保护。商品化权问题的产生，源自市场经济发展到一定阶段，原本不具有或不直接具有商品性质的元素可以带来经济利益。《审理商标授权确权行政案件规定》第22条第2款将“作品名称、作品中的角色名称等”予以保护体现了审慎的态度，努力实现各方面利益的平衡。首先，作品名称、作品中的角色名称等通常不属于作品，不能受到著作权的保护。其次，就具有较高知名度的作品名称、角色名称而言，其知名度会带来相应的商业价值，权利人可以自行使用或许可他人使用，构成可受保护的一种合法权益。[2] 《审理商标授权确权行政案件规定》第22条第2款规定：“对于著作权保护期限内的作品，如果作品名称、作品中的角色名称等具有较高知名度，将其作为商标使用在相关商品上容易导致相关公众误认为其经过权利人的许可或者与权利人存在特定联系，当事人以此主张构成在先权益的，人民法院予以支持。”该规定实际上是把“作品名称、作品中的角色名称等”纳入“在先权利”的概念之下进行保护。需要说明的是，第一，这种“在先权利”的保护受限于“著作权保护期限内的作品”，具有附属性。第二，这种保护模式体现为权利人阻却他人商标注册，具有消极性。最后，即便“作品名称、作品中的角色名称等”权利人可以受到反不正当竞争法的保护，也不能以此否定商标法保护的正当性与必要性。一般认为，反不正当竞争法是著作权法、专利法、商标法之后的最后一道保护层，可起到兜底保护作用。

二、“葵花宝典”名称作为在先权益予以商标法保护的条件

近几年，商标授权确权实践中涉及作品名称、作品中的角色名称保护的案例并不少见，但本案的一波三折表明，对于此类元素能否进行保护、

---

〔1〕 张鹏：《日本商品化权的历史演变与理论探析》，载《知识产权》2016年第5期。

〔2〕 宋晓明、王闯、夏君丽、董晓敏：《〈关于审理商标授权确权行政案件若干问题的规定〉的理解与适用》，载《人民司法（应用）》2017年第10期。

如何进行保护等问题，仍是实践中值得探讨的问题。

《审理商标授权确权行政案件规定》第 22 条第 2 款规定了“作品名称、作品中的角色名称等”获得保护的条件，本案将这些条件进一步明确列举和阐释。即对于“作品名称、作品中的角色名称等”作为“在先权益”予以保护，须满足三个条件：（1）作品处于著作权保护期限内。（2）作品名称、作品中的角色名称等具有较高知名度。商标法保护的必要性取决于作品元素的知名度和影响力。（3）商标使用在相关商品或服务上造成公众混淆误认的可能性较大。

关于第一个条件，《审理商标授权确权行政案件规定》第 22 条规定处于作品的著作权保护期内的“作品名称、作品中的角色名称等”才能获得保护，从逻辑上判断此处的保护期指的应是著作财产权的保护期，而非精神权利的保护期。这是因为，根据我国《著作权法》的规定，作品的署名权、修改权、保护作品完整权的保护期不受限制，而复制权、发行权、出租权等则有时间限制，即权利人从作品中获得财产性收益的权利有时间限制。商标授权确权规定制定过程中，考虑既对该项权益进行保护，又要有所限制，既考虑对合法权益的保护，防止不正当占用他人的经营成果，也要避免损害社会公众对社会公共文化资源的正当使用。[1] 同时，限定作品处于著作权保护期限内，也是明确该项权益的权利人的必然要求。作品过保护期限后，意味着作品的权利人不再对作品享有财产性收益，此时，“作品名称、作品中的角色名称等”自然进入公有领域。

关于第二个条件，作品名称、作品中的角色名称等具有较高知名度是其获得保护的必要条件，较高知名度反映了作品名称、作品中的角色名称等与作品、作者的关联性。本案中，《笑傲江湖》系金庸于 1969 年创作完成的一部武侠小说作品，根据在案证据，该小说最早于 1984 年 10 月出版发行，后被数家出版单位相继多次再版。《笑傲江湖》小说作品先后被改编为 7 版电视剧和 4 版电影。“葵花宝典”作为《笑傲江湖》小说中武学秘籍的

---

〔1〕 宋晓明、王闯、夏君丽、董晓敏：《〈关于审理商标授权确权行政案件若干问题的规定〉的理解与适用》，载《人民司法（应用）》2017 年第 10 期。

特有名称，是牵引小说情节发展的重要线索和贯穿整部小说的核心。经由作者的创造性劳动，“葵花宝典”已从普通词汇“葵花”与“宝典”的组合演变为具有明确指向性、对应性的名称。“葵花宝典”与《笑傲江湖》小说和金庸产生了稳定的对应关系。

虽然上海游某网络公司一审期间提供了相关证据，以说明“葵花宝典”超出了原有范畴而演化成为可以指代从事某一工作或任务的高级攻略或手册的词汇，但该词汇一定程度的泛化使用，并不足以证明至诉争商标核准注册时，“葵花宝典”与金庸及其小说《笑傲江湖》之间的对应关系被阻断。现有证据不能说明，“葵花宝典”已经变为通用名称。即便相关公众将“葵花宝典”指代从事某一工作或任务的高级攻略或手册，很大程度上仍是借助了《笑傲江湖》小说中“葵花宝典”武学秘籍的特性。而完某公司申请再审期间提交的上海零某市场调查有限公司的调查报告显示，在公众认知中“葵花宝典”与金庸及其作品之间仍存在较高关联性。故一审、二审法院认为“葵花宝典”与《笑傲江湖》小说及金庸之间的稳定指向关系因其在各个领域中的广泛使用而受到了阻断，属于认定事实错误。

关于第三个条件，作品名称、作品中的角色名称等受商标法保护的前提是存在混淆的可能性。如非权利人将作品名称、作品中的角色名称等注册为商标，且该商标指定使用的商品或服务为作品常见的商业衍生品领域，则混淆的可能性就较大。本案诉争商标为文字商标，与金庸小说《笑傲江湖》中的武学秘籍名称“葵花宝典”完全相同，核定使用在第 41 类“在计算机网络上提供在线游戏；娱乐；玩具出租”等服务上。完某公司在商标评审阶段提供的证据显示，早在诉争商标申请日之前的 2008 年 12 月，金庸即授权完某公司的关联公司作为“笑傲江湖”游戏的发行及销售权人。2013 年 7 月之后，金庸与明某出版有限公司作为授权人，授权完某公司的关联公司享有《笑傲江湖》小说的游戏改编权，有权以授权作品名称、授权作品中的人物、武功、武器的名称等申请注册商标等。上述事实表明，诉争商标使用的“在计算机网络上提供在线游戏；娱乐”等服务，属于武侠小说通常的衍生服务范畴。诉争商标使用在上述服务项目上，容易使相关公众误认为上述服务项目与知名小说作品的作者具有关联关系或者已经获得了作者的授权。

作品名称、作品中的角色名称等的较高知名度也反映了商标注册人的主观意图。在作品元素具有较高知名度的情况下，商标注册人仍将其注册为商标，具有明显的故意。本案中，上海游某网络公司除注册本案诉争商标之外，还注册了多件“笑傲江湖”商标。上海游某网络公司作为从事网络游戏业务的经营主体，明知《笑傲江湖》小说、“葵花宝典”名称在我国具有广泛的知名度，仍使用“葵花宝典”申请注册商标，主观上具有利用相关权利人商业机会和市场优势地位的故意。

第 17732 号裁定综合考虑“葵花宝典”名称的知名度、诉争商标核定使用的服务与知名武侠小说衍生服务的关联程度以及诉争商标申请人的主观恶意等因素，对故意挤占作者对作品中的特有名称享有的商业价值和交易机会的行为严格规制，符合《商标法》及其司法解释的规定。第 17732 号裁定作出宣告诉争商标无效的结论，具有事实和法律依据，结果并无不当。一审、二审法院对第 17732 号裁定的合法性进行司法审查时，在没有充分依据的情况之下，推翻了第 17732 号裁定的结论，在事实认定和法律适用方面均存在一定错误，应予以纠正。

最高人民法院再审合议庭成员：张志弘　白雅丽　许常海

（编写人：白雅丽* 陈泽宇** 审稿人：丁文严）

---

* 白雅丽，法学博士，中华人民共和国最高人民法院民事审判第三庭，二级高级法官。

** 陈泽宇，法学博士，中华人民共和国最高人民法院民事审判第三庭，一级法官助理。

行政与国家赔偿

东某旅游开发有限公司
诉
海南省东方市自然资源和规划局、
海南省东方市人民政府
土地行政处罚及行政复议案

——行政机关对混合过错情形下的非法占地行为进行处罚应坚持过罚相当原则

【裁判摘要】

1. 若行政机关和行政相对人对非法占地行为的发生均有过错，行政机关进行处罚应坚持过罚相当原则，处罚结果应与行政相对人的过错程度相当。

2. 对于混合过错情形下的非法占地，若行政机关、终审法院令行政相对人承担全部责任，为维护终审判决的稳定性，再审审查法院可重开补偿程序，要求行政机关对行政相对人进行补偿。

3. 行政机关应当依法承诺、诚信施政，遵循信赖保护原则，保护行政相对人及其他利害关系人对行政行为正当合理的信赖利益，在法治化的前提下营造良好的营商环境，推动地方经济发展。

【案件基本信息】

1. 诉讼当事人

再审申请人（一审原告、二审被上诉人）：东某旅游开发有限公司（以

下简称东某旅游开发公司)

被申请人（一审被告、二审上诉人)：海南省东方市自然资源和规划局(原海南省东方市国土资源局，以下简称原东方市国土局)

被申请人（一审被告)：海南省东方市人民政府

2. 案件索引与裁判日期

一审：海南省第二中级人民法院（2018）琼97行初70号判决（2018年10月24日)

二审：海南省高级人民法院（2018）琼行终1233号判决（2018年12月25日)

再审审查：最高人民法院（2019）最高法行申9071号裁定（2020年12月31日)

3. 案由

土地行政处罚及行政复议

【简要案情】

2015年，海南省东方市组成了由市四套班子领导担任总指挥，包括原东方市国土局在内各相关部门负责人参加的东方市特色村庄旅游项目工作队（以下简称项目工作队)，推进包括天某项目在内的东方市特色村庄旅游项目。2015年7月28日，项目工作队召开会议要求，天某项目于8月25日开工，整体项目确保年底运营，土地用途变更和招拍挂等工作于10月20日前完成。2015年8月25日天某项目正式开工。2015年12月4日、2016年2月6日，原东方市国土局曾两次将涉案地块挂牌出让，但因无人竞买而流拍。

2016年1月15日，原东方市国土局认为东某旅游开发公司未依法取得国有土地使用权，擅自建设天某项目，责令东某旅游开发公司停止违法行为，并向东某旅游开发公司发出责令停止违法行为通知书（以下简称停止违法行为通知)，通知书于当日送达。停止违法行为通知送达时，涉案项目四栋楼地基已经全部建成，但只有一栋楼露出地面一层。二审期间，涉案四栋楼已经全部建好，形成外墙完整、内部呈毛坯房的状态。

2017年5月31日，原东方市国土局作出东国土资罚字〔2017〕78号行政处罚决定（以下简称 78 号处罚决定），认为东某旅游开发公司未依法取得用地审批手续，擅自占用涉案国有土地建设四栋楼房，违反了《土地管理法》（2004 年修正）第 2 条和第 43 条[1]的规定，根据《土地管理法》（2004 年修正）第 76 条[2]和《海南经济特区土地管理条例》第 81 条的规定，决定：（1）责令东某旅游开发公司退还违法占用的 5988.55 平方米国有土地；（2）没收东某旅游开发公司在违法占用土地上建设的四栋楼房；（3）对东某旅游开发公司违法占用 5988.55 平方米土地的行为，按每平方米 100 元的处罚标准，共罚款 598,855 元。东某旅游开发公司对该处罚决定申请行政复议，东方市人民政府于 2017 年 12 月 4 日作出东府复决〔2017〕30 号行政复议决定（以下简称 30 号复议决定），决定维持 78 号处罚决定。东某旅游开发公司提起行政诉讼，请求撤销 78 号处罚决定及 30 号复议决定。

一审法院于 2018 年 10 月 24 日作出（2018）琼 97 行初 70 号判决，撤销 78 号处罚决定及 30 号复议决定。二审法院于 2018 年 12 月 25 日作出（2018）琼行终 1233 号判决，撤销一审判决，驳回东某旅游开发公司的诉讼请求。东某旅游开发公司不服二审判决，向最高人民法院申请再审。

【案件焦点】

1. 政府和企业对东某旅游开发公司的非法占地行为均有过错，原东方市国土局作出 78 号处罚决定令东某旅游开发公司承担全部违法责任，是否符合过罚相当原则；

2. 最高人民法院能否以重开行政补偿程序的方式，维护终审判决的稳定性。

【裁判结果】

最高人民法院经审查认为，东某旅游开发公司未办理土地审批手续，未取得涉案土地使用权，在涉案土地上建设天某项目，构成非法占地。且在原东方市国土局责令其停止违法行为后，仍然继续违法建设。原东方

---

〔1〕 2019 年《土地管理法》修正后，本条被删除。

〔2〕 2019 年《土地管理法》修正后，本条变更为第 77 条。

市国土局作出 78 号处罚决定，认定东某旅游开发公司未取得合法用地审批手续，擅自在涉案土地上进行建设，责令其退还违法占用的土地，没收在涉案土地上建设的四栋楼房，并处以 598,855 元罚款，符合法律规定。但东某旅游开发公司因违法占地事后被处罚而遭受损失，既有政府的原因，也有企业的原因。东某旅游开发公司收到停止违法行为通知前的建设行为，是在东方市人民政府部门的支持和要求下进行的，相应的投入是基于对政府行为的合理信赖而产生。对于东某旅游开发公司的损失，相关政府部门和企业均应承担相应责任。至于损失的承担比例，应考虑双方的过错程度、过错与损失之间的因果关系等因素综合确定。东方市人民政府应依据上述原则对东某旅游开发公司收到停止违法行为通知之前的合理实际投入给予适当补偿，东某旅游开发公司也可另行申请东方市人民政府进行补偿。东方市人民政府及其部门在今后的招商引资中不应违法对企业作出承诺，应严格遵守法律规定，在法治化的前提下营造良好的营商环境，推动地方经济发展。遂裁定：驳回东某旅游开发公司的再审申请。

【裁判摘要评析】

本案裁判结论实质上是最高人民法院为了维护终审判决的稳定性，对利益衡量不当的终审判决，以重开行政补偿程序的形式弥补后，不再启动再审程序。核心争议是，在政府、企业共同导致违法占地的情形下，行政机关如何进行行政处罚。司法实践中对混合过错情形下的违法行为如何处罚存在诸多分歧，最高人民法院在本案中确认行政机关仅能要求行政相对人承担与其过错程度相当的责任。二审判决要求东某旅游开发公司承担全部责任，属于利益衡量不当，违反过罚相当原则，但最高人民法院创造性地重开了行政补偿程序，维护了终审判决的稳定性，既支持了东方市自然资源部门对非法占地行为的查处，促使土地资源及时流转、利用，又保护了东某旅游开发公司的合理信赖利益，使案件做到实质公正。

一、78 号处罚决定与东某旅游开发公司的过错程度不相当，有违过罚相当原则

我国实行严格的土地管理制度，法律要求必须依照法定权限审批利用土地并严格依法查处非法占地行为。修改前的《土地管理法》第 43 条第 1

款规定："任何单位和个人进行建设，需要使用土地的，必须依法申请使用国有土地；但是，兴办乡镇企业和村民建设住宅经依法批准使用本集体经济组织农民集体所有的土地的，或者乡（镇）村公共设施和公益事业建设经依法批准使用农民集体所有的土地的除外。"第 76 条第 1 款规定："未经批准或者采取欺骗手段骗取批准，非法占用土地的，由县级以上人民政府土地行政主管部门责令退还非法占用的土地……对符合土地利用总体规划的，没收在非法占用的土地上新建的建筑物和其他设施，可以并处罚款……"依据上述法律规定，在《土地管理法》修改前，除乡镇企业、村民住宅、乡村公共项目建设外，其他建设项目均应使用国有土地，实际建设之前应当取得用地批准手续，否则便构成非法占用土地。[1] 本案中，东某旅游开发公司未办理土地使用审批手续，未取得涉案土地使用权，在涉案土地上建设天某项目，且在原东方市国土局责令其停止违法行为后，仍然继续违法建设，已经构成非法占地。但该违法行为系混合过错情形下的非法占地行为，首先，天某项目建设初期是在东方市人民政府部门的违法推动下启动的。东方市人民政府及其相关部门组建项目工作队推进项目建设、召开会议确定项目建设计划、举办项目启动仪式等行为构成东某旅游开发公司违法占地建设的合理信赖。其次，东某旅游开发公司明知依照法律规定，取得土地使用权后方可建设，但仍然违法开工建设，而且在收到停止违法行为通知后，依然继续建设。最后，该公司曾有两次通过招拍挂程序将用地合法化的机会，但是其均未参加土地竞买。可见，东某旅游开发公司对非法用地亦存在过错。原东方市国土局认定东某旅游开发公司的行为构成非法占地，对其作出 78 号处罚决定，虽于法有据，但忽略了过罚相当的问题。

过罚相当原则是指对符合行政处罚构成要件的行为人科加的处罚，应当与其违法行为相均衡，[2] "过罚相当作为行政处罚的关键问题，是公平

---

〔1〕 2019 年《土地管理法》修改后，允许集体经营性建设用地按照规定程序入市，进行工商业建设。

〔2〕 陈太清：《过罚相当原则的司法适用》，载《法学》2021 年第 10 期。

正义在行政处罚领域的具体化，行政处罚的设定和实施均应遵循”。[1]《行政处罚法》在1996年制定之初便确立了过罚相当原则，第4条第1款、第2款[2]规定，行政处罚遵循公正、公开的原则，设定和实施行政处罚必须以事实为依据，与违法行为的事实、性质、情节以及社会危害程度相当。2021年《行政处罚法》修订后，第32条第2项、第33条第2款规定，受他人胁迫或者诱骗实施违法行为的，应当从轻或者减轻行政处罚；当事人有证据足以证明没有主观过错的，不予行政处罚，从而正式明确了行政处罚的主观过错要件。概言之，当事人有违法行为的，行政机关可以推定当事人主观上存在过错，并依法作出行政处罚，但当事人能证明自己无过错，或行政机关调取的证据可以证明当事人无过错的，行政机关不应当作出行政处罚。行政处罚的种类和幅度也要和当事人的主观过错程度相适应，过错程度重的，应当重罚，过错程度轻的，应当轻罚。即使在《行政处罚法》修订之前，当事人的主观过错作为违法行为事实因素之一，也应当被纳入处罚裁量的考量范围。[3] 本案中，如前所述，对于东某旅游开发公司非法占地行为的发生，东方市人民政府部门与东某旅游开发公司均存在过错，东某旅游开发公司对东方市人民政府部门的行为存在合理信赖。原东方市国土局未考虑上述情况作出78号处罚决定，要求东某旅游开发公司承担全部违法责任，与东某旅游开发公司的过错程度不相当，有违过罚相当的原则。二审判决驳回东某旅游开发公司的诉讼请求，亦属于适用法律错误。

二、最高人民法院可重开行政补偿程序，维护终审判决的稳定性

“终审判决的权威性又称判决的终局性，即终审判决一旦作出，就具有确定力、拘束力和执行力。只有存在明显的错误，其才可作为例外给予再审救济。”[4] 法治社会必然要求维护终审判决的权威性，如果终审判决动

---

〔1〕 黄海华：《新〈行政处罚法〉制度创新的理论解析》，载《行政法学研究》2021年第6期。

〔2〕 2021年《行政处罚法》修订后，原第4条第1款、第2款变更为第5条第1款、第2款。

〔3〕 苏州鼎某食品公司不服苏州市工商局商标侵权行政处罚案，载《最高人民法院公报》2013年第10期。

〔4〕 王惠岭：《论终审判决权威性的维持》，载《法律适用》2003年第5期。

辄被推翻，终审判决没有终局效果，当事人就不会尊重判决，也不会主动履行判决，而是通过不断申请再审、申诉，乃至信访，试图推翻终审判决，法律秩序和社会秩序便不能稳定。终审判决的权威性源于既判力理论，既判力理论的基础在于判决的最终性和权威性来自国家的审判权并以国家的强制力为后盾，而其最终性和权威性的最充分的体现则在于诉讼法对判决效力的明确赋予。〔1〕

最高人民法院一直通过多种方式依法维护终审行政裁判的权威性，一是将案件的再审范围原则上限定在终审裁判存在实体错误，或审判程序违法可能导致实体错误的情形。二是对于终审裁判虽然错误，但是再审后仅是程序空转的案件，原则上不启动再审。比如，有的案件不符合受理条件，但终审判决却驳回了再审申请人（原告）的诉讼请求，最高人民法院在指出终审判决的错误后，驳回再审申请人的再审申请。三是四级法院职能定位改革后，将最高人民法院再审审查的案件限定于当事人对法律适用不服的案件，〔2〕主要进行法律审。

本案中，78号处罚决定违反过罚相当原则，而二审判决驳回东某旅游开发公司的诉讼请求，存在实体错误。最高人民法院本应启动再审，判决撤销二审判决，维持一审判决，责令海南省东方市自然资源和规划局重新处理。但是由于东某旅游开发公司与东方市人民政府就土地出让金数额之前无约定，现认为挂牌出让的价格过高，拒不参加竞买，故该非法用地已无法采取补救措施并予以合法化。为了维护终审判决的稳定性，尽快化解

〔1〕王福华：《民事诉讼基本结构——诉权与审判权的对峙与调和》，中国检察出版社2002年版，第155-156页。

〔2〕《关于办理行政申请再审案件若干问题的规定》（法释〔2021〕6号）第2条："下列行政申请再审案件中，原判决、裁定适用法律、法规确有错误的，最高人民法院应当裁定再审：（一）在全国具有普遍法律适用指导意义的案件；（二）在全国范围内或者省、自治区、直辖市有重大影响的案件；（三）跨省、自治区、直辖市的案件；（四）重大涉外或者涉及香港特别行政区、澳门特别行政区、台湾地区的案件；（五）涉及重大国家利益、社会公共利益的案件；（六）经高级人民法院审判委员会讨论决定的案件；（七）最高人民法院认为应当再审的其他案件。"第3条："行政申请再审案件有下列情形之一的，最高人民法院可以决定由作出生效判决、裁定的高级人民法院审查：（一）案件基本事实不清、诉讼程序违法、遗漏诉讼请求的；（二）再审申请人或者第三人人数众多的；（三）由高级人民法院审查更适宜实质性化解行政争议的；（四）最高人民法院认为可以由高级人民法院审查的其他情形。"

行政争议，促使土地资源及时流转、利用，最高人民法院支持了原东方市国土局的78号处罚决定，驳回了东某旅游开发公司的再审申请。但是，为了保护东某旅游开发公司的信赖利益，最高人民法院创造性地重开了行政补偿程序，要求东方市人民政府对东某旅游开发公司因78号处罚决定而遭受的损失，根据政府过错等因素承担适当比例，对东某旅游开发公司收到停止违法行为通知前的合理实际投入给予适当补偿，真正做到了过罚相当、公正处理。

三、最高人民法院可行使释明、指导权，督促行政机关依法、诚信施政

本案再审审查裁定虽然通过重开行政补偿程序维护了终审判决的稳定性，但一定程度上可能会造成鼓励政府部门在招商引资中违法承诺、作为，企业在使用土地中“先上车后补票”的不良导向。所以，最高人民法院在裁定中特别对行政机关诚信施政提出了要求，以避免负面效果的产生，实现诉源治理。

信用是市场经济的基石，也是法治建设的基础和重要推动力量，而政府诚信则是整个社会信用体系的基础和核心，对法治政府、法治社会建设具有引领作用。国务院《社会信用体系建设规划纲要（2014—2020年）》规定：“各级人民政府首先要加强自身诚信建设，以政府的诚信施政，带动全社会诚信意识的树立和诚信水平的提高。”“严格履行政府向社会作出的承诺，把政务履约和守诺服务纳入政府绩效评价体系。”概言之，行政机关应当诚信施政，遵循信赖保护原则，保护公民、法人或者其他组织对行政行为正当合理的信赖利益。但是在实践中，一些地方政府为了项目建设，提升政绩，在招商引资中违法承诺，事后又不能兑现，严重损害了政府公信，破坏了当地的营商环境。

本案中，原东方市国土局停止违法行为通知送达前的违法建设行为，是东某旅游开发公司在东方市人民政府部门的支持和要求下进行的，东某旅游开发公司具有对相关政府行为的信赖利益。东方市人民政府及其部门前期违法承诺、作为，后对东某旅游开发公司进行处罚，不保护其信赖利益，有悖于诚信施政要求和信赖保护原则。为确保当地政府今后诚信施政、依法行政，最高人民法院最后在裁定中明确指出，东方市人民政府及其部门在今后的招商引资中不应违法对企业作出承诺，应严格遵守法律规定，在法治化的前提下营造良好的营商环境，推动地方经济发展。

最高人民法院再审审查合议庭成员：寇秉辉　宋楚潇　田心则

（编写人：寇秉辉*　邹鹏**　审稿人：韩德强）

---

* 寇秉辉，法学博士，中华人民共和国最高人民法院第一巡回法庭原主审法官，广东省深圳市中级人民法院行政审判庭法官。

** 邹鹏，法学学士、管理学硕士，中华人民共和国最高人民法院第一巡回法庭第五期轮训助理，广西壮族自治区南宁铁路运输法院综合审判庭法官。

广东省兴宁三某工程有限公司
诉
广东省兴宁市自然资源局
土地行政处罚案

——处理非法占地历史遗留问题应当考虑历史成因，保护相对人信赖利益，坚持过罚相当

【裁判摘要】

行政机关在对历史遗留的未批先建非法占地行为进行处罚时，应当充分考虑全案情况，结合非法占地的原因、过程、时间与各方责任情况，采取既能实现行政管理目的，又能对相对人信赖利益予以保护，对其权益影响和社会资源损害最小的执法方式。作出相应的行政处罚决定亦应符合过罚相当原则。

【案件基本信息】

1. 诉讼当事人

申诉人（一审原告、二审上诉人、再审申请人）：广东省兴宁三某工程有限公司（以下简称三某工程公司）

被申诉人（一审被告、二审被上诉人、被申请人）：广东省兴宁市自然资源局

2. 案件索引与裁判日期

一审：广东省兴宁市人民法院（2014）梅兴法行初字第 28 号判决（2014 年 9 月 29 日）

二审：广东省梅州市中级人民法院（2014）梅中法行终字第 70 号判决（2014 年 12 月 18 日）

再审审查：广东省高级人民法院（2017）粤行申 1232 号裁定（2019 年 11 月 20 日）

再审：最高人民法院（2021）最高法行再 249 号判决（2023 年 4 月 19 日）

3. 案由

土地行政处罚

【简要案情】

2003 年 4 月 11 日，兴宁市发展计划局向梅州市发展计划局上报请示，载明由三某工程公司筹资在福兴镇某村征地 80 亩建设茶艺休闲娱乐运动中心。梅州市发展计划局批复同意兴建上述项目。9 月 18 日，三某工程公司向兴宁市建设局（现兴宁市住房和城乡建设局）申请报建，报建材料中附有兴宁市国土资源局（现兴宁市自然资源局）福兴国土资源所出具的关于某度假村建筑工程“兹有某度假村全部土地已经我所协助征用。其土地使用证正在办理中，请有关部门给予办理报建手续”的证明和三某工程公司承诺尽快办理报建材料中所缺的土地使用证、消防许可证等的承诺书。10 月 30 日，兴宁市招商引资办公室作出批复，同意该项目选址，同意土地补偿费（含安置补偿费、青苗补偿费等）按三某工程公司与福兴镇人民政府协商的价格解决，出让土地价格按征地成本减去本级财政收入部分计算。12 月 28 日，兴宁市建设局亦同意某度假村（包括某茶艺馆）选址，用地规模为 110 亩。2004 年 2 月 12 日，兴宁市建设局核发建设工程规划许可证准予建设上述建筑工程，并核发建筑工程施工许可证。其间，兴宁市建设局颁发建设用地规划许可证，准予办理某度假村的征用划拨土地手续。2004 年间兴宁市人民政府作出《关于引资大户项目要求减免报建规费的批复》（以下简称《减免规费批复》），同意对包括某度假村在内的项目给予减免建设报建中的有关规费。2004 年年初，三某工程公司在未取得某度假村的国有土地使用权证的情况下，开始兴建某度假村茶艺馆。2008 年 7 月 20 日，三某工程公司与丽某酒店签订合同，将部分已建的某度假村茶艺馆建筑及场地租赁给丽某酒店。

2014 年 3 月 15 日，兴宁市自然资源局对三某工程公司非法占用土地进行立案查处，并认定三某工程公司以招商引资名义在未取得建设用地批准手续的情况下，兴建某茶艺馆，占地总面积共10,216.67平方米。三某工程公司于2008年7月将某茶艺馆租赁给丽某酒店装修经营至今。经勘测，已建成的酒店主楼建筑物占地1468.25平方米，经查核符合土地利用总体规划。5月29日，兴宁市自然资源局以三某工程公司在未取得建设用地批准手续情况下占用土地兴建某茶艺馆，对三某工程公司作出处罚决定：没收三某工程公司在非法占用的10,216.67平方米土地上建成的建筑物和其他设施。三某工程公司不服该处罚决定，提起行政诉讼，请求撤销处罚决定。

一审法院认为，三某工程公司在2004年年初以招商引资名义在未取得建设用地批准手续的情况下，占用土地兴建某茶艺馆，并在该土地上兴建茶艺馆建筑物、宿舍工棚建筑物。上述行为虽符合土地利用总体规划，但均是在没有依法申请使用国有土地的前提下进行的。兴宁市自然资源局根据《土地管理法》第76条规定对三某工程公司作出没收其非法占用的10,216.67平方米土地上建成的建筑物和其他设施，符合法律规定。综上所述，判决驳回三某工程公司的诉讼请求。三某工程公司不服，提起上诉。

二审法院认为，三某工程公司在未取得国有土地使用证，未经用地审批情况下擅自在集体农用地上兴建某茶艺馆的行为构成非法占用农用地，该事实有已生效的另案刑事判决予以确认。二审判决驳回上诉，维持原判。三某工程公司不服，向广东省高级人民法院申请再审。

广东省高级人民法院经审查认为，三某工程公司虽然取得建设用地规划许可，但并未取得建设用地批准使用手续。其请求撤销二审判决，改判支持其诉讼请求的主张缺乏事实根据和法律依据。裁定驳回三某工程公司的再审申请。三某工程公司仍不服，向最高人民法院申诉。

【案件焦点】

被诉处罚决定是否违反过罚相当原则，处罚决定与非法占地的事实、性质、情节、社会危害程度是否相适应，是否应考虑法定的从轻或者减轻情节，是否存在其他可以消除违法状态的处理方式，没收案涉土地上已建成的建筑物和其他设施是否需要保护三某工程公司对政府行政行为产生的信赖利益。

【裁判结果】

最高人民法院经审理认为，在9号处罚决定作出之时，案涉土地仍未全部完成集体土地征收与农用地转用审批手续，也未依法办理国有土地出让手续。三某工程公司在案涉土地仍为集体农用地的情况下，即先行建设某茶艺馆，显然违法。但是，被诉处罚决定的合法性还取决于是否违反过罚相当原则，处罚决定与非法占地的事实、性质、情节、社会危害程度是否相适应。兴宁市自然资源局作出9号处罚决定，应考虑是否存在法定的从轻或者减轻情节，是否存在其他可以消除违法状态的处理方式，没收案涉土地上已建成建筑物和其他设施是否需要保护三某工程公司对政府行政行为产生的信赖利益。

首先，案涉项目虽然未依法办理征收、农用地转用和出让手续，但已办理了其他一系列建设审批、许可手续，案涉项目违法开工建设系在当地行政机关支持和配合下进行。一系列行政审批行为说明，兴宁市人民政府及相关职能部门的违法作为，是案涉土地被违法占用的主要原因之一，也是非法占地问题未能及时得到解决并持续十余年的重要原因。其次，因案涉项目符合当地土地总体规划，原广东省国土资源厅已经同意补办用地手续情况下，兴宁市人民政府及相关部门长期未及时补办完善审批手续，是造成违法用地状态未及时消除的重要原因。兴宁市人民政府及相关部门对于三某工程公司未能依法取得案涉土地使用权明显存有相应责任。最后，兴宁市人民政府及相关职能部门明知三某工程公司未取得合法用地手续，仍然以招商引资名义支持、协助案涉项目建设，也未按照777号复函的要求补办项目用地手续，还默许三某工程公司以租代征方式先行建设，同样应承担相应的法律责任。三某工程公司对兴宁市人民政府及相关职能部门的违法行政行为已经形成足够的信赖，因此形成的信赖利益，也应依法予以保护。

兴宁市自然资源局作出9号处罚决定时，应当充分考虑全案情况，结合非法占地的原因、过程、时间与各方责任情况，并在案涉符合土地利用总体规划且省级政府已经同意某度假村项目完善历史用地手续的情况下，采取既能实现行政管理目的，又能对相对人权利和社会资源损害最小的执法方式。然而，兴宁市自然资源局在某茶艺馆建成使用近十年后，径行将其没收，并予以拆除，明显与三某工程公司的过错和社会危害程度不相当，行政处罚显失公正，不应得到支持。9 号处罚决定本应撤销，但是鉴于案涉土地上建筑物和其他设施已被拆除，不可能恢复原状，故撤销处罚决定已无意义，故应确认违法。因此，判决撤销一审、二审法院行政判决，确认 9 号处罚决定违法。

【裁判摘要评析】

土地是十分珍贵的自然资源，是不可缺少的生产资料。合理使用和保护土地资源是行政机关与各级人民法院的重要职责。但对因历史原因造成的未批先建等非法占地，亦不能“简单化”“一刀切”处理。行政机关在对双方均有责任形成的未批先建非法占地行为处罚时，应当充分考虑全案情况，结合非法占地的原因、过程、时间与各方责任情况，采取既能实现行政管理目的，又能对相对人信赖利益予以保护，对其权益影响和社会资源损害最小的执法方式。作出相应的行政处罚决定亦应符合过罚相当原则、信赖利益保护原则、比例原则。

一、过罚相当原则的适用

人民法院在审查行政处罚行为的行政裁量是否合法时，既要依据具体法律条文，也要适用法律原则。“过罚相当原则”即为行政处罚的基本原则之一。“过罚相当原则”要求行政机关作出行政处罚要结合违法行为的社会危害程度、当事人的主观态度等方面的情节，公平、公正地进行处罚，以体现对行政裁量权的依法限制，实现形式正义向实质正义跨越。《行政处罚法》（2021 年修订）第 5 条第 2 款规定：“设定和实施行政处罚必须以事实为依据，与违法行为的事实、性质、情节以及社会危害程度相当。”此为过罚相当原则在我国立法上的具体体现，是行政机关实施行政处罚应当遵循的法律原则。人民法院在审理行政处罚引发的案件时，应当审查行政机关是否在法律法规规定的范围内正确行使行政裁量权，对相对人的处罚是否与相对人行为的社会危害程度相当。

现有理论认为，过罚相当原则与比例原则、合理性原则都具有一定的联系。有观点甚至认为过罚相当原则系比例原则在行政处罚中的具体化，处罚应尽可能使相对人的权益遭受最小的损害系源自必要性、妥当性原则。合理性原则作为与行政合法性原则位阶相同的原则，包括但不限于比例原则、过罚相当原则等。由此可见，过罚相当原则虽然与行政法的比例原则、合理性原则有关联，但仍有着不同的价值追求和其独立性。[1]

随着行政管理精细化水平与公众对依法行政的要求越来越高，过罚相当原则正发挥着规制行政处罚的重要作用。如最高人民法院公报案例——苏州鼎某食品公司不服苏州市工商局商标侵权行政处罚案，该裁判认为，工商行政机关依法对行政相对人的商标侵权行为实施行政处罚时，应遵循过罚相当原则行使自由裁量权。最高人民法院公布2012年度十大知识产权案例——某商标侵权行政处罚案，该裁判认为，工商行政机关依法对行政相对人的商标侵权行为实施行政处罚时，应遵循过罚相当原则行使自由裁量权。最高人民法院发布人民法院反垄断典型案例——海南盛某建设股份有限公司诉海南省市场监督管理局反垄断行政处罚案，该裁判认为，应当重点审查的问题之一是系争反垄断行政处罚是否符合《行政处罚法》及《反垄断法》规定所体现的过罚相当原则，以避免对轻微违法行为给予过重的处罚或者对特别严重的违法行为给予过轻的处罚。

在行政处罚中贯彻过罚相当原则，要求行使行政处罚自由裁量权，必须以事实为依据，处罚种类和幅度应当与当事人违法过错程度相适应，与违法行为的性质、情节以及社会危害程度相当，衡量事实原因、责任过错、违法情节、危害程度以及改正情况等因素，作出适当的处罚及确定处罚幅度。过罚相当原则条款明确规定了“过”的判断因素。任何法律不仅无法明确列举所有裁量因素，而且必须留有一定的开放判断空间以灵活实现个案正义。在根据违法行为的性质、情节、社会危害程度而准确判断“过”的大小后，还需要进一步充分考虑过罚“相当”的所有相关因素。“相当”一词授予了适用者裁量权，使处罚正义的灵活实现成为可能。

具体到本案中，兴宁市自然资源局作出9号处罚决定，是否应考虑法定的从轻或者减轻情节。三某工程公司明知在案涉土地上建设某茶艺馆需要

---

〔1〕 陈太清：《过罚相当原则的司法适用》，载《法学》2021年第10期。

取得相关用地审批手续，但其仍然“征用”或租用案涉耕地进行项目建设，构成非法占地。但是，也应当看到，兴宁市人民政府及相关职能部门明知三某工程公司未取得合法用地手续，仍然以招商引资名义支持、协助案涉项目建设，也未按照777号复函的要求补办项目用地手续，还默许三某工程公司以租代征先行建设，也应承担相应的法律责任。因此，兴宁市自然资源局作出9号处罚决定时，应当充分考虑非法占地的原因、过程、持续时间与双方的过错责任。

二、信赖利益保护原则的适用

信赖保护原则是一项十分重要的法治原则，在英美法系也称为合理期待原则（legitimate expectation），德国、日本、英国、美国的相关立法均明确了此原则。[1] 也即政府对自己作出的行为或承诺应守信用，不得随意变更，不得反复无常。信赖保护原则要求行政行为具有确定力。依据这一原则，相对人对国家的公权力行为所给予的信赖，公权力主体应当加以保护，特别是当公权力主体计划变更、废弃原有的公权力行为或决定时，必须考虑到对相对人已经取得的权益或即将必然取得权益的保护问题。公权力主体不得以追求公共利益为借口，任意变更先前所为之公权力行为或决定，而使相对人对于公权力行为的信赖落空，使期待中的利益受损。信赖保护原则理念下，公共利益不再绝对地大于个人的信赖利益，而是主张凡相对人值得保护的信赖利益，国家均应妥当加以保护。

目前，理论界对信赖保护概念尚有争论，对其内涵、外延以及保护的范围均有不同观点，其构成要件也众说纷纭。[2] 但总体而言，笔者认为，相对人主张保护信赖利益，必须同时具备以下三个要件：一是公权力机关存在信赖基础，二是相对人实施了信赖行为，三是相对人所形成的信赖利益值得保护。[3]

信赖保护措施一般可以有以下三种方式：（1）存续保障。即虽然新法

---

〔1〕 周佑勇：《行政法基本原则研究》，武汉大学出版社2005年版，第229页。

〔2〕 如善意第三人对行政机关违法行政行为产生的信赖利益是否值得保护、如何保护，无效行政行为是否存在信赖等。

〔3〕 耿宝建、王亚平：《法规变动与信赖利益保护》，载《法学》2011年第3期。

规发生了变动，但对旧法规之下相对人取得的既得权益予以承认并确保继续存在；（2）损失补偿。即新法规变动后，基于公共利益的需要，剥夺或限制相对人既得权益，但对新法规变动给其造成的损失，依法予以补偿；（3）制定过渡条款。即为了避免新法规的冲击，又保证新法规规定秩序的实现，明确规定新法规、旧法规的适用范围和期限。在对信赖利益的具体保护方案中，此三种方式既可以单独适用，也可以同时适用。[1] 亦即行为一经作出，未有法定事由和法定程序不得随意撤销、废止或改变；行政相对人的授益行政行为作出后，事后即使有轻微违法或对政府不利，只要行为不是因相对人的过错所造成，亦不得撤销、废止或改变。行政行为作出后，如事后发现存在严重违法情形或可能给国家、社会公共利益造成重大损失，必须撤销或改变这种行为时，行政机关对撤销或改变此种行为给无过错的相对人造成的损失应给予补偿。如当事人的建设行为是在政府部门的支持和要求下进行的，相应的投入是基于对政府行为的合理信赖而产生。当事人因违法占地建设被处罚首先应当尽量采取补救措施；其次，对于因此遭受的损失，应当予以保护，政府应当根据政府过错等因素承担适当比例，应对当事人的合理实际投入给予适当补偿。政府及其部门在今后的招商引资中不应违法对企业作出承诺，应严格遵守法律规定，在法治化的前提下营造良好的营商环境，推动地方经济发展。

如（2019）最高法行申 9071 号东某旅游开发有限公司诉海南省东方市自然资源和规划局、海南省东方市人民政府土地行政处罚及行政复议案，该裁判要旨认为，当事人的建设行为是在政府部门的支持和要求下进行的，相应的投入是基于对政府行为的合理信赖而产生。当事人因违法占地建设被处罚而遭受的损失，政府应当根据政府过错等因素承担适当比例，应对当事人的合理实际投入给予适当补偿。（2019）京行申 1407 号北京姜某养猪场诉北京市平谷区夏各庄镇人民政府强制拆除案，该裁判要旨认为，查处违建时，应当对建筑所在土地的类别用途、信赖利益、补办手续的必要性等因素予以考虑。相对人对涉案建筑及利用涉案建筑进行养殖

---

〔1〕 耿宝建、王亚平：《法规变动与信赖利益保护》，载《法学》2011 年第 3 期。

的合法性产生了合理的信赖，该信赖利益应受法律保护。（2020）最高法行申 13015 号湖南省湘潭市广某电工专用设备有限公司诉湖南省湘潭市雨湖区人民政府行政补偿案，该裁判要旨认为，涉案房屋虽系违法建筑，但基于信赖利益所作的相应投入和产生的损失应予合理补偿。

本案中，三某工程公司取得的一系列报建审批，包括用地预审意见、立项批复、项目用地批复、建设用地规划许可证、建设工程规划许可证、建筑工程施工许可证等均说明，兴宁市人民政府、兴宁市自然资源局、兴宁市建设局等行政机关在明知案涉土地尚未依法取得征收与农用地转用审批手续、也未依法出让给三某工程公司的情况下，准许某茶艺馆项目实施建设。兴宁市招商引资办公室 10 号函、兴宁市人民政府《减免规费批复》还要求案涉项目尽快完成建设，并减免、免除项目的多种规费、收费。因此，三某工程公司对兴宁市人民政府及相关职能部门的违法行政行为已经形成足够的信赖，因此形成的信赖利益，应依法予以保护。而作为政府招商引资大力支持的项目，在执法出现变动时，不可避免会使行政相对人利益受损。行政机关应当设法避免出现执法变动，并采取科学措施来应对执法变动可能造成的不良后果，促进法治文明社会建设。

三、比例原则的适用

比例原则通常是指行政机关在采取某项措施时，必须衡量公共利益目标的实现和个人或组织合法权益的保障，若为了实现公共利益目标而可能采取对个人或组织权益不利的措施时，应当将不利影响限制在尽可能小的范围内和限度内，而且要保持二者之间适度的比例。即行政机关实施行政行为在手段和目的之间把握比例关系，不得超出必要限度来实现行政目标，也即实现“最小干预”。在处理历史遗留用地问题时，相关文件和规定亦有比例原则的体现。

自然资源部《自然资源违法行为立案查处工作规程（试行）》（自然资发〔2022〕165 号）第 4. 3. 3 条规定：“承办人员应当在证据认定和事实认定的基础上，严格依照法律法规的规定，综合考虑历史遗留建筑物处置等有关文件要求，提出处理建议。”自然资源部《关于加快解决不动产登记若干历史遗留问题的通知》（自然资发〔2021〕1 号）规定：“一、关于用地手续不完善的问题。由政府主导的安置房、棚改房、经济适用房等项目，可按照划拨、协议出让等方式补办用地手续；国家机关、企事业单位利用自有土地建设房改房、集资房的，可按划拨方式补办用地手续。对于其他建设项目，可以按照地方实际情况，分不同时间段、不同类型分别采取划拨、协议出让等方式按照项目建设时的政策规定补办用地手续。对于已经办理了房屋所有权登记的，经公告权属清晰无争议的，报经地方人民政府同意，直接按现状核发用地划拨决定书或者补办协议出让手续。”为加快处理当前不动产登记中存在的历史遗留问题，切实规范不动产登记行为，保护权利人合法权益，广东省自然资源厅亦发布《关于加快处理不动产登记历史遗留问题指导意见》（粤自然资规字〔2018〕5 号），规定“以‘依法依规、尊重历史、面对现实、为民利民’为原则，以各级政府为主体，以维护人民群众利益为核心，妥善解决不动产登记历史遗留问题”。不动产登记历史遗留问题成因错综复杂、历史跨度漫长、涉及部门多、堵点难点多。当前不动产登记的规范性是在前人摸索的基础上逐步形成的，相应地，历史问题的解决也需要站在当时的历史背景下进行考虑和权衡。

本案中，某茶艺馆于 2004 年 12 月落成后，兴宁市人民政府曾以某度假村项目用地系未批先用历史遗留用地的名义，上报申请完善用地手续，原广东省国土资源厅作出《关于完善历史遗留用地手续问题的复函》，同意某度假村项目完善历史用地手续，时间和程序按粤国土资电〔2004〕42 号文办理。但是兴宁市人民政府及其相关职能部门对案涉某茶艺馆项目及西侧土地一直未按照复函的要求补办用地手续。兴宁市自然资源局本应对历史遗留的未批先建等非法占地，充分考虑全案情况，结合非法占地的原因、过程、时间与各方责任情况，并在案涉符合土地利用总体规划且省级政府已经同意某度假村项目完善历史用地手续的情况下，采取既能实现行政管理目的，又能对相对人权利和社会资源损害最小的执法方式。优先考虑采取补救措施，尽快依法办理案涉土地的征收与农用地转用审批手续，并向三某工程公司提供通过招拍挂程序依法取得土地使用权的机会，让非法占地得以合法化。即使无法采取补救措施，也应当综合考量三某工程公司和相关政府部门的过错情况，公平合理地作出处理。然而，兴宁市自然资源局在某茶艺馆建成使用近十年后，径行将其没收，并予以拆除，明显与三某工程公司的过错和社会危害程度不相当，行政处罚显失公正，既浪费社会资源，又影响法治政府与诚信政府建设，还侵犯了三某工程公司的信赖利益，不应得到支持。因此，最高人民法院判决指出："本判决生效后，兴宁市自然资源局应当主动与三某工程公司就违法行为给三某工程公司造成的损失，协商具体补救措施或者赔偿方式。协商不成的，兴宁市自然资源局应当依法确定损失金额并结合双方违法过错程度及时作出赔偿决定。三某工程公司对赔偿决定不服，可依法另行提起诉讼。"

最高人民法院再审合议庭成员：耿宝建　孙祥壮　贾清林

（编写人：耿宝建*　张巧云**　审稿人：韩德强）

* 耿宝建，法学博士，中华人民共和国最高人民法院第一巡回法庭，二级高级法官。现任最高人民法院行政审判庭庭长。

** 张巧云，法律硕士，中华人民共和国最高人民法院第一巡回法庭，二级高级法官助理。现任中华人民共和国最高人民法院执行局二级高级法官助理。

熊某、
湖南省衡阳市国某房地产综合开发有限责任公司
诉
湖南省衡阳市人民政府
不予受理行政复议申请决定案

——投诉举报人的行政复议申请主体资格认定

【裁判摘要】

行政诉讼、行政复议中，判断起诉人是否具有原告或复议申请人资格的标准都是要看其与行政行为是否有“利害关系”。投诉人与被诉行政行为是否具有利害关系，关键是看投诉人的投诉举报是否“为维护自身合法权益”。公司法定代表人为维护公司的合法权益投诉举报，在没有证据证明其有区别于公司的独立权利或利益的情况下，公司法定代表人与有管辖权的行政机关就投诉举报事项作出的处理、拒绝处理或不履行相关法定职责行为没有利害关系，不具有行政复议申请人和行政诉讼原告的主体资格。

【案件基本信息】

1. 诉讼当事人

再审申请人（一审原告、二审被上诉人）：熊某

再审申请人（一审原告、二审被上诉人）：湖南省衡阳市国某房地产综合开发有限责任公司（以下简称国某房地产综合开发公司）

被申请人（一审被告、二审上诉人）：湖南省衡阳市人民政府

2. 案件索引与裁判日期

一审：湖南省衡阳市中级人民法院（2015）衡中法行初字第 234 号判决（2015 年 12 月 20 日）

二审：湖南省高级人民法院（2016）湘行终254号判决（2016年10月8日）

再审审查：最高人民法院（2019）最高法行申2677号裁定（2020年8月26日）

3. 案由

不予受理行政复议申请决定

【简要案情】

“汕林花园”项目土地系湖南省衡阳市人民政府划拨给衡阳市雁某房地产综合开发有限公司（以下简称雁某房地产综合开发公司）开发，因雁某房地产综合开发公司无力开发，先后找到陈某明、段某勇、国某房地产综合开发公司开发，后熊某任国某房地产综合开发公司的法定代表人，熊某、阳某生、段某勇、陈某明签订协议书，约定以国某房地产综合开发公司为项目开发主体合作开发“汕林花园”项目（生效民事判决认定国某房地产综合开发公司与雁某房地产综合开发公司系合作合同关系，判决解除该协议书并解除合作合同关系，国某房地产综合开发公司向雁某房地产综合开发公司支付相应资金并赔偿损失）。雁某房地产综合开发公司向“汕林花园”项目投入资金、土地及涉案项目拆迁安置费。国某房地产综合开发公司在未办理相关手续的情况下开工建设，衡阳市住房和城乡建设局及相关部门曾作出通知责令整改、停工通知并进行查处，但雁某房地产综合开发公司仍然建设并出售房屋。熊某、国某房地产综合开发公司向衡阳市住房和城乡建设局申请，请求查处雁某房地产综合开发公司违法建设行为，衡阳市住房和城乡建设局未予以理会。熊某、国某房地产综合开发公司向衡阳市人民政府提出行政复议申请，衡阳市人民政府作出不予受理行政复议决定。熊某、国某房地产综合开发公司不服该不予受理行政复议决定，遂提起本案诉讼。

一审法院于2015年12月20日作出（2015）衡中法行初字第234号判决，撤销衡阳市人民政府作出的不予受理行政复议申请决定，责令衡阳市人民政府在判决生效之日起30日内重新作出行政行为。二审法院于2016年10月8日作出（2016）湘行终254号判决，撤销一审判决，驳回熊某、国某房地产综合开发公司的诉讼请求。熊某、国某房地产综合开发公司不服二审判决，向最高人民法院申请再审。

【案件焦点】

国某房地产综合开发公司是否具有行政复议的主体资格，其与投诉的处理是否有利害关系。

【裁判结果】

最高人民法院经审查认为，熊某是国某房地产综合开发公司的法定代表人，现有证据无法证明其存在区别于国某房地产综合开发公司的独立权利，与涉案项目不具有利害关系，故其个人就涉案项目建设问题投诉后又向衡阳市人民政府申请行政复议，不具有行政复议申请主体资格，衡阳市人民政府针对熊某个人复议申请不予受理并无不当。行政诉讼、行政复议对行政行为相对人以外的原告资格和复议申请人资格都以与行政行为有利害关系为前提，针对投诉人的利害关系问题，更是以“为维护自身合法权益”，作为判断投诉人与行政行为是否有利害关系的核心标准。一方面，只有基于维护自身合法权益的投诉，才属于与行政行为有利害关系，即投诉人有区别于其他人的可保护的特别权益，且应当是基于维护自身合法权益而非基于公益；另一方面，行政机关的行政行为对投诉人权益的影响应当具有直接关联性，因与行政行为的间接关联而对投诉人权益产生影响的，投诉人原则上不具有利害关系。本案中，国某房地产综合开发公司认为衡阳市住房和城乡建设局未对其投诉举报的雁某房地产综合开发公司在涉案项目中的违法违规行为进行全面查处申请行政复议，意在解决其与雁某房地产综合开发公司的民事争议。但是，作为雁某房地产综合开发公司的合作开发人，国某房地产综合开发公司并没有区别于他人的特别的、独立的权益受到被复议行政行为损害或不利影响，国某房地产综合开发公司申请行政复议并不能解决其民事上的利益诉求。因此，没有事实证明，国某房地产综合开发公司投诉举报雁某房地产综合开发公司的违法违规建设、销售行为，是为了维护其自身合法权益。且查处行为对国某房地产综合开发公司权益的影响不具有直接关联性。国某房地产综合开发公司与被复议的建设工程施工许可、商品房预售许可行为没有利害关系，不具有复议申请人资格。综上所述，对熊某、国某房地产综合开发公司的再审申请不予支持，裁定驳回熊某、国某房地产综合开发公司的再审申请。

【裁判摘要评析】

从立法规定看，我国行政诉讼法对原告主体资格从权利、合法权益到法律上的利害关系再到利害关系的转变，是一个逐步放宽的过程。原《关于执行〈行政诉讼法〉司法解释》中明确了与具体行政行为有法律上利害关系的公民、法人或者其他组织对该行为不服的，可以依法提起行政诉讼。但由于法律上的利害关系是否包括事实行为，是否包括反射利益、可期待利益等，仍然争议较大。现行《行政诉讼法》第 25 条明确提出了以“利害关系”作为判断标准，不局限于法律上的利害关系。而投诉举报案件中的当事人，应当为维护自身合法权益向行政机关投诉，才具有申请行政复议和提起行政诉讼的主体资格。

一、行政复议和行政诉讼中利害关系的认定

《行政诉讼法》第 25 条规定，行政行为的相对人以及其他与行政行为有利害关系的公民、法人或者其他组织，有权提起诉讼。《行政复议法》（1999 年通过）第 10 条、《行政复议法实施条例》第 28 条第 2 项亦规定了复议申请人的主体资格。

对于利害关系的认定问题，有不同的分析和理解。[1] 利害关系通常需要考量以下几个方面：第一，结合立法目的看，利害关系既包括制定法所确认和保护的权利，也包括法律原则等所保护的正当利益，也就是说，对于所要保护的权利，并不局限于《行政诉讼法》和行政法律规范明确规定

---

〔1〕 胡建淼教授认为：一是公民、法人或者其他组织成为所诉行政行为的直接对象，从而使他们的权利义务直接受到影响；二是虽然公民、法人或者其他组织不构成行政行为的直接对象，但该行政行为过程或结果，以及该行政行为成立、变更或者消灭，与该公民、法人或者其他组织的权利与义务发生了法律上，或者事实上的关联，造成了实际的影响；三是利害关系还应当包括相对人受到所诉行政行为的“潜在影响”。所谓“潜在影响”，是指所诉行政行为对公民、法人或者其他组织权利义务的影响不具有显现的作用，但具有“潜在”的作用。这种作用现在还不够明晰，但以后会日益明显（胡建淼：《行政诉讼法学》，法律出版社 2019 年版，第 247 页）。何海波教授认为，无论是“权利”、“合法权益”还是“利害关系”，都有相当大的解释空间，作为起诉条件的利害关系不限于法律、法规规定的利益，也不限于在法律、法规条文中能够牵强附会找到依据的利益［何海波：《行政诉讼法》（第 3 版），法律出版社 2022 年版，第 201 页］。

的范围。第二，既包括合法行为产生的利益，也不完全排除违法行为中包括的合法权益。通常情况下，违法行为不应受到保护，但如果违法行为中同时存在可保护的合法权益，如违法建设本身不具有合法性，但是违法建设的建筑材料、可重复利用的设施等仍然属于可保护的合法权益，不应排除在外。第三，利害关系保护影响到公民、法人或者其他组织的权利义务，即必须是以保护个人合法利益为目的，而非为实现公共利益加以规定。关于公益诉讼问题，目前《行政诉讼法》尚未作出明确规定。第四，利害关系对权利义务的影响与行政行为之间具有直接的关联性，而不包括因行政行为的间接关联而影响的权利义务。第五，利害关系应当是基于公法即行政法律规范、法律原则等确定的权利义务关系，且必须通过行政复议、诉讼途径解决实体争议。若基于私法上的利害关系引起的纠纷能够通过民事途径解决纠纷，一般情况下不属于行政诉讼、行政复议的范畴。

当然，行政机关作出行政行为时依法应予保护或者应予考虑的除外。如基于私法中的债权债务、婚姻关系提起行政诉讼、行政复议，通常不属于保护的范畴，《行政诉讼法司法解释》第 13 条就债权人的主体资格作了明确规定。基于物权关系提起的行政诉讼、行政复议在很多情况下也因具有利害关系而纳入复议、诉讼的保护范围。《行政诉讼法司法解释》第 12 条第 1 项规定了相邻权人与行政行为有利害关系。对于相邻权人，之所以认可其具有利害关系，主要原因有两方面：一是行政机关在作出行政许可、行政批准时通常需要考虑相邻权人的合法权益如通行、通风、采光等权利。二是双方因相邻权发生纠纷后通过民事诉讼解决争议过程中，对方有行政机关作出的行政许可、行政批准等行政行为，相邻权纠纷在民事诉讼中难以得到解决，而必须通过行政诉讼对行政行为的合法性加以审查。如果行政法律规范没有规定行政机关在作出行政行为时应当考虑相关主体的权益，则行政机关与该主体之间不能形成行政法律关系，该主体与行政行为之间没有利害关系。

二、投诉举报人的利害关系

基于合同合作关系的权利人，其与投诉举报查处自己参与合作的项目的违法行为是否有利害关系，要判断其所请求保护的权益是基于何种法律规范以及对该权益的保护是否必须通过行政复议、诉讼的途径。最高人民法院《关于举报人对行政机关就举报事项作出的处理或者不作为行为不服是否具有行政复议申请人资格问题的答复》（〔2013〕行他字第 14 号）指出："举报人为维护自身合法权益而举报相关违法行为人，要求行政机关查处，对行政机关就举报事项作出的处理或者不作为行为不服申请行政复议的，具有行政复议申请人资格。"《行政诉讼法司法解释》第 12 条第 5 项规定，为维护自身合法权益向行政机关投诉，具有处理投诉职责的行政机关作出或者未作出处理的，属于《行政诉讼法》第 25 条第 1 款规定的"与行政行为有利害关系"。举报投诉系基于维护自身合法权益是判断投诉举报人与被诉行政行为是否具有利害关系的核心，无论是复议还是诉讼，只有基于维护自身合法权益这个核心目的，才属于与行政行为有利害关系。而自身合法权益的判断可以从两个方面进行衡量，一是是否具有诉的利益，即是否应当通过行政诉讼保护其利益；二是从保护规范理论考察是否具有可保护的权利，是否属于行政法规范保护的范围。

（一）诉的利益

诉的利益最早源于大陆法系民事诉讼，主要存在于给付之诉中，后来引入行政诉讼。诉的利益一般归属于主观诉讼的范畴，德国、日本等国推崇较多，诉的利益更为强调的是维护自身的权利，而不同于法国行政法中的客观诉讼特别是完全管辖之诉，客观诉讼强调的是对法律秩序客观上的维护，因而范畴相对更广，包含公益诉讼等，对原告的主体资格限定亦不如主观诉讼多。

从我国《行政诉讼法》规定看，我国的行政诉讼更接近于主观诉讼，更多强调的是对自身合法权益的保护，虽然在公益诉讼方面逐步有所放开，但目前仅限于环境保护方面的公益诉讼，对原告主体资格仍然有严格限定，并未完全放开至所有公民。

在投诉举报类案件中，投诉举报人与投诉举报的事项是否有利害关系，要判断其是否有诉的利益，即只有基于维护自身合法权益的投诉，才属于与行政行为有利害关系。一方面，投诉举报人应当有区别于其他人的可保护的特别权益；另一方面，投诉举报人应当是基于维护自身合法权益而非基于公益。项目合作开发人对自己合作开发的项目投诉举报，认为与其共同合作开发的另一方未经许可擅自违法违规出售房屋，侵犯其合法权益。其一，未经许可擅自出售房屋，客观上会导致房屋买受人的合法权益受到侵害，城乡规划部门对该违法行为查处能够起到保护社会公众特别是购房人权益免受侵害，从该角度考虑，该投诉举报能够起到保护公共利益的目的。其二，城乡规划部门对该违法行为查处虽然客观上的结果是房屋不能进行出售，但是投诉举报人的合法权益并不能直接因此得到保护，即其在投诉举报案件中并不具备诉的利益，其仍然需要通过其他途径如民事诉讼来实现其合作开发权的保护。故此，项目合作开发人的诉的利益并非通过投诉举报途径实现，在行政复议及行政诉讼中不具有诉的利益。

（二）保护规范理论

如果一个强行法规（由此产生行政机关的法律上义务）不仅为公共利益，而且至少也为个别国民的利益之目的加以规定时，则可承认公法上权利的存在。对于此，判断标准在于系争法规的保护目的或法律目的所保障之利益，故学者称之为保护规范说或保护目的理论。[1] 在我国，行政诉讼法强调的利害关系以及行政诉讼所保护的合法权益，应当是通过行政法律规范即公权力加以保护的权益，而非通过民事途径或其他途径等私法上的权利予以保护，即行政机关的行政行为对投诉人权益的影响应当具有直接关联性，因与行政行为的间接关联而对投诉人权益产生影响的，投诉人原则上不具有利害关系。[2]

以本案施工许可为例，《建筑法》赋予住建部门对未取得施工许可证的

---

〔1〕 保护规范理论源于德国，与之相关的一个重要概念就是反射利益，反射利益不同于公权力产生的直接影响，故不被认定为公权力保护的范畴。反射利益系指个人因公法法规而获得之事实上利益，该个人不能单独对于行政机关有所请求。亦即客观的法规基于公益的目的，命令行政主体作为或不作为时，就该单纯的反射效果，个人事实上所享受的利益，因法律未赋予该个人得为裁判上主张自己利益的请求权，而只是一种事实上的期待与机会而已，故与公权力不同。

〔2〕 有另一种观点认为，不宜将利害关系限缩为“一般也仅指公法上的利害关系”，从而一律否定所谓反射利益受到影响的公民、法人或者其他组织的行政复议申请人资格和行政诉讼原告资格。以法的宗旨或目的为依据来区分法律保护的利益和反射利益，将其作为行政行为合法性的判断基准，这是正确的方法论。杨建顺：《适用“保护规范理论”应当慎重》，载《检察日报》2019 年 4 月 24 日，第 7 版。

违法行为的查处权，是为了维护建筑市场秩序，保证建筑工程的质量和安全。《城市房地产管理法》规定住建部门对未取得商品房预售许可证的违法行为进行查处，也是为了维护房地产市场秩序，保障房地产权利人的合法权益，保护违法建设侵害的相邻权人以及购房人的合法权益。而建设项目实际出资人投资权益的保护，主要应当通过相关民事法律规范，与住建部门是否全面履行对其投资项目违法违规行为的查处义务，并无利害关系。由于项目合作人与其投诉举报的事项不具有诉的利益，亦不属于通过行政法律规范来保护的权益，故其与其投诉举报的事项不具有利害关系。

当然，对于投资人、合作开发人在行政复议、诉讼中的原告主体资格不能一概肯定或否定，要判断其复议、诉讼的行政行为是基于什么样的行政法律规范。若作为合作开发人，其针对规划部门不予办理建设用地、建设工程规划许可的行为而提起复议、诉讼，规划部门具有相应的法定职责，其不予办理相关许可可能会导致合作开发人无法取得手续无法推进项目的进展，进而可能损害其合法权益，在这种情况下就具有利害关系。

最高人民法院再审审查合议庭成员：杨科雄　李智明　孙江

（编写人：杨科雄* 牛延佳** 审稿人：韩德强）

* 杨科雄，法学博士，中华人民共和国最高人民法院行政审判庭，二级高级法官。

** 牛延佳，法学硕士，中华人民共和国最高人民法院行政审判庭，四级高级法官助理。

施某喜
诉
河南省郑州市二七区人民政府
履行补偿安置协议案

——行政机关逾期未交付安置房屋的，应当继续履行协议约定的交付房屋义务并承担相应的违约责任

【裁判摘要】

1. 被征收人提起行政诉讼时，补偿安置协议中约定的临时安置时间早已期满，行政机关仍没有交付安置房的，被征收人要求法院判决行政机关履行补偿安置协议、交付安置房屋的诉讼请求应当予以支持。

2. 行政机关结合房屋租赁市场实际情况对临时安置费标准进行上调，为满足被征收人的基本居住需要，确保被征收人的生活质量，一直未获得安置的被征收人有权要求按照上调后的标准支付临时安置费。

3. 安置房交付期限可以根据临时安置期限的相关约定来确定。行政机关逾期交付安置房的，应当承担相应的违约责任。对于违约责任的具体承担方式，可以根据被征收人因长期未被落实安置房受到的实际损失酌情予以确定。

【案件基本信息】

1. 诉讼当事人

再审申请人（一审原告、二审上诉人）：施某喜

再审申请人（一审被告、二审被上诉人）：河南省郑州市二七区人民政府

2. 案件索引与裁判日期

一审：郑州铁路运输中级法院（2019）豫71行初129号判决（2019年3月27日）

二审：河南省高级人民法院（2019）豫行终1514号判决（2019年9月3日）

再审审查：最高人民法院（2019）最高法行申12575号裁定（2019年12月25日）

3. 案由

履行补偿安置协议

【简要案情】

2013年4月7日，施某喜与河南省郑州市二七区人民政府成立的临时机构某综合整治项目指挥部签订了征收住宅房屋产权调换补偿安置协议，该协议约定：施某喜于2013年4月15日之前搬迁完毕，二七区人民政府为施某喜安置房屋面积124.38平方米，临时安置期限36个月（自2013年4月15日至2016年4月15日）。过渡费按照施某喜有证建筑面积每平方米12元/月支付。二七区人民政府未按照约定支付各种补偿费，自违约之日起每日按房屋征收总额的3‰支付违约金。过渡期结束后，二七区人民政府依照安置方案，对施某喜过渡费进行了翻倍发放（每平方米24元/月）。2018年4月26日，郑州市人民政府作出《关于国有土地上房屋征收和国有土地使用权收回有关问题的意见》（郑政〔2018〕28号，以下简称28号《意见》），该文件规定在临时安置期间，按被征收房屋建筑面积每平方米每月30元的标准发放给被征收人临时安置费，不足1800元的，按照1800元发放，该文件自下发之日起实施。施某喜起诉请求判令二七区人民政府履行案涉补偿安置协议，向其交付安置房屋，按照28号《意见》确定的安置费标准向其补发自2018年5月至2019年1月的过渡费及至本案安置终结的过渡费，并按照每日房屋征收补偿总额的3‰支付违约金。

一审法院于2019年3月27日作出（2019）豫71行初129号判决，判决驳回施某喜的诉讼请求。二审法院于2019年9月3日作出（2019）豫行终1514号判决，判决二七区人民政府向施某喜支付2018年5月至2019年1

月的过渡费5597.2元，驳回施某喜的其他诉讼请求。

判决生效后，施某喜向最高人民法院申请再审，请求撤销一审、二审判决，依法再审。二七区人民政府向最高人民法院申请再审，请求依法撤销二审判决第一项内容，依法提审或指令河南省高级人民法院再审。

【案件焦点】

1. 补偿安置协议约定的临时安置时间早已期满，被征收人要求法院判决行政机关履行补偿安置协议、交付安置房屋的诉讼请求是否应当予以支持，并在判项中列明；

2. 在一直未交付安置房的情况下，被征收人要求按照新的上调后的临时安置费标准来支付临时安置费是否应当予以支持；

3. 行政机关超过案涉补偿安置协议约定的临时安置期限，仍没有履行交付安置房屋的义务时，是否应当承担违约责任。

【裁判结果】

最高人民法院经审查认为，根据案涉补偿安置协议的约定，二七区人民政府负有交付安置房的义务，而且案涉补偿安置协议中也明确约定了36个月的临时安置期限。施某喜提起本案诉讼时，临时安置时间早已期满。施某喜要求法院判决二七区人民政府履行补偿安置协议，交付安置房屋的诉讼请求应当予以支持。二七区人民政府在超过临时安置期未能交房的情况下，根据征收补偿方案的规定，双倍支付了临时安置补助费（过渡费）。新临时安置补助费标准高于补偿安置方案确定的标准，系结合当前房屋租赁市场实际情况，为满足被征收人的基本居住需要，确保被征收人的生活质量而对住宅房屋临时安置费作出的调整，自新标准出台后，应当按照该新的标准执行。从协议约定内容来看，双方仅对未按期支付各种补偿费用的违约责任进行了约定，对于交付安置房的时间以及逾期交房的违约责任并未进行约定。但二七区人民政府逾期多年仍未履行交付安置房屋，应当承担相应的违约责任。对于违约责任的具体承担方式，可以根据施某喜因长期未被落实安置房受到的实际损失酌情予以确定。因此，本案指令河南省高级人民法院再审。

【裁判摘要评析】

本案属于行政协议案件参照适用民事法律规范关于民事合同的相关规定进行裁判的典型案例。本案系履行补偿安置协议之诉，对安置房交付、临时安置费支付标准、行政机关的违约责任承担树立了规则。对于补偿安置协议约定的临时安置时间早已期满，被征收人要求法院判决行政机关履行补偿安置协议、交付安置房屋的诉讼请求应当予以支持，不能以客观上不具有交付安置房的条件对该项请求予以驳回。若当地新出台的临时安置费标准高于补偿安置方案确定的标准，在政府方逾期未交付房屋的情况下，为确保被征收人的生活质量，临时安置费宜按照新的标准执行。行政机关超过补偿安置协议约定的临时安置期仍然没有交付房屋的，参照民事法律规范关于民事合同的相关规定，安置房交付期限可以根据临时过渡期的相关约定来确定，本案属于逾期交付安置房的情形，政府方应当承担一定的违约责任。

一、关于行政协议履约纠纷

《关于审理行政协议案件的规定》第 1 条规定："行政机关为了实现行政管理或者公共服务目标，与公民、法人或者其他组织协商订立的具有行政法上权利义务内容的协议，属于行政诉讼法第十二条第一款第十一项规定的行政协议。"从本条规定内容看，行政协议应当包含以下四个方面的要素，只有满足这四个要素，才属于行政协议：(1) 主体要素——行政主体与公民、法人或者其他组织；(2) 目的要素——为了实现行政管理或者公共服务目标；(3) 意思要素——协商订立；(4) 内容要素——具有行政法上权利义务内容。《行政诉讼法》及《行政诉讼法司法解释》总体上规定了两类行政协议纠纷：(1)"违法变更、解除行政协议"纠纷，这类纠纷属于单方行政行为纠纷。(2) "行政机关不依法履行、未按照约定履行"纠纷，此类纠纷属于履约纠纷。本案即属于第二种情形。

《行政诉讼法》第 78 条第 1 款规定："被告不依法履行、未按照约定履行或者违法变更、解除本法第十二条第一款第十一项规定的协议的，人民法院判决被告承担继续履行、采取补救措施或者赔偿损失等责任。"其中将"不依法履行""未按照约定履行"分别规定，这一点在民事上是没有的，体现了行政协议的特点。“不依法履行”包括不履行行政法律规范规定的实体和程序义务。这种情形是指，有些行政法律规范对行政机关的义务作了规定，这些规定虽没有规定于行政协议中但作为行政协议的附属义务，行政机关违反这些义务的，属于“不依法履行”的范畴。这些法定义务有的是作为义务，有的是不作为义务，有的是实体义务，有的是程序义务。“未按照约定履行”主要是指没有按照行政协议约定的义务履行，此与民事合同类似，情形也差不多，包括：（1）预期违约。《关于审理行政协议案件的规定》第20条规定：“被告明确表示或者以自己的行为表明不履行行政协议，原告在履行期限届满之前向人民法院起诉请求其承担违约责任的，人民法院应予支持。”从以上规定看，预期违约包括明示和默示，也就是作为和不作为两种预期违约形态。（2）实际不履行。按照合同是否履行与履行的实际状况，不履行可以分为协议的不履行、协议的不适当履行和迟延履行。协议的不履行是指当事人不履行协议义务，包括拒绝履行（行政机关能够履行协议而故意不履行）和履行不能（因不可归责于行政机关的事由导致的事实上的不可能履行），也包括部分不履行和完全不履行。协议的不适当履行，又称为瑕疵履行，是指行政机关履行协议义务不符合约定的条件。协议的不适当履行又分为一般瑕疵履行和加害履行（行政机关履行协议不仅存在一般瑕疵而且造成行政相对人的人身权、财产权等合法权益的损害等）。迟延履行是指行政机关超过履行期限履行协议的情形。[1]

二、关于“不依法履行”“未按照约定履行”的审查

行政协议的违约和民事合同一样情形很多，如全部违约、先期违约、各有责任的违约等，在审查过程中与行政不相冲突的民事规则人民法院都可以适用。对行政协议的合约性审查应从以下几个方面入手：一是审查在行政协议的签订过程中，各方是否依承诺与对方缔结协议。此为预约情形。二是审查在行政协议履行过程中，各方是否严格履约。三是审查任何一方变更或解除协议是否具备正当理由。在行政协议履行过程中，如果发生了

---

〔1〕 最高人民法院行政审判庭编著：《最高人民法院关于审理行政协议案件若干问题的规定理解与适用》，人民法院出版社2020年版，第271-273页。

情势变更、不可抗力，或其他法定情形，导致协议无法正常履行，或者继续履行会带来更大损失的情况下，协议的任何一方都有权变更或解除协议。当然，行政机关与相对人二者变更和解除的程序有所不同，行政机关可以单方变更或解除，而相对人必须经过行政机关的同意，或通过诉讼程序。但不论是哪一种情形，哪一方变更或解除合同都必须有正当理由，如果没有免责事由，则构成违约，行为人必须承担违约责任。〔1〕

值得注意的是，《关于审理行政协议案件的规定》第 11 条第 2 项规定："原告认为被告未依法或者未按照约定履行行政协议的，人民法院应当针对其诉讼请求，对被告是否具有相应义务或者履行相应义务等进行审查。"行政协议法律关系中发生的履约纠纷与民事合同法律关系中的履约纠纷有很多相似之处，如当事人的诉讼请求、举证责任及人民法院的裁判方式等。对于这类纠纷，人民法院应当主要针对原告诉讼请求进行审查。《关于审理行政协议案件的规定》第 9 条将行政协议案件中的诉讼请求予以明确，即请求判决撤销行政机关变更、解除行政协议的行政行为、请求判决行政机关依法履行或者按照行政协议约定履行义务或者确认该行政行为违法等。在请求判决行政机关履行义务的案件中，当事人的诉讼请求是明确的，人民法院在审理时，主要需审查以下几个方面：一是当事人是否具有要求行政机关履行行政协议约定义务的主体资格和权利；二是行政机关依法或依约是否具有履行协议义务的职责；三是行政机关是否已经履行了涉案的义务；四是行政机关未履行协议义务是否有正当理由，如继续履行协议义务将会侵害到公共利益或他人合法权益等。〔2〕

三、行政协议履约纠纷的裁判方式

根据《行政诉讼法》第 78 条第 1 款之规定，法院经审查查明被告不依法履行、未按照约定履行或者违法变更、解除协议的，可以要求被告承担违约责任，根据原告请求和实际情况，作出要求被告继续履行行政协

---

〔1〕 最高人民法院行政审判庭编著：《最高人民法院关于审理行政协议案件若干问题的规定理解与适用》，人民法院出版社 2020 年版，第 273 页。

〔2〕 最高人民法院行政审判庭编著：《最高人民法院关于审理行政协议案件若干问题的规定理解与适用》，人民法院出版社 2020 年版，第 172 页。

议，采取补救措施或者赔偿损失的判决。《关于审理行政协议案件的规定》第 19 条规定："被告未依法履行、未按照约定履行行政协议，人民法院可以依据行政诉讼法第七十八条的规定，结合原告诉讼请求，判决被告继续履行，并明确继续履行的具体内容；被告无法履行或者继续履行无实际意义的，人民法院可以判决被告采取相应的补救措施；给原告造成损失的，判决被告予以赔偿。原告要求按照约定的违约金条款或者定金条款予以赔偿的，人民法院应予支持。"这一规定进一步明确了判决方式，如果行政协议能够继续履行，人民法院首先应当判令行政机关继续履行相关行政协议。只有在行政协议无法继续履行，或者继续履行无实际意义时，才判决采取补救措施或者赔偿损失。此外，在协议中对违约金或定金条款进行了约定的，人民法院可根据民事合同的相关规定进行裁判。

（一）判决继续履行协议

如上所述，一般情况下，为了维护公共利益和保护协议双方的诚信，法院应当尽可能保证行政协议的有效性，尽可能使行政协议得到继续履行。因此，继续履行是首先要考虑的违约承担方式。这就是行政法上的"第一次权利保护"优先原则。〔1〕继续履行协议是指判决被告继续履行行政协议约定的义务。房屋被征收人认为行政机关不履行、未适当履行补偿安置职责的，应当支持其诉讼请求，判决行政机关履行义务。为了便于行政机关继续履行和法院之后的强制执行，人民法院应当审查行政机关不依法履行、未按照约定履行的具体情况，对应当继续履行的具体内容进行明确，不能笼统要求行政机关按照约定履行。《关于审理行政协议案件的规定》第 19 条仅规定人民法院可以依据《行政诉讼法》第 78 条的规定，结合原告诉讼请求，判决被告继续履行，如涉及公益性不大，双方当事人又确实不愿继续履行，可以考虑不判决被告继续履行，避免今后人民法院强制执行不能的困境。〔2〕

本案中，案涉补偿安置协议中约定的临时安置时间早已期满，安置房

---

〔1〕 梁凤云：《行政协议司法解释讲义》，人民法院出版社 2020 年版，第 196 页。

〔2〕 最高人民法院行政审判庭编著：《最高人民法院关于审理行政协议案件若干问题的规定理解与适用》，人民法院出版社 2020 年版，第 275 页。

尚未开始建造，被征收人要求交付安置房，能否以行政机关并未拒绝履行补偿安置协议为由驳回起诉。对此，有两种不同观点。一种观点认为，虽然地方政府尚未开始建造房屋，但其并未拒绝履行案涉补偿安置协议，拆迁安置补偿协议并未约定过渡期结束后，即应当交付安置房屋。因而，对要求履行案涉补偿安置协议、交付安置房屋的诉讼请求不予支持。另一种观点认为，根据协议的约定，政府一方负有交付安置房的义务，而且案涉补偿安置协议中也明确约定了临时安置期限。临时安置期限早已期满，被征收人要求法院判决地方政府履行补偿安置协议，交付安置房屋的诉讼请求应予以支持。

本案中，一审、二审法院均认为二七区人民政府具有交付安置房的义务，但认为二七区人民政府并未拒绝履行协议，只是因为案涉项目拆迁尚未清零，原址回迁的安置房尚未开始建造，政府方虽然积极推进安置房项目进度，但客观上不具有交付安置房的条件。且认为协议中并未约定过渡期结束后，即应交付房屋，因此，一审、二审法院均在认定部分说明二七区人民政府应尽快履行交房义务，但在判项中对于履行协议、交付安置房屋的请求不予支持。再审审查认为，根据协议的约定，行政机关具有交付安置房的义务，被征收人要求交付房屋的诉讼请求应予支持，且应当在判项中明确载明，有效回应被征收人的诉求，而不能以客观上不具有交付条件而对该项诉讼请求予以驳回。否则，被征收人将无法通过司法途径救济自己的权利，从另一角度看，也是纵容行政机关拖延履行协议义务。

（二）判决采取相应的补救措施

补救措施是指在行政协议有效的前提下，行政机关采取的消除争议或者缓解矛盾的措施。人民法院判决被告采取相应的补救措施原则上不能在判决主文中笼统表述，尽可能对采取补救措施的具体内容进行明确，便于行政机关实施和法院之后的强制执行。

本案中，行政机关结合房屋租赁市场实际情况对临时安置费标准进行上调，临时安置费应当按照原协议中约定的标准还是上调后的标准进行支付。对此，有两种不同观点。一种观点认为，上调后临时安置费的文件明确规定自下发之日起实施，协议签订的时间远远早于文件出台的时间，在协议未经确认违法撤销的情况下，按照协议约定履行并无不当。且在过渡期结束后，政府已经按照协议约定翻倍发放临时安置费。因此，不应当按照上调后的标准进行支付。另一种观点认为，上调临时安置费系结合当前房屋租赁市场实际情况，为满足被征收人的基本居住条件，确保被征收人平稳过渡，对临时安置费的给付标准作出的具体明确的规定，由于政府方一直未交付安置房，因此，应当按照上调后的标准支付临时安置费，以保障被征收人的合法权益。

一般情况下，地方政府对于临时安置费的标准有相应的规定，在协议中，会根据当地的规定对临时安置费约定具体的数额。协议中一般还会约定超过过渡期限的，双倍支付临时安置费。行政协议对双方当事人具有约束力，对于临时安置费的发放标准应当按照协议约定来履行。但存在特殊情况，当地政府结合房屋租赁市场实际情况，为满足被征收人的基本居住需要，确保被征收人的生活质量而对住宅房屋临时安置费标准作出调整，调整之后的标准高于协议中约定的双倍支付的标准。在超过临时过渡期后，因安置房长期未落实导致被征收人迟迟不能入住的情况下，为了保障被征收人的合法权益，在上调临时安置费标准的文件下达之后，对于在文件下发之前未安置完毕项目的被征收人，地方政府也应当自文件实施之日起，按照上调之后的标准发放临时安置费，而不应该以双方已经对临时安置费进行约定为由，执行原约定的标准。即在约定的标准与之后规定的标准不同的情况下，应当考虑到安置房长期未落实给被征收人实际上带来的各种不便与损失，而且约定的标准也是针对当时的房屋租赁情况制定的，之后，随着房屋租赁市场价格的变化，临时安置费作出相应的调整也是情理之中的事，采用更有利于保护被征收人合法权益的标准来执行合情合理。

（三）判决赔偿

原告合法权益因被告的“不依法履行、未按照约定履行”行为造成损害，应当予以赔偿。我国一些行政法律规范作了大量的规定。《市政公用事业特许经营管理办法》第 29 条规定，主管部门或者获得特许经营权的企业违反协议的，由过错方承担违约责任，给对方造成损失的，应当承担赔偿责任。人民法院在作出赔偿判决时，可以参照有关法律规范的规定。具体如何进行赔偿，应当注意以下方面：一是协议有约定的处理及限制。行政协议有约定的，相对人请求行政机关按照行政协议的约定承担违约责任，人民法院应予支持，但约定标准不得低于国家赔偿法规定的标准。二是协议没有规定及可获得利益的处理。没有约定的，按照民事法律规范规定予以行政赔偿。鉴于行政机关选择了契约的形式来实施管理或者提供公共服务，其承担责任应按照违约责任予以承担，亦可参照原《合同法》（现为《民法典》）有关违约责任的规定处理。原告请求赔偿包括协议履行后可获得利益的损失的，人民法院应予支持，但不得超过当事人订立协议时预见到或者应当预见到的因违反协议可能造成的损失，但法律、行政法规另有规定的除外。三是过错相抵。原告对损失有过错，被告请求适当减轻其赔偿责任的，人民法院应予支持。[1]

（四）违约金和定金

《关于审理行政协议案件的规定》第 19 条进一步明确了与民事合同一样的另外两种违约责任：违约金和定金。如果当事人在行政协议中约定了违约金和定金，人民法院可以参照民事合同的相关约定作出裁判。

对于协议双方仅对未按期支付各种补偿费用的违约责任进行了约定，对于交付安置房的时间以及逾期交房的违约责任并未进行约定，在行政机关超过案涉补偿安置协议约定的临时安置期限，仍没有履行交付安置房屋的义务时，行政机关是否应当承担违约责任。对此，有两种不同观点：一种观点认为，若政府已按照协议约定的安置补偿费标准按期足额发放，并不存在违约的情形。且补偿安置协议中仅对于过渡期限进行了约定，不能得出交房的具体日期。考虑到上浮临时安置费标准已经可以弥补被拆迁人过渡期间的损失及正常的房屋租金支出，故政府无须承担违约责任。另一种观点认为，安置补偿协议中已经明确约定了临时安置期限，根据民事法律规范的相关规定，政府应当在临时安置期限届满后及时履行交

---

〔1〕 最高人民法院行政审判庭编著：《最高人民法院关于审理行政协议案件若干问题的规定理解与适用》，人民法院出版社 2020 年版，第 285 页。

房义务，政府迟迟未履行该义务，应当由政府承担相应的违约责任。对于违约责任的承担方式，可以根据被征收人因长期未被落实安置房受到的实际损失予以确定。

案涉补偿安置协议明确了临时安置期限为36个月。《关于审理行政协议案件的规定》第27条第2款规定："人民法院审理行政协议案件，可以参照适用民事法律规范关于民事合同的相关规定。"根据当时有效的《合同法》第61条[1]规定："合同生效后，当事人就质量、价款或者报酬、履行地点等内容没有约定或者约定不明确的，可以协议补充；不能达成补充协议的，按照合同有关条款或者交易习惯确定。"该法第62条第4项[2]规定："履行期限不明确的，债务人可以随时履行，债权人也可以随时要求履行，但应当给对方必要的准备时间。"依据上述规定，安置房交付期限可以根据临时过渡期的相关约定来确定。行政机关已经超过了案涉补偿安置协议约定的临时过渡期，至今仍没有履行交付安置房屋的义务。原《合同法》第107条[3]规定："当事人一方不履行合同义务或者履行合同义务不符合约定的，应当承担继续履行、采取补救措施或者赔偿损失等违约责任。"因此，行政机关应当承担相应的违约责任。对于违约责任的具体承担方式，可以根据被征收人因长期未被落实安置房受到的实际损失酌情予以确定。二审判决驳回施某喜要求二七区人民政府承担逾期交房违约责任的请求有所不当，应予纠正。

最高人民法院再审审查合议庭成员：仝蕾　李小梅　袁晓磊

（编写人：仝蕾*　唐斯斯**　审稿人：韩德强）

---

〔1〕现为《民法典》第510条。

〔2〕现为《民法典》第511条第4项。

〔3〕现为《民法典》第577条。

* 仝蕾，法学博士，中华人民共和国最高人民法院行政审判庭，二级高级法官。

** 唐斯斯，法学硕士，中华人民共和国最高人民法院行政审判庭，一级法官助理。

陈某贵、陈某宏
诉
山西省武乡县人民政府
及第三人山西省武乡县洪水镇人民政府、陈某亮
行政补偿案

——重复起诉和诉讼标的已为生效裁判所羁束的法律适用

【裁判摘要】

禁止重复起诉和禁止在诉讼标的已为生效裁判所羁束的情形下再次起诉，均是“一事不再理”原则的具体体现。前者重在规制前诉已被生效裁判认定为不符合法定起诉条件的情况下而以同一事实和理由再次起诉。后者重在规制就已经前诉实体裁判的诉讼标的再次起诉。若存在前诉与后诉并非同一诉讼标的、前诉并未对诉讼标的作出实体裁判等因素，则难以构成重复起诉或者诉讼标的已为生效裁判所羁束之情形。

【案件基本信息】

1. 诉讼当事人

再审申请人（一审原告、二审上诉人）：陈某贵

再审申请人（一审原告、二审上诉人）：陈某宏

被申请人（一审被告、二审被上诉人）：山西省武乡县人民政府

第三人（一、二审第三人）：山西省武乡县洪水镇人民政府

第三人（一、二审第三人）：陈某亮

2. 案件索引与裁判日期

一审：山西省晋城市中级人民法院（2020）晋 05 行初 79 号裁定（2020 年 12 月 7 日）

二审：山西省高级人民法院（2021）晋行终280号裁定（2021年8月31日）

再审：最高人民法院（2022）最高法行再338号裁定（2023年4月17日）

3. 案由

行政补偿

【简要案情】

2010年10月21日，山西省武乡县人民政府下发《关于印发武乡县政策性关闭煤矿补偿实施方案的通知》（武政办发〔2010〕7号，以下简称7号通知）。该通知所附《武乡县政策性关闭煤矿补偿实施方案》载明，补偿范围包括武乡县洪水镇中村寨垴村煤矿，补偿金额为1500万元。武乡县财政局将该补偿款拨付给洪水镇人民政府财政所。洪水镇人民政府决定分配该款项的方案为，武乡县洪水镇中村村民委员会（以下简称中村村委）领取300万元，陈某宏领取808万元，陈某亮领取250万元，余款142万元留在武乡县洪水镇人民政府财政所账户。陈某宏不服，以洪水镇人民政府为被告，中村村委及陈某亮为第三人，于2015年5月5日向山西省襄垣县人民法院提起行政诉讼。该案结果是判决驳回原告诉讼请求。二审法院山西省长治市中级人民法院（2016）晋04行终145号判决认为，根据武乡县人民政府作出的7号通知，洪水镇人民政府对1500万元补偿款具有协调、确定数额并及时支付补偿款项的职能。如何分配及支付款项，属于行政职权行使范围，不属于行政审判审查范围，人民法院不宜直接进行判定。结果是判决驳回上诉、维持一审判决。陈某宏不服，向山西省高级人民法院申请再审。山西省高级人民法院作出（2017）晋行申90号裁定，驳回陈某宏的再审申请。其后，陈某贵、陈某宏以武乡县人民政府为被告，洪水镇人民政府为第三人，于2020年8月28日提起本案诉讼，请求：（1）判令武乡县人民政府履行支付职责，向陈某贵、陈某宏支付资产补偿价款250万元；（2）判令武乡县人民政府赔偿因延迟支付以上价款给陈某贵、陈某宏造成的损失2,158,945.82元；（3）诉讼费由武乡县人民政府承担。

山西省晋城市中级人民法院一审认为，《关于进一步保护和规范当事人依法行使行政诉权的若干意见》第 10 条规定："要引导当事人依法行使诉权，对于没有新的事实和理由，针对同一事项重复、反复提起诉讼，或者反复提起行政复议继而提起诉讼等违反'一事不再理'原则的起诉，人民法院依法不予立案。"本案原告提起诉讼，前后两个诉讼为同一法律事实，诉讼标的、诉讼理由和诉讼请求相同，而且诉讼的当事人也是一样的。本案原告的相关权益已经通过一审、二审及再审行政诉讼程序予以救济，人民法院已经作出了相应判决。原告再次提起行政诉讼不符合法律规定，不予支持。故依照《行政诉讼法司法解释》第 106 条、第 69 条第 1 款第 6 项之规定，作出（2020）晋 05 行初 79 号裁定，驳回原告陈某贵、陈某宏的起诉。

陈某贵、陈某宏不服一审裁定，向山西省高级人民法院上诉。

山西省高级人民法院二审对一审法院查明的事实予以确认。山西省高级人民法院二审认为，根据《行政诉讼法司法解释》第 69 条第 1 款第 9 项的规定，诉讼标的已为生效裁判或者调解书所羁束，已经立案的，应当裁定驳回起诉。行政诉讼案件的诉讼标的，就是被诉行政行为。所谓诉讼标的已为生效裁判所羁束，是指起诉人提起行政诉讼时，被诉行政行为已经为另案起诉的生效行政判决效力所拘束，立案后人民法院将无法对被诉行政行为的合法性再行审理和判决的情形。陈某贵、陈某宏因案涉寨垴村煤矿政策性关闭产生的煤矿资产补偿纠纷，提起本案诉讼，请求武乡县人民政府给付资产补偿款 250 万元及迟延给付造成的损失。在本案诉讼之前，陈某宏因案涉寨垴村煤矿政策性关闭产生的煤矿资产补偿纠纷，曾经提起行政诉讼，请求洪水镇人民政府给付资产补偿款 392 万元及迟延给付造成的损失。山西省襄垣县人民法院作出（2015）襄行初字第 18 号判决。陈某宏不服该判决，提起上诉。山西省长治市中级人民法院作出（2016）晋 04 行终 145 号判决。该判决已经生效。据此，陈某贵、陈某宏提起的本案诉讼的诉讼标的已经被陈某宏提起的前诉的生效判决所羁束，依法应当驳回陈某贵、陈某宏的起诉。一审裁定结果正确，上诉人的上诉理由不成立。故依照《行政诉讼法》第 89 条第 1 款第 1 项的规定，裁定驳回上诉、维持一审裁定。

陈某贵、陈某宏不服一审、二审裁定，向最高人民法院申请再审。最高人民法院于 2022 年 9 月 16 日组织询问后，于 2022 年 9 月 28 日作出（2022）最高法行申 207 号裁定，提审本案。

【案件焦点】

陈某贵、陈某宏对武乡县人民政府提起的本案诉讼是否构成重复起诉或者诉讼标的已为生效裁判所羁束的情形。

【裁判结果】

最高人民法院经审理认为，陈某贵、陈某宏对武乡县人民政府提起的本案诉讼符合《行政诉讼法》第 49 条规定的起诉条件，不构成《行政诉讼法司法解释》第 69 条第 1 款规定的重复起诉、诉讼标的已为生效裁判所羁束或者其他消极情形。一审、二审法院裁定驳回陈某贵、陈某宏的起诉及上诉构成适用法律确有错误，依法应予纠正。据此，依照《行政诉讼法》第 89 条第 1 款第 2 项及《行政诉讼法司法解释》第 119 条第 1 款、第 123 条第 3 项的规定，裁定撤销一审、二审裁定，指令山西省晋城市中级人民法院继续审理。

【裁判摘要评析】

一、本案的案件类型

本案争议系武乡县人民政府因政策性关闭案涉煤矿而产生的行政补偿争议。行政补偿属于行政义务，是行政机关因合法行为对相对人合法权益造成损害而积极采取的给付救济。[1] 对于行政相对人合法权益的保障而言，行政补偿的法律属性是行政给付。因行政补偿争议形成的案件是履行法定职责类行政案件。

案涉煤矿系武乡县人民政府政策性关闭，武乡县人民政府是行政补偿义务主体。武乡县人民政府所作 7 号通知便是主动履行补偿义务的体现。对于武乡县人民政府所作 7 号通知确定的补偿金额、补偿的具体方式等，陈某贵、陈某宏并无异议，争议在于其认为洪水镇人民政府未严格按照《关于

---

〔1〕 姜明安主编：《行政法与行政诉讼法》（第 2 版），北京大学出版社、高等教育出版社 2005 年版，第 712 页。

寨垴煤矿关井补偿资金与退还资源价款的分配方案》《关于寨垴村煤矿关井补偿资金处理的分配协议》对其支付资产补偿款项。对于陈某贵、陈某宏而言，其是认为武乡县人民政府未按照7号通知履行行政补偿职责而提起本案诉讼。

二、前诉和本诉的诉讼标的

诉讼标的又称诉讼对象、诉讼物，或者审理对象、审判对象。诉讼标的是诉讼活动的靶子，是当事人攻击与防御的目标，也是人民法院审理和判断的对象。有学者论道："诉讼是围绕着诉讼对象（诉讼上的请求）而开始、发展乃至终了……从诉讼的开始至终了阶段，诉讼对象自始至终地成为诉讼的核心，同样也就不难理解'诉讼对象是诉讼的支柱（backbone）说法的确切含义。'"[1] 正确确定诉讼标的对于行政诉讼的审理和裁判同样具有极为重要的意义。

对于何为行政诉讼的诉讼标的，具有代表性的观点有三种：第一种观点认为是诉讼请求或者权利主张，大体为"原告根据实体法规范，向法院提出的行政行为违法并侵害自己合法权益的权利主张"；[2] 第二种观点认为是行政行为或者被诉行政行为；第三种观点认为是行政行为的合法性。

对于第一种观点，主要质疑是基于《行政诉讼法》第6条"人民法院审理行政案件，对行政行为是否合法进行审查"的规定提出，即人民法院是对行政行为的合法性进行审查，而非对诉讼请求或者权利主张是否成立进行审查，诉讼请求或者权利主张只是给人民法院确定审查对象提供了指引，但并非本身构成审查对象。对于第二种观点，主要反对理由是，当事人对行政行为提起诉讼表明其对行政行为的存在及内容并无争议。无争议即无诉讼，行政行为本身难以构成诉讼标的。对这种意见的学理批评及完善建议是："行政行为说混淆了行政诉讼之程序标的与诉讼标的……前者有助于确定受案范围，而后者致力于确定审判范围。确定受案范围只是明确

---

〔1〕［日］中村英郎：《新民事诉讼法讲义》，陈刚、林剑锋、郭美松译，法律出版社2001年版，第111页。

〔2〕马立群：《行政诉讼标的研究——以实体与程序连接为中心》，中国政法大学出版社2013年版，第155页。

行政行为是否被纳入审查，而确定审判范围则决定审查之强度究竟是限于合法性审查，抑或包括合理性审查……结合我国行政诉讼遵循的行政行为合法性审查原则，以'行政行为合（违）法性'作为诉讼标的，合乎现行法的规定。"[1] 还有学者论道："在诉讼标的的认定上，既要能有效发挥诉讼标的的功能，又要顾及行政诉讼法的规定和行政裁判的实际做法。我国《行政诉讼法》在起诉阶段要求原告说明自己的合法权益受到行政行为的侵害，但却将'对行政行为是否合法进行审查'（第6条）作为审理行政案件的原则，并且在判决阶段，法院只是在审查被诉行政行为的合法性后，针对行政行为作出判决。故而将'行政行为的合法性'作为诉讼标的，才合乎我国行政诉讼法的规定。"[2] 比较而言，第三种观点符合现行法的规定，逻辑上更为严密，较为可取。

在履行法定职责类行政案件中，诉讼标的是行政机关履行或者拒绝履行法定职责行为的合法性。就案涉争议而言，前诉的诉讼标的是洪水镇人民政府拒绝向陈某宏支付392万元补偿款行为的合法性，后诉的诉讼标的是武乡县人民政府拒绝向陈某贵、陈某宏支付250万元补偿款行为的合法性。

三、本案起诉是否构成重复起诉

诉讼法理论一般认为，一事不再理原则涵盖诉讼系属效力和裁判既判力两个层面。一事不再理原则既用来指称诉讼系属的作用，也指称既判力的作用，属于两种效力共同作用的结果。[3] 在概念上，禁止重复起诉与禁止重复诉讼、不得重复诉讼、禁止二重起诉、禁止二重诉讼等通用。

在实定法层面，作为不符合法定起诉条件的一种消极情形，重复起诉规定于《行政诉讼法司法解释》第69条第1款第6项，即"有下列情形之一，已经立案的，应当裁定驳回起诉……（六）重复起诉的"。对于何为重复起诉，该司法解释第106条给出的界定是："当事人就已经提起诉讼的事

---

[1] 梁君瑜：《论行政诉讼中的重复起诉》，载《法制与社会发展》2020年第5期。

[2] 王贵松：《行政诉讼判决对行政机关的拘束力——以撤销判决为中心》，载《清华法学》2017年第4期。

[3] 张卫平：《重复诉讼规制研究：兼论"一事不再理"》，载《中国法学》2015年第2期；马立群：《行政诉讼一事不再理原则及重复起诉的判断标准》，载《法学评论》2021年第5期；谢佑平、万毅：《刑事诉讼原则：程序正义的基石》，法律出版社2002年版，第391页。

项在诉讼过程中或者裁判生效后再次起诉，同时具有下列情形的，构成重复起诉：（一）后诉与前诉的当事人相同；（二）后诉与前诉的诉讼标的相同；（三）后诉与前诉的诉讼请求相同，或者后诉的诉讼请求被前诉裁判所包含。”依照该条规定，重复起诉包括两种情形：一种情形是“当事人就已经提起诉讼的事项在诉讼过程中……再次起诉”，另一种情形是“当事人就已经提起诉讼的事项……裁判生效后再次起诉”。换言之，重复起诉包括诉讼过程中再次起诉和诉讼终结后再次起诉。

通常认为，重复起诉的第二种情形是指当事人在人民法院对其起诉作出程序性裁判之后再次起诉。这种情形不包括当事人在人民法院对其起诉作出实体性裁判之后再次起诉，因为该种情形落入《行政诉讼法司法解释》第 69 条第 1 款第 9 项规定的“诉讼标的已为生效裁判……所羁束”之范畴。程序性裁判是指人民法院认定原告（起诉人）提出的起诉不符合法定起诉条件而作出的不予立案裁定和驳回起诉裁定。[1]

就案涉争议而言，由于本诉并非在前诉诉讼过程中再次提出，且人民法院对前诉作出的是实体判决，而非程序性裁判，故本诉不构成重复起诉。同时，按照重复起诉的三个要件分析，也是不符合的。具体而言：（1）在当事人方面。前诉的原告是陈某宏，被告是洪水镇人民政府，第三人为中村村委和陈某亮；后诉的原告是陈某贵、陈某宏，被告是武乡县人民政府，第三人为洪水镇人民政府和陈某亮。后诉与前诉的当事人并不相同。（2）在诉讼标的方面。前诉的诉讼标的是洪水镇人民政府拒绝向陈某宏支付 392 万元补偿款行为的合法性，后诉的诉讼标的是武乡县人民政府拒绝向陈某贵、陈某宏支付 250 万元补偿款行为的合法性。后诉与前诉的诉讼标的亦不相同。（3）在诉讼请求方面。前诉的诉讼请求是陈某宏请求洪水镇人民政府对其支付 392 万元补偿款等，后诉的诉讼请求是陈某贵、陈某宏请求武乡县人民政府对其支付 250 万元补偿款等。后诉与前诉的诉讼请求仍不相同。且由于前诉裁判针对的是陈某宏对洪水镇人民政府提出的支付 392 万元

[1] 需注意的是，这里的程序性裁判亦不包括人民法院作出的准予原告撤回起诉或按照撤诉处理的裁定，因为该种情形又落入《行政诉讼法司法解释》第 69 条第 1 款第 7 项规定的“撤回起诉后无正当理由再行起诉”之范畴。

等的诉讼请求，故也难以构成已包含后诉的诉讼请求。

四、本案起诉是否构成诉讼标的已为生效裁判所羁束

在诉讼标的已为生效裁判所羁束的情况下排斥后诉，体现的是裁判的既判力，形成的法律效果也是一事不再理。有学术意见评论道，最高人民法院在司法政策层面第一次正式提出“既判力”概念的是《关于加强和改进行政审判工作的意见》（法发〔2007〕19 号）第 20 条。〔1〕该条规定：“充分尊重生效裁判的既判力，防止对同一事实或者同一法律问题作出不同裁判。无论是行政案件还是民事案件，在裁判发生法律效力后未经法定程序改判之前，对当事人、司法机关以及其他主体都具有拘束力，其他法院均不得作出与生效裁判不一致的裁判。即使生效裁判确有错误，也必须通过法定程序依法予以纠正，不得无视生效裁判的存在。”在诉讼法学说上，既判力通常指的是确定判决具有的效力，即“确定判决对后诉的拘束力……它表现出不准进行再次诉讼的消极作用（一事不再理）和拘束后作裁判的积极作用。给予确定判决这样的效力是因为判决是以国家意思为背景的法的权威，具体地讲是基于国家司法权的威信，从制度角度来看，是为了回避对同一事件进行再度审理、判决（诉讼经济），也是为了防止因再度审理作出与前次判决相矛盾的判决（法的安定）”。〔2〕判决确定等同于判决生效。在我国诉讼法的语境下，确定判决的既判力就是生效判决（裁判）的既判力。

形式上看，《行政诉讼法司法解释》第 106 条的规定也能涵盖诉讼标的已为生效裁判所羁束的情形，且形成的效果与重复起诉一样，都是一事不再理，那么为何该司法解释将该种情形单独列出？权威意见认为，重复起诉指的是起诉人就同一行政行为重复起诉，诉讼标的已为生效裁判所羁束后的起诉指的是实体审理后的起诉，即“如果已有生效判决对具体行政行为作出处理，则除非经过审判监督程序，否则不能再针对该具体行政行为

〔1〕黄涧秋：《因同一行政行为发生的行政案件的既判力问题——基于诉讼标的之考察》，载《苏州大学学报（法学版）》2021 年第 4 期。

〔2〕［日］中村英郎：《新民事诉讼法讲义》，陈刚、林剑锋、郭美松译，法律出版社 2001 年版，第 229 页。

进行审理。‘一事不再理’是法律的统一性、稳定性和权威性的要求，在一个裁判经法定程序撤销之前，其具有法律效力，法院不能再针对同一案件进行审理。”[1] 还有意见认为，诉讼标的已为生效裁判所羁束“是有关法院生效判决对诉讼标的即具体行政行为的合法性的拘束力问题的规定”。[2] 如此看来，简言之，重复起诉重在规制诉了又诉，诉讼标的已为生效裁判所羁束重在规制判了又诉。

通常认为，构成诉讼标的已为生效裁判所羁束通常应当具备三个条件：前诉已有生效裁判；前诉与后诉为同一诉讼标的；前诉已对诉讼标的或者当事人之间的争议作出实质处理。就案涉争议而言，前诉已有生效裁判虽是事实，但前诉的诉讼标的是洪水镇人民政府拒绝向陈某宏支付392万元补偿款行为的合法性，后诉的诉讼标的是武乡县人民政府拒绝向陈某贵、陈某宏支付250万元补偿款行为的合法性。前诉和后诉并非同一诉讼标的。同时，尽管前诉采取的是判决形式，但前诉并未对诉讼标的作出实体裁判，且前诉裁判所认定的应当先由洪水镇人民政府形成补偿款分配意见、之后再支付补偿款也缺乏法律依据，故亦难以构成前诉已对诉讼标的或者当事人之间的争议作出实质处理。因此，本案情形亦非诉讼标的已为生效裁判所羁束的情形。

五、基于“一事不再理”原则的宏观分析

“一事不再理”是一种基本的诉讼原则。《关于进一步保护和规范当事人依法行使行政诉权的若干意见》第10条予以规定，即“要引导当事人依法行使诉权，对于没有新的事实和理由，针对同一事项重复、反复提起诉讼，或者反复提起行政复议继而提起诉讼等违反‘一事不再理’原则的起诉，人民法院依法不予立案。”基于“一事不再理”原则对本案起诉进行宏观分析，有助于检验、印证在法律适用技术上深究本案情形是否构成重复起诉或者诉讼标的已为生效裁判所羁束所得结论的正确性。

---

[1] 最高人民法院行政审判庭编：《〈关于执行《中华人民共和国行政诉讼法》若干问题的解释〉释义》，中国城市出版社2000年版，第88-89页。

[2] 甘文：《行政诉讼法司法解释之评论——理由、观点与问题》，中国法制出版社2000年版，第126页。

行政诉讼中的“一事”，即《行政诉讼法司法解释》第106条规定的“提起诉讼的事项”。在“提起诉讼的事项”上，前诉系陈某宏认为洪水镇人民政府拒绝对其支付392万元补偿款违法而主张应对其支付，后诉系陈某贵、陈某宏认为武乡县人民政府拒绝对其支付250万元补偿款违法而主张应对其支付，二者并非同一，后诉不构成“再理”。即使考虑到前诉主张的资产补偿款392万元涵盖后诉主张的资产补偿款250万元，及武乡县人民政府和洪水镇人民政府在案涉煤矿资产补偿款支付上的法律关系是委托与被委托关系，洪水镇人民政府系依据武乡县人民政府所作7号通知受托行事，可将洪水镇人民政府和武乡县人民政府等同对待，后诉也不构成“再理”，其原因是前诉“未理”。前诉裁判认为应当先由洪水镇人民政府形成补偿款分配意见、之后再支付补偿款，避开了对陈某宏“提起诉讼的事项”作出判定，故事实上是对陈某宏“提起诉讼的事项”根本未予处理。因此，本案起诉不违反“一事不再理”原则，不构成针对同一事项的重复起诉。

最高人民法院再审合议庭成员：王晓滨　李纬华　李小梅

（编写人：李纬华*　审稿人：韩德强）

---

* 李纬华，法学博士，中华人民共和国最高人民法院行政审判庭，三级高级法官。

张某申请山东省宁阳县人民法院错误执行赔偿案

——人民法院对申请执行的行政裁决的合法性作出判断并据此执行是否属于国家赔偿范围

【裁判摘要】

1. 对申请执行的行政裁决的合法性作出判断，在此基础上得出是否准予执行的结论，本质上行使的是司法裁判权，不属于国家赔偿案件审查范围。

2. 行政裁决具有独立的法律效力，即使行政裁决违法应当承担国家赔偿责任，亦应由作出机关予以赔偿，而不应由作出准予执行裁定的法院予以赔偿。

3. 人民法院作出准予执行裁定后实施的强制拆迁行为，属于非诉执行案件所涉司法赔偿案件的审查范围。

【案件基本信息】

1. 诉讼当事人

申诉人（赔偿请求人）：张某

被申诉人（赔偿义务机关）：山东省宁阳县人民法院

2. 案件索引与裁判日期

自赔：山东省宁阳县人民法院（2014）宁法赔字第2号决定（2015年12月8日）

委赔：山东省泰安市中级人民法院（2016）鲁09委赔7号决定（2016年11月8日）、山东省高级人民法院赔偿委员会（2019）鲁委赔提5号决定（2019年10月9日）

申诉：最高人民法院赔偿委员会（2021）最高法委赔监29号决定（2021年9月26日）

3. 案由

错误执行赔偿

【简要案情】

本案赔偿争议系因赔偿义务机关强制执行房屋拆迁行政裁决引起。2005年7月22日，山东省宁阳县建设局（现宁阳县住房和城乡建设局）作出宁建裁字（2005）第05号裁决，限期被执行人张某腾空房屋交付拆迁，并于2005年8月9日向山东省宁阳县人民法院申请强制执行，宁阳县人民法院于2005年8月19日作出（2005）宁行执字第45号裁定，准予强制执行，限期张某腾空房屋交付拆迁。因张某未履行该裁定书，宁阳县人民法院于2005年8月30日强制腾空了张某的房屋并交付拆迁，该房屋被拆除。腾空房屋前，应宁阳县建设局申请，公证机关对涉案房屋及物品进行了证据保全。宁阳县人民法院将张某房屋内可移动物品强制腾空并搬运至宁阳县泗店镇一小学教室内上锁后加贴封条封存，当日将存放地点告知张某并向其交付教室钥匙，张某拒绝领取。2012年3月16日，宁阳县人民法院工作人员发现部分封存物品被盗并向公安机关报案。现封存物品已全部灭失。

另查明：2005年10月13日，张某就行政拆迁裁决提起行政诉讼，山东省新泰市人民法院于2010年3月30日作出（2010）新行重字第2号判决，撤销了宁阳县建设局于2005年7月22日对张某作出的宁建裁字（2005）第05号裁决。案经二审，泰安市中级人民法院于2010年12月22日作出（2010）泰行终字第57号判决维持原判。

新泰市人民法院于2019年12月20日作出（2019）鲁0982行赔初8号判决：（一）对原告被拆除房屋的赔偿：（1）如原告选择产权置换的方式，被告宁阳县住房和城乡建设局应于本判决生效之日起10日内赔偿原告张某金阳佳园××号楼××单元××室136.63平方米房屋及储藏室一套，原告应另向被告支付房屋差价32,702.78元；（2）如原告选择货币赔偿的方式，被告宁阳县住房和城乡建设局应直接向原告支付房屋及储藏室赔偿金

481,347 元，原告应另向被告支付房屋差价 32,702.78 元。原告应在上述两种赔偿方式中任选一项。（二）被告应向原告支付房屋的剩余非法建筑面积的赔偿金 339,600 元，并向原告支付自 2005 年 8 月 30 日起至本判决生效之日止按银行同期存款利率产生的利息。（三）被告应向原告支付装修费赔偿金 167,360.7 元、附属物赔偿金 22,564.27 元，搬迁费 3190 元，并向原告支付以上赔偿金自 2005 年 8 月 30 日起至本判决生效之日止按银行同期存款利率产生的利息。（四）被告应向原告支付自 2005 年 8 月 30 日起至本判决生效之日止以每月 1500 元为标准计算出的临时安置费。（五）评估费 25,000 元由被告承担。（六）驳回原告张某的其他诉讼请求。泰安市中级人民法院于 2020 年 6 月 16 日作出（2020）鲁 09 行赔终 9 号判决：驳回上诉，维持原判。

张某以宁阳县人民法院错误执行为由，向其提出国家赔偿申请。宁阳县人民法院作出（2014）宁法赔字第 2 号决定，对张某的赔偿请求不予赔偿。张某不服向泰安市中级人民法院赔偿委员会申请作出赔偿决定。泰安市中级人民法院赔偿委员会作出（2016）鲁 09 委赔 7 号决定，决定维持宁阳县人民法院（2014）宁法赔字第 2 号决定。张某不服，向山东省高级人民法院赔偿委员会提出申诉。山东省高级人民法院赔偿委员会作出（2017）鲁委赔监 33 号驳回申诉通知，驳回张某的申诉。张某不服，向山东省人民检察院提出申诉。山东省人民检察院作出重新审查意见书，向山东省高级人民法院提出重新审查意见。山东省高级人民法院赔偿委员会遂作出（2019）鲁委赔监 14 号决定，对本案进行直接审理。山东省高级人民法院赔偿委员会经审理认为，本案并不是在民事、行政诉讼过程中强制执行，而是行政机关申请法院强制执行其具体行政行为的案件，即非诉讼行政执行案件，不适用《关于民事、行政诉讼中司法赔偿若干问题的解释》[1] 的规定。宁阳县人民法院没有违法扩大执行范围、执行对象错误等，故张某向宁阳县人民法院主张的恢复原状、赔偿因拆除房屋造成的损

---

〔1〕 根据 2020 年 12 月 23 日通过的《最高人民法院关于废止部分司法解释及相关规范性文件的规定》，《关于民事、行政诉讼中司法赔偿若干问题的解释》于 2021 年 1 月 1 日废止。

失等，不属于《国家赔偿法》第38条规定的赔偿范围，依法应由申请执行的原宁阳县建设局承担赔偿责任。对于强制腾空房屋所搬出的物品，因张某拒绝接收致使物品灭失，该损失不能认定为强制执行所造成的直接损失，不应由宁阳县人民法院承担赔偿责任。张某请求的其他损失亦不属于国家赔偿的范围。据此，山东省高级人民法院赔偿委员会作出（2019）鲁委赔提5号决定，维持泰安市中级人民法院赔偿委员会（2016）鲁09委赔7号决定。张某仍不服，向最高人民法院赔偿委员会提出申诉，请求：（1）依法确认宁阳县人民法院（2005）宁行执字第45号、（2005）宁行初字第13号、第29号、第30号裁定违法；（2）依法决定由宁阳县人民法院归还被强制拆除的宅基地，恢复于2005年8月30日违法拆除的房屋原状或赔偿相应的现金，赔偿装修损失、室内外物品设施损失、租赁费损失、经营损失、超支诉讼费用、精神损失费等各类财产损失总计446.91万元。

【案件焦点】

1. 宁阳县人民法院2005年8月19日作出（2005）宁行执字第45号裁定的性质是非诉讼行政执行还是诉讼中的先予执行；

2. 原宁阳县建设局向宁阳县人民法院申请执行时尚未超过复议或者诉讼期限，此时宁阳县人民法院对申请执行的行政裁决的合法性作出判断并强制执行，是否属于《国家赔偿法》第38条规定的赔偿范围。

【裁判结果】

最高人民法院赔偿委员会认为：

首先，宁阳县建设局以张某未在裁决规定的期限内搬迁为由，向宁阳县人民法院申请强制执行该行政裁决，宁阳县人民法院于2005年8月19日作出（2005）宁行执字第45号裁定时张某尚未就该行政裁决提起行政诉讼，该行政裁定并非行政诉讼过程中的先予执行裁定，故山东省高级人民法院赔偿委员会、泰安市中级人民法院赔偿委员会认定该行政裁定属于非诉讼行政执行裁定正确。

其次，原《关于执行〈行政诉讼法〉司法解释》第93条规定："人民法院受理行政机关申请执行其具体行政行为的案件后，应当在30日内由行政审判庭组成合议庭对具体行政行为的合法性进行审查，并就是否准予强制执行作出裁定；需要采取强制执行措施的，由本院负责强制执行非诉行政行为的机构执行。”根据该规定，宁阳县人民法院受理原宁阳县建设局的执行行政裁决申请后作出的（2005）宁行执字第45号裁定，其核心内容是对申请执行的行政裁决的合法性作出判断，在此基础上得出是否准予执行的结论，本质上行使的是司法裁判权，不属于国家赔偿案件审查范围。此外，行政裁决具有独立的法律效力，即使行政裁决违法应当承担国家赔偿责任，亦应由作出机关予以赔偿，而不应由作出准予执行裁定的法院予以赔偿，除非该裁定具有超出行政裁决之外的内容且造成相对人合法权益的损害。就本案而言，宁阳县人民法院所作准予执行的行政裁定并未超出行政裁决确定的拆迁范围，且张某被拆迁房屋的损失已经通过行政赔偿诉讼获得了补救，张某以宁阳县人民法院行政裁定错误为由主张错误执行赔偿，其申诉理由不能成立。

最后，宁阳县人民法院作出行政裁定后实施的强制拆迁行为，属于非诉执行案件所涉司法赔偿案件的审查范围，但宁阳县人民法院在执行过程中并未有超出行政裁决范围、执行对象错误、执行行为侵害他人合法权益等违法行为。对于腾空房屋所搬出的物品，宁阳县人民法院依法进行了封存并及时通知张某，这一处置符合1991年《民事诉讼法》第229条关于强制迁出房屋的规定。宁阳县人民法院执行人员已告知张某搬出物品的存放地点并向其交付钥匙，但张某拒绝接收钥匙，其后封存物品被盗的损失不应由宁阳县人民法院承担赔偿责任。张某申诉主张赔偿的其他损失亦不属于国家赔偿法规定的赔偿范围。

综上所述，张某申诉事项及理由不能成立，山东省高级人民法院赔偿委员会（2019）鲁委赔提5号决定正确。据此，最高人民法院赔偿委员会决定驳回张某的申诉。

【裁判摘要评析】

该案为人民法院对申请执行的行政裁决的合法性作出判断并据此执行，是否属于错误执行赔偿范围的案件审理树立了标杆，具有积极明确的典型示范意义。对此问题，可以从司法豁免原则在国家赔偿制度中的体现、国家赔偿法意义上的错误执行范围、非诉执行中可能涉及的国家赔偿问题这三个方面进行分析。

一、国家赔偿中司法豁免原则的适用

（一）司法审查行为不属于《国家赔偿法》规定的赔偿范围

司法豁免原则在我国国家赔偿中的适用，体现为民事、行政诉讼中行使司法裁判权的行为并不属于国家赔偿审查范围。同时，即使当时作为执行依据的该司法裁判后被撤销或变更，据以执行的行为也不属于国家赔偿法意义上的错误执行应予赔偿的情况。

受主权豁免思想的影响，国家赔偿责任在两大法系的确立比其他责任形式的确立晚得多，创设至今不过一百多年的历史。现今在多数国家及地区，尤其是英美法系国家及地区，司法赔偿多限于冤狱赔偿即刑事赔偿，对于民事、行政审判过程中的司法行为，都认可司法豁免原则，即在民事、行政审判过程中，不发生国家赔偿问题。诚如学者所言，关于法律之适用及证据之取舍，难免有不同之见解，不能因其见解之不同，而令其负赔偿责任。我国国家赔偿遵循司法豁免原则，裁判行为不属于国家赔偿审查范围，且非刑事司法赔偿相对于刑事赔偿，司法豁免适用的空间更大。

（二）执行裁决属于司法审查权

2011 年《执行权配置意见》将执行事项区分为执行实施事项和执行审查事项，2021 年《执行权制约机制意见》进一步规定，深化执行裁决权与执行实施权分离，据此，执行行为可以分为执行实施行为和执行裁决行为（之前的执行审查行为）。关于错误执行案件的审查范围，赔偿委员会原则上对于类似于裁判行为的执行裁决行为（包括审查和处理执行异议、复议、申诉以及决定执行管辖权的移转等）不作审查，而是围绕执行实施行为（包括财产调查、控制、处置、交付、分配等执行措施以及罚款、拘留等强制措施）进行审查。《关于审理涉执行司法赔偿案件司法解释》第 1 条通过正面列举的方式将各类执行实施行为规定在赔偿范围之内，将执行裁决行为排除在司法赔偿范围之外，即单纯的执行裁决行为未被纳入国家赔偿审查范围。

二、国家赔偿法意义上的错误执行范围

（一）错误执行采用违法归责原则和过错归责原则

错误执行包括违法执行和过错执行两种形态。违法执行基于违法归责原则，是主要的侵权行为形态，指的是违法造成公民、法人和其他组织合法权益损害的执行行为。过错执行基于过错归责原则，是次要的侵权行为形态，指的是虽未违法但因故意或者重大过失造成公民、法人和其他组织合法权益损害的执行行为。与错误执行形态划分密切相关的是归责原则问题，归责原则所要解决的核心问题是责任依据，即某一损害事实发生之后，是以行为人的过错、损害结果抑或行为的违法性为依据来确定赔偿责任。以行为人过错为依据的称为过错归责原则，以损害结果为依据、不论行为人有无过错的称为结果归责原则，以行为的违法性为依据的称为违法归责原则。过错归责原则、违法归责原则侧重于规范行为人的行为，结果责任原则侧重于填补受害人的损失。归责原则的选择实际上反映了立法者的价值取向。包括错误执行在内的非刑事司法赔偿适用以违法归责原则为主、过错归责原则为辅的二元归责原则体系。

（二）根据当时有效的执行依据作出的执行实施行为不属于错误执行范围

人民法院根据当时有效的执行依据或者依法认定的基本事实作出的执行行为，不因执行依据或者基本事实的嗣后改变而被认定为错误执行。执行结果错误，不等于执行行为存在违法或者过错，也不等于应当承担赔偿责任，这也体现了涉执行司法赔偿领域违法归责和过错归责的原则。不因执行依据或者基本事实的嗣后改变而被认定为错误执行的情形在本案中体现为：人民法院作出准予执行行政行为的裁定并实施后，该行政行为被依法变更、撤销、确认违法或者确认无效的，其所作的执行行为亦不属错误执行。因据以执行的行政裁决错误造成的损害，如果强制执行中不存在错误，执行法院不承担赔偿责任。

三、非诉行政执行涉及的国家赔偿问题

（一）非诉行政执行制度情况

非诉行政执行是指行政执法机关对公民、法人和其他组织作出具体行

政行为后，行政相对人既不申请复议，亦不起诉，又不自动履行或不完全履行义务，行政机关申请人民法院强制执行，人民法院经审查作出准予执行或不予执行裁定的制度。在裁定准予执行的情况下，就会通过人民法院执行程序使行政机关的具体行政行为得以实现。

这项制度的主要依据是《行政诉讼法》第 97 条的规定："公民、法人或者其他组织对行政行为在法定期限内不提起诉讼又不履行的，行政机关可以申请人民法院强制执行，或者依法强制执行。"该条规定确立了中国行政强制执行制度的基本格局，即具体行政行为原则上由行政机关申请人民法院强制执行；只有在法律、法规有特别授权时，行政机关才享有自行强制执行的权力。司法实践中，人民法院受理、审查、执行行政机关具体行政行为的行为习惯被称为"非诉执行"。

非诉行政执行的设立在于力求兼顾保障人权和保证行政效率。这种制度通过阻止违法的具体行政行为进入执行过程的形式，来达到保障行政相对人的合法权益不致因其未提起诉讼而受到违法具体行政行为的侵害；同时采用非诉讼的形式，可以简化程序，确保在较短的时间内，使用较小的成本，完成合法具体行政行为的强制执行。

（二）人民法院审查标准

关于非诉行政执行案件中人民法院的审查标准，学界有不同观点。观点一认为人民法院应当对行政行为作出主体是否合法、认定事实是否清楚充分、作出程序是否合法以及适用法律法规是否正确等方面进行合法性审查。观点二认为要同时兼顾合法性审查和合理性审查，对所涉行政行为明显不合理的，要依法不准予执行。观点三认为人民法院要进行合法性、合理性、可执行性审查，所谓可执行性审查即行政行为内容是否可以实现，强制执行是否具有可行性或强制执行是否可能引发社会稳定风险。观点四认为无须进行合法性、合理性及可执行性审查，只要对行政行为效力进行审查即可，有效行政行为裁定准予执行，无效行政行为则依法裁定不准予执行。

结合行政法学理论、我国行政法制度规定和审判时间来看，无效性审查标准比较符合实际情况。从行政法学理论的角度分析，无效性审查标准符合无效行政行为理论，即因具有重大而且明显违法情形行政行为自始不产生法律效力。在法律后果上，无效行政行为是自始、当然、确定无效，因此无效行政行为不仅不具有法律效力，而且也自然不具有强制执行力，行政机关申请人民法院强制执行，人民法院应当裁定不准予执行。从行政法制度规定的角度来看，《行政强制法》和原《关于执行〈行政诉讼法〉司法解释》等法律和司法解释均规定重大而且明显违法的具体行政行为，人民法院应当裁定不准予执行。[1] 根据原《关于执行〈行政诉讼法〉司法解释》第 95 条的规定，只有行政行为存在“重大明显违法”情形达到无效行政行为程度时，法院才能裁定不予执行。《行政强制法》实施后，其第 57 条对法院通常情形下作出准予执行裁定的审查期限，由上述解释确定的一个月缩短为 7 日，并且进行书面审查。在仅仅只能“书面审查”和“7 日内”就必须作出执行裁定的情况下，人民法院根本就不具备进行合法性、合理性，甚至可执行性审查的条件，只能按照无效性标准对明显违法的具体行政行为进行审查，可见法院进行的非诉执行审查是形式审查。因此，从理论上讲这是一种“补充的行政行为”。

基于此，非诉执行活动不是单纯的司法活动，而是一种特殊的由行政机关启动的准司法性质的行为，是行政管理行为在司法中的延伸。从整个行政管理活动的全过程看，属于行政权力借助或“委托”司法强制力作为自己权限不足部分的补充，其实质仍旧是行政机关实行行政管理做出的具体行政作为的最终实现。

---

[1] 《行政强制法》第 57 条规定，人民法院对行政机关强制执行的申请进行书面审查，对符合本法第 55 条规定，且行政决定具备法定执行效力的，除本法第 58 条规定的情形外，人民法院应当自受理之日起 7 日内作出执行裁定。第 58 条第 1 款规定，人民法院发现有下列情形之一的，在作出裁定前可以听取被执行人和行政机关的意见：（1）明显缺乏事实根据的；（2）明显缺乏法律、法规依据的；（3）其他明显违法并损害被执行人合法权益的。人民法院应当自受理之日起 30 日内作出是否执行的裁定。裁定不予执行的，应当说明理由，并在 5 日内将不予执行的裁定送达行政机关。行政机关对人民法院不予执行的裁定有异议的，可以自收到裁定之日起 15 日内向上一级人民法院申请复议，上一级人民法院应当自收到复议申请之日起 30 日内作出是否执行的裁定。《关于执行〈行政诉讼法〉司法解释》第 95 条规定，被申请执行的具体行政行为有下列情形之一的，人民法院应当裁定不准予执行：（1）明显缺乏事实根据的；（2）明显缺乏法律依据的；（3）其他明显违法并损害被执行人合法权益的。

（三）非诉行政执行中的国家赔偿责任

非诉执行中同时存在行政权和司法权两种公权力，由此带来的问题是，对于国家赔偿责任的承担，是由行政机关进行行政赔偿，还是由法院进行非刑事司法赔偿。一种观点认为，非诉强制执行的依据是人民法院准予执行的裁定，依法应由作出准予执行裁定的人民法院作为赔偿义务机关。另一种观点认为，非诉强制执行的依据是行政机关作出的有效行政行为，应由作出该行政行为的行政机关作为赔偿义务机关。

对此问题要从两方面进行考虑：一方面，原则上应当由作出具体行政行为的机关作为赔偿义务机关。《关于审理行政赔偿案件若干问题的规定》（2022 年施行）第 10 条规定，行政机关依据《行政诉讼法》第 97 条的规定申请人民法院强制执行其行政行为，因据以强制执行的行政行为违法而发生行政赔偿诉讼的，申请强制执行的行政机关为被告。根据行政行为效力理论，行政行为具有确定力和执行力，人民法院准予执行裁定仅是被执行人不履行时允许进入强制执行程序的法定条件，执行依据仍是行政机关作出的行政行为，非诉执行错误也是作为执行依据的行政行为出现错误所引起，应当由作出行政行为的行政机关作为赔偿义务机关。〔1〕全国人大常委会法制工作委员会行政法室编写的《〈中华人民共和国行政强制法〉释义与案例》中也指出，在申请法院非诉强制执行中，法院裁定执行，且没有变更基础行政决定的，因基础行政决定违法损害当事人合法权益，应当由申请执行的行政机关承担主要赔偿责任。〔2〕

另一方面，在特殊情况下，人民法院也要因存在违法行为承担赔偿责任。《国家赔偿法》第 38 条规定："人民法院在民事诉讼、行政诉讼过程中，违法采取对妨害诉讼的强制措施、保全措施或者对判决、裁定及其他生效法律文书执行错误，造成损害的，赔偿请求人要求赔偿的程序，适用本法刑事赔偿程序的规定。"该规定中的执行错误是指执行实施行为错误或

〔1〕杨临萍、杨科雄：《关于房屋征收与补偿条例非诉执行的若干思考》，载《法律适用》2012 年第 1 期。

〔2〕全国人大常委会法制工作委员会行政法室编写：《〈中华人民共和国行政强制法〉释义与案例》，中国民主法制出版社 2011 年版，第 74 页。

违法。《行政强制法》第 8 条第 2 款则明确规定，人民法院在非诉强制执行过程中有违法行为或者扩大强制执行范围的行为依法应当承担赔偿责任。据此，人民法院在执行过程中存在超出执行依据确定的对象、数额、范围等情况的，对违法扩大执行范围等错误执行行为造成的损失，应当承担相应的赔偿责任。

最高人民法院申诉审查合议庭成员：王振宇　苏戈　梁清

（编写人：梁清* 　王田** 　审稿人：韩德强）

---

* 梁清，法学博士，中华人民共和国最高人民法院赔偿委员会办公室，二级高级法官。

** 王田，法学硕士，中华人民共和国最高人民法院赔偿委员会办公室，三级高级法官助理。

附录

中华人民共和国最高人民法院案例选
电子书二维码

《中华人民共和国最高人民法院案例选（第一辑）》

《中华人民共和国最高人民法院案例选（第二辑）》

《中华人民共和国最高人民法院案例选（第三辑）》

《中华人民共和国最高人民法院案例选（第四辑）》

《中华人民共和国最高人民法院案例选（第五辑）》

《中华人民共和国最高人民法院案例选（第六辑）》

《中华人民共和国最高人民法院案例选（第七辑）》

《中华人民共和国最高人民法院案例选（第八辑）》